# La Jerga de Wall Street

## Miles de Términos sobre Inversión
## Explicados Simplemente

Por

Nora Peterson

# Wall Street Lingo: Miles de Términos de Inversión explicados Simplemente

ISBN-13: 978-1-60138-038-8      ISBN-10: 1-60138-038-0

Library of Congress Cataloging-in-Publication Data

Peterson, Nora, 1948
 [Wall Street lingo. Spanish]
 La jerga de Wall Street : miles de términos sobre inversión explicados simplemente / por Theresa Rilling.
p cm.

 Includes bibliographical references and indexes.
 ISBN-13: 978-1-60138-039-5 (alk. paper)
 ISBN-10: 1-60138-039-9 (alk. paper)
 1.  Investments--Dictionaries. 2.  Securities--Dictionaries. 3.  Finance--Dictionaries.
I. Title.

 HG4513.P4818 2008
 332.603--dc22

2008024359

Printed on Recycled Paper

Impreso en los Estados Unidos

# CONTENIDO

# Parte V: Estrategias de Análisis: Identificar una buena inversión cuando la vea

# Parte VI: Mecánica de las inversiones

# Parte VII: Recursos adicionales

Recientemente hemos perdido a "Oso", nuestra querida mascota, que no sólo era nuestromás querido amigo, sino también el "Vicepresidente de Sunshine" aquí en Atlántic Publishing. Él no recibía un salario pero trabajaba sin descanso las 24 horas del día para complacer a sus padres. Oso era un perro de rescate que se daba vuelta y nos llenaba de cariño, a mí, a mi esposa Sherri, a sus abuelos Jean, Bob y Nancy y a todas las personas y animales que encontraba (quizás no a los conejos) con amistad y con amor. Hizo que mucha gente sonriera todos los días. Queríamos que usted sepa que una parte de las ganancias de este libro será donada a la Sociedad Humanitaria de los Estados Unidos *–Douglas y Sherri Brown.*

El vínculo humano-animal es tan antiguo como la historia de la humanidad. Amamos a nuestros compañeros animales por su afecto y aceptación incondicional. Sentimos emoción cuando vemos criaturas silvestres en su hábitat natural o en nuestro propio jardín. Lamentablemente, el vínculo humano-animal en ocasiones se ha debilitado. Los seres humanos han explotado a algunas especies animales al punto de la extinción.

La Sociedad Humanitaria de los Estados Unidos marca una diferencia en las vidas de animales aquí en el país y en todo el mundo. Se dedica a crear un mundo donde nuestra relación con los animales se rige por la compasión. Nosotros buscamos una sociedad verdaderamente humana en la que los animales sean respetados por su valor intrínseco, y donde el vínculo humano-animal sea fuerte.

¿Quiere ayudar a los animales? Tenemos muchas sugerencias. Adopte una mascota de un refugio local, únase a la Sociedad Humanitaria y forme parte de nuestro trabajo para ayudar a animales de compañía y silvestres. Estará financiando nuestros proyectos educativos, legislativos, de investigación y de gran alcance en los Estados Unidos y en todo el mundo. O tal vez te gustaría hacer una donación conmemorativa en honor a una mascota, amigo o pariente. Puedes a través de nuestro programa Kindred Spirits. Y si quieres contribuir de una forma más estructurada, nuestra Oficina de Planificación de Donaciones tiene sugerencias acerca de bienes raíces, pensiones anuales, e incluso regalos de mercaderías que eluden los impuestos sobre las ganancias de capital.

Tal vez usted tiene una tierra que quiere preservar por siempre como hábitat para la vida silvestre. Nuestra Wildlife Land Trust puede ayudarte. Quizás la tierra que deseas compartir es un jardín-es suficiente. Nuestro Programa Urban Wildlife Sanctuary le mostrará cómo crear un hábitat para tus vecinos silvestres.

Así que ya lo ve, es fácil ayudar a los animales. Y la Sociedad Humanitaria de los Estados Unidos está aquí para ayudar.

THE HUMANE SOCIETY
OF THE UNITED STATES.

2100 L Street NW • Washington, DC 20037 • 202-452-1100
www.hsus.org

# Prólogo

*¡Hemos decidido crear una píldora de veneno! Si esto fuese dicho por un científico malvado en un laboratorio farmacéutico, todo el mundo comprendería de inmediato las consecuencias de esta declaración. Sin embargo, si lo dice el Director General de una empresa de venta al por menor, mucha gente podría no comprender sus consecuencias - ¡aunque es probable que supongan que nadie debe morir como resultado!*

*Muchas profesiones emplean un lenguaje que es entendido sólo por aquellos que lo practican, y la profesión de finanzas no es la excepción. Al igual que otros profesionales, los de las finanzas desarrollaron su propia jerga como medio comunicar ideas de forma breve. Lamentablemente, este lenguaje puede servir como una barrera inicial para aquellos interesados en aprender más sobre economía y nuestros mercados financieros.*

*Con la desaparición de los planes de jubilación de beneficios definidos las personas están cada vez más en control de sus propias inversiones. A su vez, como más personas desean de una mayor conciencia y comprensión de los productos del mercado financiero y de los mecanismos de comercio, más están cada vez más enfrentados por la barrera creada por la jerga financiera.*

*La Jerga de Wall Street es un diccionario excelente a través del cual todos pueden aprender el idioma utilizado por los profesionales de finanzas. El libro es una referencia ideal para las personas que desean adquirir una comprensión más profunda de las finanzas de los mercados que van desde el diario Wall Street a las emisiones de CNNfn. El atractivo más grande de este libro se deriva de su organización. La inigualable disposición del material por temas lo ayudará a los lectores a vincular los conceptos relacionados; además de aportar el contexto de las palabras así como también su significado literal. Por lo tanto, desde el intento principiante que trata de entender la diferencia entre el NYSE y de un ECN, a aquellos que consideran las implicaciones de invertir en una empresa con una píldora de veneno, todo el mundo encontrará este libro útil y estimulante.*    *– Jay F. Coughenour*

Jay Coughenour es un profesor asociado de Economía en la Universidad de Delaware, Colegio Lerner de Negocios y Economía. La investigación del Profesor Coughenour ha sido presentada en la Oficina Nacional de Investigaciones Económicas, la Bolsa de Nueva York, la Superintendencia de Valores y la Comisión de Bolsa, y en más de 35 conferencias académicas o programas de seminario. Profesor Coughenour ha publicado en El Diario de Finanzas, El Diario de Economía Financiera, Diario de Derivados, y La Revisión Financiera; además, su investigación ha sido citada en el CFA Digest, Dow Jones Newswires, y el diario Wall Street.

# Biografía del Autor

Nora Peterson ha participado activamente de los mercados financieros e inmobiliarios durante más de tres décadas. Una analista de la industria informática retirada y escritora sobre negocios, la Sra. Peterson opera en el mercado de valores y escribe tanto ficción como no ficción desde su casa en las afueras de Phoenix, Arizona. Es la autora de Jubílese Rico con su IRA auto-dirigida: Lo  Que Su Corredor de Bolsa y Banquero No Quieren Que Usted Sepa Acerca De Gestionar Sus Propias Inversiones De Jubilación, también de Atlantic Publishing, y Pasado Imperfecto, un libro de misterio de Libros de Cambridge.

Para obtener más información acerca Sra Peterson, visite su sitio web en **www.norapeterson.com**.

# Dedicatoria del Autor

A mi esposo, Vic. Tú me mostraste las posibilidades.

# Introducción

Wall Street

1. Una calle en la ciudad de Nueva York delimitada por Broadway al Noroeste y South Street al sudeste.

2. La dirección de la bolsa de valores más grande del mundo.

3. Una referencia a los bancos, bolsas de valores, y Mercados de mercaderías en el distrito financiero de la ciudad de Nueva York.

4. La capitalfinanciera del mundo.

Lo que ocurre en Wall Street trasciende Wall Street. De hecho, se ha dicho que si la economía de los Estados Unidos se resfría, el resto de las economías del mundo se engripan. Los ingresos de Intel tienen tanta importancia tanto en la calles de Nueva Delhi y Bruselas como en plena ciudad de Manhattan. Y tienen relevancia donde usted y yo trabajamos, compramos, jugamos – aquí en Main Street, en los Estados Unidos.

En un país donde el capitalismo es el rey y su libre competencia su reina, los puestos de trabajo dependen de la rentabilidad de la empresa: nuestros puestos de trabajo. Las cajas de cereales sobre la heladora, las bananas colgando de un gancho en el mostrador de la cocina, las zapatillas debajo de la cama, la gasolina que vertemos en los autos y la cena ya preparada que recogemos en el camino del trabajo a casa; todos se hicieron lugar en nuestras vidas porque las empresas ven una oportunidad para obtener un ganancias proporcionando beneficios.

Ofrecer productos en nuestras puertas también requiere de personas como usted y yo para diseñar, producir, comercializar, y entregarlos.

Los puestos de trabajo significan cheques de pago. Los cheques de pago fortalecen a los consumidores. Un gran consumo gastando en última instancia, se traduce en más beneficios para la América empresarial. ¿Pero qué hay acerca de usted y de mí?

Los cheques de pago rara vez allanan el camino a la libertad financiera. Es lo que hacemos con el dinero que nosotros mismos pagamos (nuestros ahorros) que nos pone sobre uno de los tantos caminos diferentes a ese destino. Ahí es donde La Jerga de Wall Street aparece en escena- y esperanzadamente en su vida.

Por supuesto, no todo el mundo está preparado para construir la riqueza invirtiendo en gran medida en valores o comprando y vendiendo petróleo y combustibles estandarizados u opciones de índices. Dicho esto, la experiencia me ha convencido de que más personas podrían estar reforzando su seguridad financiera mediante la incorporación de ellos en cierta medida en plan global financiero, si podrían simplemente recuperarse de la intimidación del período crítico. Estoy muy bien familiarizada con lo formidable que puede ser el mundo ajeno de Wall Street porque comencé mi viaje desde el mismo lugar.

Superar la barrera del idioma es siempre un buen lugar donde comenzar cuando uno se embarca en un viaje hacia una nueva tierra. Aprender el lenguaje financiero es muy similar - salvo que tal vez pueda ser un poco más fácil que lograr una gran fluidez en una lengua completamente desconocida. Después de todo, se basa en inglés. Piénsalo como inglés en un contexto diferente. Aquí hay un breve ejemplo.

Considere la palabra tramo, que tiene una serie de significados diferentes cuando estamos con el estómago lleno para la mesa de comedor de la cena del Día de Acción de Gracias.

1. Uno de las dos extremidades suntuosas del pavo que también llamamos muslo.

2. Los soportes de la mesa que nos permite que nos podamos sentar cómodamente mientras inspeccionamos el banquete.

3. Una parte del viaje de Omaha que hizo Tío Frank para unirse a nosotros.

4. La forma en que el fino Cabernet que trajo con él toma el lado de la copa de vino.

5. Uno de las opciones de compra venta que la prima Helen inició el miércoles por la tarde.

"¿Una opción de compra venta?" usted dice. "¿No es que el modo en que se sientan en un caballo? Y ¿qué es lo que tiene que ver con una pierna? "Todo, porque una opción de compra venta es una estrategia de inversión que se compone de dos tramos – uno tramo largo y el otro corto. Y, no, eso no quiere decir que Helen ha estado caminando una ladera de la montaña de Colorado por demasiado tiempo. Esto significa que usted necesita ir al capítulo 23 "Invirtiendo tu camino: los agentes, las estrategias, y las herramientas que combinan con tu Estilo" para satisfacer tu curiosidad.

En las páginas siguientes, usted encontrará las definiciones de la terminología que me intimidaron tanto al principio de que mi marido tenía que llevara a fuerza, pataleando y gritando hacia el aterrador mundo de las inversiones. Si mirara hacia atrás, creo que me hubiera convertido pronto en una participante dispuesta si hubiera tenido un libro como La Jerga de Wall Street a cuestas.

# No sólo para los novatos

Escribí La Jerga de Wall Street para inversores como yo. Los inversores que saben poco o mucho, pero saben con seguridad que necesitan ampliar sus conocimientos sobre finanzas e inversión, inversionistas que aún no, y probablemente nunca necesitarán un vocabulario de 4000 términos financieros; inversores que quieren explicaciones claras y concisas para las palabras que encuentren cuando se comunican con sus agentes de bolsa, cuando leen las páginas financieras, cuando llevan a cabo su investigación, y escuchan los canales de negocios en la televisión.

# Organización

La mayoría de los diccionarios comienzan en la A y terminan en la Z. Mi intención no es acabar con ellos. Ellos tienen su lugar. Mi escritorio no es simplemente uno de ellos. La Jerga de Wall Street toma un enfoque diferente. Está diseñado para estimular la curiosidad del lector,no para agobiarlo.

Para ello, La Jerga de Wall Street incluye un índice exhaustivo que señala las definiciones que se agrupan por tema y se dividen en secciones y capítulos, de la forma que cualquier libro de referencia está organizado. De este modo, cuando busca en el índice recuperación de precios en la bolsa, por ejemplo, notará que la tendencia del mercado primario se menciona unas pocas líneas más arriba y la Recuperación de Papá Noel está incluida sólo unas pocas líneas debajo de él. Mi esperanza es que su curiosidad obtendrá lo mejor de usted y usted terminará leyendo todas las tres definiciones y quizás también unas más, y luego sentarse y decir: "¡Ah! ¡Esto no lo sabía!"

Algunos términos pueden estar correctamente incluidos en más de un capítulo. Por ejemplo, el término Amortización está relacionado con bonos, fondos mutuales, y mercadería preferencial. En cada uno de los casos en donde fui forzada a tomar una decisión de dónde debería ir, elegí el lugar que parecía más fácil de leer. En algunos casos eso significó incluirlos en cada capítulo. En otros, sobre todo donde ninguna ventaja parecía ganarse por duplicarlo o por elegir una ubicación en lugar de otra, tomé una decisión arbitraria a cual capítulo pertenecía más acertadamente.

# Pronunciación

Muchos de los términos incluidos ruegan por un poco de ayuda de pronunciación. Tratando de mantener el objetivo de hacer La Jerga de Wall Street simple de usar y fácil de leer, para aquellos términos solos he incluido una explicación de pronunciación básica y que se explica por sí misma junto con la definición.

# Errores y Omisiones

Por último, unas pocas palabras acerca de las definiciones; la lista de términos es necesariamente más corta que la mayor parte de los diccionarios de finanzas. Esta elección fue hecha por el diseño para permitir la libertad de incluir más explicaciones sobre determinados temas.

Cada término incluido fue cotejado con múltiples fuentes para confirmar su uso más común. Como con la mayoría de las disciplinas, encontré que a veces los términos financieros tienen más de un significado, dependiendo de la fuente. Esto es particularmente cierto con respecto a los análisis técnicos, que se asemejan más a un arte que una ciencia. Así, mientras que se ha hecho el intento de relacionar las definiciones más comunes para cada término con precisión, los errores o las diferencias de opinión son posibles.

# Mecánicas del Mercado

# Mercados:
# Locales e Internacionales

**BOLSA DE VALORES:** mercado donde se compran los valores y se venden en un mercado secundario.

**MERCADO DE FUTUROS:** mercado donde se comercializan contratos sobre productos, monedas, y otros instrumentos financieros por adelantado.

---

**Arcaex:** bolsa de valores totalmente automatizada, formada por la unión de La Bolsa de Valores del Pacífico y el Archipiélago y que más tarde se convertiría en NYSEArca cuando las dos compañías se fusionaron con la Bolsa de Valores de Nueva York. En la página web **www.nysearca.com**.

**Archipiélago:** división del Grupo NYSE. Archipiélago se originó en 1996 como una red de comunicación electrónica (RCE) prestando servicios al mercado NASDAQ. En 2000, se sumaron a la fuerza a la Bolsa de Valores del Pacífico para presentar a ARCAEX, la primera bolsa de valores totalmente automatizada. En 2002, el Archipiélago y la Bolsa del Pacífico se fusionaron con la Bolsa de Nueva York para formar el Grupo NYSE. En la página web **www.nysearca.com.**

**Bolsa De Acciones Y De Bonos De San Francisco:** Ver Bolsa de Valores del Pacífico Bolsa De Comercio De Chicago (CBOT): mercado donde los contratos de futuros y de opciones se negocian sobre los productos agrícolas, productos financieros, metales industriales y preciosos. La CBOT se estableció en 1848 como una subasta pública para los productos agrícolas. Hoy en día, incorpora un sistema de subasta pública y comercio totalmente electrónico para más de 50 productos diferentes. En la página web **www.cbot.com**.

**Bolsa De Comercio De La Ciudad De Kansas (KCBT):** mercado de la ciudad de Kansas, basado en Missouri en el que se comercializan futuros de granos, fundada en 1856. En la página web **www.kcbt.com.**

**Bolsa De Comercio De Nueva York (NYBOT):** mercado de futuros y opciones para productos agrícolas, divisas, e índices. La Bolsa de Comercio de Nueva York fue formada en el 2004 por la fusión del Mercado de Algodón de Nueva York y el Mercado de Café, Azúcar y Cacao. En la página web **www.nybot. com.**

**Bolsa De Frankfurt:** Véase Frankfurter Werpapierborse.

**Bolsa De Valores:** mercado donde los valores se compran y venden en el mercado secundario.

**Bolsa De Valores Cincinnati (NSX):** Ver Bolsa de Valores Nacional.

**Bolsa De Valores De Boston (BSE):** bolsa de valores regional ubicada en Boston, Massachusetts. La tercera bolsa de valores más antigua en los Estados Unidos, la BSE se constituyó en 1834. Es propiedad de sus 200 miembros, cada uno de los cuales tiene un puesto en la bolsa. La BSE comercializa aproximadamente 2000 valores en un sistema de comercio híbrido que combina una subasta pública y un comercio electrónico. En la página web **www.bostonstock.com.**

**Bolsa De Valores De Chicago (CHX):** bolsa de valores regional, fundada en 1882 como un sistema de subasta pública. Al momento de este escrito, la CHX está en proceso de obtener la aprobación de la Comisión Nacional de Valores para un plan para migrar a un sistema de comercio totalmente electrónico. En la página web **www.chx.com.**

**Bolsa De Valores De Londres (LSE):** bolsa de valores internacional situada en Londres, Inglaterra, con una oficina regional en Hong Kong. Más de 400 empresas internacionales de más de 60 países se comercializan en la actualidad en la LSE. En la página web **www.londonstockexchange.com.**

**Bolsa De Valores Del Medio Oeste:** Véase Bolsa de Valores de Chicago.

**Bolsa De Valores De Nueva York (NYSE):** la Bolsa de Valores más grande del mundo y el centro de facto de los mercados financieros de Estados Unidos. Fundada en 1792, la Bolsa de Nueva York se fusionó con Archipiélago (Arca) y la Bolsa de Valores del Pacífico (PCX) en el año 2006 para formar el Grupo NYSE. Éste opera dos mercados separados, la Bolsa de Nueva York y NYSEArca.

La Bolsa de Nueva York opera en el recinto de su ubicación de Wall Street como un sistema híbrido que combina una subasta pública con el comercio electrónico. NYSEArca es un mercado plenamente electrónico. En la página web **www.nyse.com.**

**Bolsa De Valores De Philadelphia (PHLX):** bolsa regional, que se encuentra en Filadelfia, Pensilvania. Fundada en 1790, la PHLX fue la primera bolsa del valores de la nación organizada. Es la casa de algunos de los índices de la industria seguidos más cercanos. En la web **www.phlx.com.**

**Bolsa De Valores De Toronto (TSX):** mercado de capital accionario canadiense situado en Toronto, notario. TSX es propiedad del Grupo TSX, quien lo opera y también es dueño de Mercado Empresarial TSX.

**Bolsa De Valores Americana:** una de las más antiguas bolsas de valores de los Estados Unidos e innovadora del Fondo del Mercado de Comercio (ETF), que ahora es una especialidad de la Bolsa Americana. La Bolsa Americana también hace alarde de sus derechos por ser la primera bolsa de valores en aparecer en Internet. Ubicada en la ciudad de Nueva York, incorpora subastas públicas que se llevan a cabo sobre el suelo de un intercambio y del comercio electrónico. Cada subasta se ve facilitada por un especialista cuyo trabajo es equiparar a los compradores y a los vendedores para hacer un mercado en uno o más valores. Véase Mercado Híbrido. En la página web **www.amex.com**.

**Bolsa De Valores Regional:** bolsa de valores que no está ubicada en un centro financiero de un país. En los Estados Unidos, cualquier mercado que esté situado en otra ciudad que no sea Nueva York es considerado un mercado regional. Las bolsas de valores regionales agregan liquidez y competencia a los mercados financieros aumentando la participación en el mercado.

**Bolsa Del Pacífico (PCX):** bolsa de valores regional, fundada originalmente como el cambio de Acciones y Bonos de San Francisco en 1882. Durante los próximos 124 años, se reorganizó y amplió un número de veces antes de que se fusione con la Bolsa de Nueva York y Archipiélago para formar el Grupo NYSE en el 2006. En la página web **www.nysearca.com.**

**Bolsa De Tokyo (TSE):** Bolsa de valores y derivados principal de Japón. TSE también tiene sus oficinas en Nueva York, Londres, y Signapore. La TSE remonta sus raíces a 1878 fundando la Bolsa de Valores de Tokio., Ltd. En la página web **www.tse.or.jp/english/index.shtml**.

**Bolsa Grande, La:** Otro nombre para la Bolsa de Nueva York (NYSE). En la página web **www.nyse.com.**

**Bolsa Nacional (NSX):** bolsa de valores regional fundada en 1885 como la Bolsa de Valores de Cincinnati. En 1980 el mercado cerró su recinto de operaciones y se convirtió en la primera bolsa de valores totalmente electrónica y, posteriormente, trasladó sus operaciones a Chicago. En 2003 cambió su nombre por la Bolsa Nacional de Valores. En la página web **www.nsx.com.**

| UNA MIRADA MÁS DE CERCA A LAS BOLSAS REGIONALES ESTADOUNIDENSES |
| --- |
| La Bolsa de Valores de Boston |
| La Bolsa de Valores de Chicago |
| La Bolsa de Valores de Filadelfia |
| La Bolsa de Valores Nacional * |

**Bourse De Montreal, Inc (MX):** mercado de futuros y opciones primarias de Canadá donde la moneda, el capital accionario, el índice, y los productos de tasa de interés se comercian. En la página web **www.m-x.ca.**

**Comex:** Véase Intercambio de Mercaderías, Inc.

**Eurex:** cambio electrónico de futuros y opciones que es conjuntamente operado por los mercados Deutsche Börse Ag y SWX Swiss. Eurex tiene oficinas en Chicago, Frankfurt, Londres, París y Zurich. En la página web **www.eurex.com**.

**Eurex Americano:** mercado de futuros basado en Chicago establecido en 2204 por Deutsche Börse AG. En la página web **www.eurexus.com.**

**Euronext:** mercado internacional de acciones y derivados de Amsterdam basado en Holanda. Euronext se formó en 2000 con la fusión de los mercados de Amsterdam, Bruselas, y París. En 2000 adquirió los Futuros Financieros Internacionales de Londres y el Mercado de Opciones (LIFFE) y la Bolsa de Valores de Lisboa y el Mercado de Porto de Portugal.

**Frankfurter Werpapierborse (FWB):** la bolsa de valores más grande de Alemania y un importante mercado internacional. También conocida como la Bolsa de Francfort, la FWB es operada por Deutsche Börse Group. En la página web **http://deutsche-boerse.com.**

**Futuros Financieros Internacionales Y Mercado De Opciones De Londres (LIFFE):** Véase Euronext. En la página web **www.liffe.com.**

**Grupo NYSE:** sociedad públicamente comercializada de la Bolsa de Valores de Nueva York(NYSE) y NYSEArca. En la página web **www.nyse.com.**

**Merc:** Véase Mercado Mercantil de Chicago.

**Mercado De Acciones De Boston (BeX):** bolsa de valores electrónica formada como una empresa conjunta entre la Bolsa de Valores de Boston (BS) y CitiGroup, CSFB, empresa de corretaje de Fidelity, y Lehman Brothers en el año 2005. En la página web en **www.bostonstock.com.**

**Mercado De Algodón De Nueva York (NYCE):** Véase Bolsa de Comercio de Nueva York.

**Mercado De Café, Azúcar, Y Cacao (CSCE):** mercado de futuros formado por el 1979 fusionado del mercado original de Café y Azúcar y el mercado de Cacao. En 2003 the CSCE se fusionó con el Mercado de Algodón de Nueva York para formar la Bolsa de Comercio de Nueva York. (NYBOT). En la página web **www.nybot.com.**

**Mercado De Derivados Canadienses:** Véase Bourse de Montreal, Inc.

**Mercado De Mercaderías Inc (COMEX):** división del Mercado Mercantil de Nueva York, donde los contratos de futuros y opciones sobre oro, plata, cobre, y aluminio son objeto de comercio.

**Mercado De Opciones De Boston (BOX):** mercado electrónico de opciones formado como una empresa conjunta entre la Bolsa de Valores de Boston (EEB) y Credit Suisse First Boston, JP Morgan, UB, y Citigroup en 2004. En la página web **www.bostonoptions.com.**

**Mercado De Opciones De La Bolsa De Chicago (CBOE):** mercado de futuros y de opciones donde los contratos sobre valores, índices, y productos financieros son objeto de comercio. El CBOE utiliza un sistema híbrido que combina una subasta pública con el comercio electrónico. También opera con todos mercados de futuros CBOE electrónicos(CFE). En la página web **www.cboe.com.**

**Mercado De Futuros:** mercado donde los contratos a término sobre mercaderías, monedas, y otros instrumentos financieros son objeto de comercio. Véase Derivado; Futuros; Contrato de Futuros.

**Mercado De Futuros Cboe (CFE):** mercado de futuros totalmente electrónico propiedad del Mercado de Opciones de la Bolsa de Boston(CBOE), donde el índice de futuros y de los futuros de Gas se comercializan. En la página web **www.cfe.cboecom**.

**Mercado De Futuros De Mercaderías:** mercado en el que los contratos de derivados, como futuros y opciones se comercian sobre productos agrícolas, valores, índices, e instrumentos de deuda.

**Mercado De Metal De Londres (LME):** mercado de futuros de Londres, basado en Inglaterra para metales no ferrosos y plásticos. Las raíces de LME se remontan a 1571 con la creación del Mercado Royal, la primera Bolsa de Valores de Londres. En la página web **www.lme.co.uk**.

**Mercado De Montreal:** Véase Bourse de Montreal, Inc. En la página web **www.m-x.ca/accueil_en.php**.

**Mercado De Venta Libre (OTC):** mercado negociado para el comercio de acciones no cotizadas. No todas las acciones de venta libre están obligadas a presentar informes financieros a la Comisión Nacional de Valores(SEC),lo que hace difícil obtener información confiable sobre las que se basan las decisiones de inversión. Véase OTCBB.

**Mercado Empresarial Canadiense:** Véase Mercado Empresarial TSX.

**Mercado Empresarial TSX:** mercado regulado donde empresas canadienses mineras, de aceite y gas, de manufactura, tecnología, y servicios financieros recaudan capital de los inversores. Este mercado es parte del Grupo TSX, el que incluye también la Bolsa de Valores. En la página web **www.tsx.com**.

**Mercado Internacional De Valores(ISE):** Bolsa de Valores basada en la ciudad de Nueva York que proporciona un mercado internacional para opciones de capital. En la página web **www.iseoptions.com**.

**Mercado Mercantil De Chicago (CME):** el más grande mercado de mercaderías y de futuros en los Estados Unidos. Las áreas de operaciones en el CME realizan subastas públicas de capital accionario, divisas, y de productos agrícolas y de tasa de interés. El CME también opera el mercado totalmente electrónico Globex. En la página web **www.cme.com**.

**Mercado Mercantil De Nueva York (NYMEX):** el mercado de futuros de mercaderías más grande del mundo y uno de los mercados de opciones más activos para los mercados de metales preciosos y de energía. El NYMEX se compone de dos divisiones: NYMEX, donde la energía, el platino y el paladio son objeto de comercio, y COMEX en donde el oro, la plata, el cobre, y el aluminio son objeto de comercio. En la página web **www.nymex.com**.

**Mercado Suizo (SWX):** la Bolsa de Valores de Suiza. SWX es un mercado electrónico para comerciar valores y derivados. En la página web **www.swx. com**.

**Nasdaq:** la Bolsa de Valores electrónica más grande de los Estados Unidos que se fundó en 1971 por la Asociación Nacional de Comerciantes de Valores (NASD)como una sistema de comercio con un tablero de anuncios. En 2000, los miembros de NASDAQ votaron para que se rote a la empresa basada en Nueva York a una empresa propiedad de los accionistas, y en 2006 anunció su intención de realizar una primera oferta pública de sus acciones. Véase Bolsa de Valores Estadounidense, Bolsa de Valores de Nueva York; Bolsa de Valores Regional. En la página web en **www.Nasdaq.com**.

**Nymex:** división del Mercado Mercantil de New York donde se comercian las opciones y los futuros de energía, platino, paladio. En la página web **www. nynex.com**.

**Nysearca:** división de NYSE Group, formada por la fusión de Archipiélago (Arca), la Bolsa de Valores del Pacífico, y la Bolsa de Valores de Nueva York.

**Onechicago, Llc:** uno de los mercados de futuros y opciones totalmente electrónico para Futuros de Acciones Únicas (SFF), Fondos del Mercado Comercial (ETFs), e índices. OneChicago es una empresa conjunta de Mercado de Opciones de la Bolsa de Chicago, Mercado Mercantil de Chicago, y la Bolsa de Comercio de Chicago. En la página web **www.onechicago.com**.

**Pizzarra De Bolsa De Venta Libre (Otcbb):** sistema electrónico de cotización introducido como resultado de la Superintendencia de Valores de Ejecución Recursos y la Ley de Reforma de Penny Stock de 1990. Véase Boletín de acciones de la Bolsa. En la página web en **www.otcbb.com**.

**Tsx Group:** sociedad de la Bolsa de Valores de Toronto y del Mercado Empresarial TSX. En la página web **www.tsx.com**.

Capítulo

2

# Operaciones del Mercado: Trayendo Orden a los Mercados

**SUBASTA:** sistema de mercado en el que los compradores ofertan uno contra otros para establecer el precio de venta de un artículo a la venta.

**Acceso:** sistema de comercio de post cierre del Mercado Mercantil de Nueva York (NYMEX). Véase Sistema de Comercio Electrónico; Comercio de Horario Extendido.

**Acuerdo Buttonwood:** acuerdo de 1792 entre 24 corredores de Bolsa de Nueva York y empresarios para formar una comunidad de inversionistas que más tarde se convirtió en la Bolsa de Nueva York. El acuerdo fue llamado así por el árbol de buttonwood (conocarpus erectus) bajo el que se firmó.

**Antes De La Campana:** término que se refiere al tiempo anterior al inicio de un día de negociación regular. Algunos comunicados de prensa y anuncios de ingresos que se han programado antes de la campana. Véase Después de la Campana; Embargo.

**Área De Operaciones:** área en el piso de comercio, donde futuros y opciones son negociados en una subasta pública.

**Área De Operaciones Comerciales:** área en el piso del comercio de mercados de futuros y opciones donde los contratos se compran y venden en una subasta pública.

**Asiento (Mercado de Asiento):** término que se refiere a la pertenencia a un mercado de acciones, futuros u opciones. La afiliación representa un interés de propiedad en el mercado, un rol en las decisiones que rigen su funcionamiento y una participación en las ganancias de la operación

## UNA MIRADA MÁS CERCANA AL MERCADO DE ASIENTOS

La referencia al mercado de asientos se remonta a los inicios de la Bolsa de Valores de Nueva York. En ese momento, los miembros se reunían en asientos asignados para el llamado de lista diario de acciones puestas a la venta. Los asientos fueron retirados en 1871, cuando el mercado se trasladó a un sistema continuo de comercio. A pesar de que perdió su significado literal, la expresión "asiento" subsiste como una expresión de afiliación en lo que podría ser considerado como uno de los más exclusivos clubes.

Con la fusión la NYSE / Archipiélago del 2006, la Bolsa de Nueva York eliminó sus asientos para afiliados pero mantuvo su práctica de emitir un máximo de 1366 licencias para comerciar en el piso del mercado. La Bolsa de Valores Americana (AMEX) tiene 834 asientos y aproximadamente 40 asientos más especializados que pueden ser comprados, vendidos, y alquilados ya sea a través del mercado o de los propietarios individuales.

**Asociación Consolidada De La Cinta (CTA):** la autoridad de la elaboración y funcionamiento de políticas para los sistemas que reúnen, procesan, y difunden los datos del comercio. Véase Sistema de Cotización Consolidado y Plan de Cinta Consolidado.

**Búsqueda Y Coincidencia Automatizada (ASAM):** sistema automatizado empleado en la Bolsa de Nueva York para examinar información pública y relacionarla con el datos de comercialización a fin de determinar posibles irregularidades comerciales.

**Campana De Apertura:** señal audible que indica el inicio del día de negociación regular en un mercado. Los representantes de empresas mencionadas que cotizan en bolsa, celebridades y periodistas a menudo celebran notables eventos haciendo sonar la campana de apertura en un mercado. Véase Horario de comercio.

**Campana De Cierre:** señal audible que indica el final del día de negociación regular en un mercado. Los representantes de las empresas públicas, celebridades y periodistas a menudo celebran eventos notables haciendo sonar la campana de cierre de un mercado. Comparar con la Campana de Apertura.

**Centro De Intercambio De Mercaderías:** ubicado en el World Trade Center, centro mundial de negocios atentado del 11 de septiembre de 2001.

**Cierre Del Mercado:** momento en que la sesión regular del mercado termina en un intercambio. Véase Campana de Cierre.

**Cinta De Teleimpresora:** sistema computarizado de cotización del precio de las acciones. Antes de la era de las computadoras, los precios de las acciones se emitían a través de dispositivos de escritorio que emitían tiras de papel delgadas (llamadas cintas de teleimpresoras) sobre las que los precios de las acciones eran estampadas. Al dispositivo se lo llamó teleimpresor debido al ruido que hacía.

**Comercialización De Horas Extendidas:** período de comercio electrónico que se lleva a cabo antes o después de la sesión regular del mercado para un intercambio. En un tiempo, sólo los pedidos realizados por los inversores institucionales podían ser colocados y completos durante la comercialización de horas extendidas. Hoy las redes de comunicaciones electrónicas (ECNs) hacen posible que los encargados de mercado y las empresas de corretaje puedan participar en la comercialización del pre-mercado y post-mercado sobre una base voluntaria. Los inversores individuales también pueden comprar y vender acciones durante las horas extendidas de comercialización eligiendo un corredor que proporcione acceso. Véase Pre-mercado; Comercio Post Cierre(AFT).

**Comercialización Dual:** situación en un corredor del recinto o una empresa de corretaje ejecuta operaciones en nombre de un cliente y para su propio beneficio en el mismo día.

**Comprar El Libro:** mercado para adquirir todas las acciones disponibles (el libro) de una determinado valor de un especialista y de todos los otros agentes aduanales. Las órdenes de compra del libro suelen ser generadas por inversores institucionales.

**Contrato De Mercado:** mercado que se registra con la Comisión de Comercialización de Futuros de Mercaderías (CFTC) para comercializar mercaderías específicas o contratos opcionales. Véase Mercado de Futuros de Mercaderías; Derivados.

**Cotización En Tiempo Real:** precio de cotización de oferta y de demanda que se informa sin demora de tiempo. Comparar con Cotización Tardía.

**Curbas:** restricciones comerciales temporales impuestas por un mercado incluso a las dramáticas fluctuaciones de los precios de un mercado volátil. Las curbas son provocadas normalmente por una gran caída en el mercado más amplio y pueden incluir una detención completa en el comercio. En algunos casos, las restricciones podrán prohibir el programa de comercio o limitar comercializaciones aceptables a aquellos situados sólo en una transacción de la Bolsa en un precio más arriba. Véase Interruptor; Detención Comercial.

**Desfile De Cintas De Teleimpresoras:** celebración durante la cual grandes cantidades de papel triturado caen sobre los que desfilan. La dedicación del 29 de octubre de 1869 de la Estatua de la Libertad, dio a luz al primer de estos desfiles cuando oficinistas lanzaron espontáneamente miles de cintas de teleimpresores para el desfile a continuación.

**Después De La Campana:** término que se refiere al tiempo después del cierre de la sesión regular del mercado. Algunos comunicados de prensa y anuncios de ingresos se retrasan hasta después de la campana. Ver Antes de la Campana; Embargo.

**eAccesso Clearpot:** sistema de comercio post cierre de un Mercado Mercantil de Nueva York(NYMEX). Véase el Sistema de Comercio Electrónico.

**Feriados Del Mercado:** Los mercados de los Estados Unidos están cerrados en cumplimiento de nueve feriados cada año.

| UNA MIRADA MÁS CERCANA A LOS FERIADOS DE LOS MERCADOS DE ESTADOS UNIDOS | |
|---|---|
| • Día de Año Nuevo | • Día de Martin Luther King, Jr |
| • Aniversario de Washington | • Viernes Santo |
| • Día en Honor a los Caídos en la Guerra | • Día de la Independencia |
| • Día del Trabajo | • Día de Acción de Gracias |
| • Día de Navidad | |

**Forex:** abreviación para el Mercado de Intercambio de Divisas. Véase Tipo de Cambio Extranjero.

**Fluido De Presupuestos:** sistema de cotización informatizado en el que los precios de los valores y/o de los futuros se actualizan continuamente en tiempo real. Comparar con Cotización Tardía.

**Globex:** plataforma de comercio electrónico del Mercado Mercantil de Chicago para contratos de futuros y de opciones. Globex proporciona un mercado virtual y continuo en todo el mundo, que abre los domingos por la noche y permanece abierto para el comercio aproximadamente 23 horas al día hasta que cierra cada viernes. Véase Sistema de Comercio Electrónico.

**Hacer Un Mercado:** para gestionar un inventario de una determinada acción a partir del que se compran y venden acciones a otros participantes del mercado para los efectos de garantizar la liquidez del mismo. En la Bolsa de Nueva York (NYSE) y la Bolsa.

**Estadounidense(AMEX):** las personas responsables de hacer un mercado se denominan especialistas. En el NASDAQ, se los conoce como creadores de mercado.

**Hojas Amarillas:** listado diario de precios de cotizaciones de oferta y de demanda para los bonos de venta libre. Las Hojas Amarillas son un producto del Departamento de Cotización Nacional. En la página web **www.pinksheets.com**

**Hojas Rosas:** compañía de propiedad privada que proporciona un sistema de cotización de tiempo real enumerando precios de oferta y de demanda para las acciones de venta libre. Este término se originó cuando el Presupuesto de Cotización Nacional emitía listas de cotizaciones diarias y semanales para pequeñas acciones domésticas y extranjeras en papel de color rosa. Desde 2000, los inversores han podido acceder a las Hojas Rosas en Internet en **www. pinksheets.com**.

**Horarios Comerciales:** la comercialización comienza en las bolsas de valores de EE.UU. a las 9:30 am y cierra a las 4 pm hora del tiempo del Este, de lunes a viernes. Las redes de comunicaciones electrónicas extienden el día de negociación proporcionando el comercio limitado antes y después de las horas regulares de comercio. El horario comercial para intercambios de futuros y opciones varía según el producto y el mercado. Ver Horario Comercial Extendido; Pre-mercado.

**Interruptor:** reglas que provocan una detención en el comercio en un mercado o seguridad individual para evitar el pánico de compra y venta que pueda desestabilizar el mercado. Estos circuitos les dan a los inversores y a los comerciantes la oportunidad de hacer una pausa y evaluar el mercado fríamente antes de que se reanude el comercio. Véase Desequilibrio de los Pedidos; Precio Máximo de Fluctuación.

**Libro:** lista mantenida por un especialista que hace un seguimiento compras y ventas sin cubrir. El término se refiere a las computadoras portátiles que los especialistas utilizan antes del advenimiento de los sistemas de seguimiento de orden basados en computadoras. Ver Comprar el Libro; Especialista de Libro de Exhibición.

**Libro De Exhibición (DBK):** sistema de archivo electrónico de la Bolsa de Nueva York que muestra los pedidos limitados hasta el llenado o la cancelación. También se lo conoce como el libro de exhibición del especialista; el DBK también graba e informa las transacciones a otros sistemas en uso en el mercado. Recibe su información del Sistema de Procesamiento de Límite de Órdenes.

**Libro De Exhibición Del Especialista:** Véase Libro de Exhibición.

**Lista De Observancia:** una lista de los valores que una empresa de corretaje o de intercambios considera que pueden ser objeto de irregularidades comerciales.

**Mercado De Efectivo:** término que se refiere a la compra y venta de una mercadería o producto financiero para la entrega inmediata, en contraposición a la negociación sobre el precio de los futuros para el mismo producto. Véase Precio en Efectivo, Precio al Contado.

**Mercado Híbrido:** sistema de cumplimiento de pedidos que combina una subasta pública con un sistema electrónico de tramitación de pedidos. Los sistemas de comercio híbridos están en uso, en cierta medida, en todos los mercados de Estados Unidos que continúan llevando a cabo subastas de comercio públicas.

**Mercado Post Cierre:** comercio electrónico que tiene lugar después del cierre de la sesión regular del mercado. Comparar con Pre-Mercado.

## UNA MIRADA MÁS CERCANA A LOS RIESGOS ASOCIADOS CON LA COMERCIALIZACIÓN EN EL MERCADO POST CIERRE

Si usted está comprando o vendiendo valores, bienes raíces, o caracoles, la estabilidad de los precios depende de un suministro equilibrado de los compradores y vendedores. El frecuente mercado apenas comercializado de post cierre no es nada común para ese equilibrio inclinar la balanza en un sentido u otro, resultante en la ampliación entre la oferta y el precio de venta para una seguridad. ¿El resultado? Compradores o vendedores que están ansiosos por entrar o salir del mercado durante el post mercado de comercio pueden ser obligados a aumentar o reducir su oferta o precio de venta con el fin de obtener sus pedidos completos, lo que puede absorber los beneficios o aumentar la pérdida de un mal comercio.

**NOTA:** No se aceptan las órdenes de mercado para la ejecución durante horas comerciales extendidas, de nuevo debido a que la gran extensión potencial puede resultar en órdenes adversas de cumplimiento y aumentar aún más el comercio de la volatilidad.

**Mercado Negociado:** mercado en el que los compradores y los vendedores negocian sobre el precio a través de los precios publicados de la oferta y la demanda. NASDAQ es un ejemplo de un mercado negociado, en contraposición con la Bolsa de Valores de Nueva York y la Bolsa de Valores Estadounidense, donde los comerciantes ofertan unos contra otros en una subasta pública.

**Mercado Secundario:** mercado en el que un valor o derivado es comprado o vendido por alguien que no sea el emisor original. Las transacciones de la Bolsa de Valores son un ejemplo de un mercado de valores secundario. Comparar con Mercado Primario.

**Mercado Terminal:** término que se usa en el Reino Unido para referirse al mercado en el que los contratos de mercaderías y futuros son comercializados.

**Observador De Acciones:** programa de computación empleado por algunos mercados para monitorear transacciones y detectar una posible actividad ilegal.

**Piso:** la zona comercial de un mercado donde los compradores y los vendedores se reúnen cara a cara para participar en una subasta pública. Comparar con Sistema de Comercialización Electrónico.

**Plan Consolidado De Cinta (CTP):** cuerpo de políticas y procedimientos que rigen la recopilación y difusión de datos del comercio. La CTP está desarrollada y supervisada por la Asociación de Comercio Consolidada, y presentada ante la Comisión Nacional de Valores (SEC). Los miembros del mercado administran el plan. Véase Sistema de Cotización Consolidado; Sistema Consolidado de Cinta.

**Posit** (técnica de proceso de la optimización, de la estandardización y de la innovación): sistema de comercio electrónico que equipara órdenes de compra y venta de los inversionistas institucionales.

**Pre-Mercado:** período de comercio electrónico que se lleva a cabo antes del inicio de la sesión regular del mercado. Véase Horario Extendido de Comercio. Comparar con el Comercio Post Cierre.

**Puesto:** Véase Puesto de Comercio.

**Puesto Comercial:** área en el piso comercial de una bolsa de valores donde un especialista realiza una subasta pública.

**Red A:** la alimentación de información del Sistema Consolidado de Cinta (CTS), que difunde la cotización y los datos de la última venta para valores negociados en la Bolsa de Nueva York. Comparar con Red B.

**Red B:** la alimentación de información del Sistema Consolidado de Cinta(CTS), que difunde la cotización y la información de la última venta para valores negociados en todos los mercados de los Estados Unidos más que en la Bolsa de Valores de Nueva York. Comparar con Red A.

**Red De Comunicación Electrónica (ECN):** Cualquiera de todos los sistemas informatizados de equiparación de órdenes que proporciona a los inversores acceso directo al mercado, sin pasar por el agente de bolsa intermediario para la colocación de la orden. Con el acceso ECN, los inversores pueden ver las cotizaciones para la mejor oferta y la mejor demanda, y pueden ingresar los pedidos directamente al sistema. Como resultado de ello, la ECN puede acelerar la entrada de pedidos y el proceso de ejecución, así como hacer posible a los inversores de participar en las horas extendidas de comercialización. Cada empresa de corretaje es libre de decidir por cual ECN opta para incluir en su sistema de flujo de órdenes y cuánto acceso a la ECN proporcionará a sus clientes.

**Runoff:** proceso de final del día por el que un intercambio imprime el precio de cierre para cada valor comercializado en cinta ticket.

**Sala Azul:** una de las tres salas de negociación en La Bolsa de Nueva York Stock. La Sala Azul se inauguró en 1969 y se expandió en 1988, momento en el que se hizo conocida como la Sala Azul ampliada.

**Sala Azul Ampliada:** una expansión de 1988 de la Bolsa de Nueva York para acomodar el aumento de la actividad comercial.

**Sesión Comercial:** término que hace referencia al día de negociación normal, pero excluye el comercio que tiene lugar antes de la campana de apertura o después de la campana de cierre. La sesión de operaciones no incluye el pre-mercado o las horas extendidas de comercio.

**Sistema Automatizado De Bonos (ABS):** sistema electrónico de comercialización de bonos utilizado en la Bolsa de Nueva York.

**Sistema Comercial De Intermercado (ITS):** sistema electrónico que conecta las múltiples bolsas de valores, lo que permite a los corredores de piso ver la oferta actual y preguntar por cualquier valor para realizar los pedidos con cualquier mercado participante.

**Sistema Competitivo De Creador Del Mercado:** sistema en uso en algunos mercados en el que cualquiera de sus miembros puede hacer un mercado con cualquier acción que se comercializa en ese mercado. Véase Creador Registrado de Mercado Competitivo.

**Sistema De Apertura De Información Automatizado (OARS):** sistema electrónico que informa el precio de apertura de cada valor para el corredor procedente.

## UNA MIRADA MÁS CERCANA AL OARS

En un día normal, entre el 15 y el 20 por ciento de todas las órdenes se ejecutan en la apertura del mercado. A través de SuperDOT, las órdenes de compra o venta, enviadas al especialista antes de la apertura del mercado, son equiparadas automáticamente con órdenes opuestas. El especialista, después de equiparar órdenes de compra y venta del mercado, y el controlar las órdenes de límite pendientes y órdenes de apertura mayores, fija un precio de apertura para la acción. Luego, el especialista ejecuta todas las órdenes de a pares en un precio y envía avisos de confirmación a los corredores procedentes segundos después de la apertura del mercado, a través del Sistema de Apertura de Información Automatizado(OARS).

Fuente: Electronic Bulls and Bears: Valores de Estados Unidos.

Mercados y Tecnología de la Información

Congreso de los EE.UU., Oficina de Evaluación de Tecnología, Electronic Bulls & Bears: Valores de EE.UU.

Mercados y Tecnología de la Información, OTA-CIT-469 (Washington, DC: Oficina de Impresión del Gobierno de los EE.UU., septiembre de 1990).

**Sistema Consolidado De Cinta (CTS):** información electrónica paga para reunir y difundir reciente información sobre el comercio para valores inscriptos de todos los mercados en los que comercializan. A veces denominado el Sistema de Comercio Consolidado.

**Sistema De Comercio Consolidado:** Véase Sistema Consolidado de Cinta (CTS).

**Sistema De Comercio Electrónico:** sistema informatizado que permite la entrada y la ejecución de pedidos de futuros y opciones después del cierre de la subasta pública de comercio.

**Sistema De Ejecución De Órdenes Pequeñas (SOES):** sistema electrónico automatizado de NASDAQ de equiparación y ejecución de órdenes para valores NASDAQ enumerados para los pedidos de 1000 acciones o menos.

**Sistema De Información De Pedidos Con Límite:** un sistema electrónico que almacena y muestra información sobre las órdenes con límite y alimenta los datos al especialista del libro de exhibición. Las órdenes que se introducen como buenas, hasta ser canceladas, permanecen en el sistema hasta ser completas o canceladas; todos las demás se borran del sistema al cierre de la sesión de operaciones.

**Sistema De Información De Post Ejecución (PERS):** sistema electrónico de presentación de informes y de entrada de órdenes en uso en la Bolsa de Valores Americana (AMEX o ASE).

**Sistema De Presupuesto Consolidado (CQS):** sistema electrónico que recopila y difunde el volumen, la oferta, la demanda, y el tamaño del precio de las cotizaciones para cada valor y para cada mercado en el que se comercializa. El CQS es administrado por miembros de los intercambios y es supervisado por la Autoridad Consolidada de Cinta(CTA). Véase Sistema Consolidado de Cinta (CTS).

**Sistema Nacional De Negociación De Valores (NSTS):** un sistema de comercio automatizado en uso en la Bolsa Nacional de Valores.

**Subasta:** sistema de mercado en el que los compradores ofertan uno contra otros para establecer el precio de venta de un artículo a la venta. Algunas bolsas de valores realizan subastas públicas en el recinto de operaciones. Los participantes en estas subastas incluyen un especialista, que sirve como el subastador, corredores de piso que representan a sus clientes, y comerciantes registrados que comercializan sus propias cuentas. Las subastas públicas se emplean en algunos intercambios de mercaderías y también de futuros.

**Superdot:** sistema de presentación de informes y de entrada de órdenes electrónicas en uso en la Bolsa de Nueva York.

**Supermontage:** sistema reejecución y de entrada de orden integrada y electrónica utilizado en el NASDAQ.

**Suspensión Del Comercio:** Una pausa temporal en la negociación de un contrato particular de valores o de futuros. Para los valores, una suspensión del comercio es emitida a veces en espera de la publicación de noticias, pero también puede ocurrir debido a un desequilibrio de órdenes de compra y venta. En un mercado de futuros, una suspensión del comercio puede ser solicitada cuando la oferta o demanda de un determinado contrato supera el precio máximo de fluctuación. En cualquier caso, el propósito de la pausa es evitar la compra irracional o el pánico de venta y reparar la liquidez del mercado dándoles a los inversores una oportunidad para hacer una pausa y evaluar la situación. Véase Interrupción.

**Teleimpresora:** término que se utiliza para referirse a una estrecha tira de papel o una pantalla electrónica donde las cotizaciones que fluyen son reportadas. Antes de la llegada de las computadoras, los precios se estampaban en la cinta de teleimpresora. Hoy las teleimpresoras se muestran en televisores, monitores de computadoras, o cualquier otro dispositivo de visualización electrónica.

**Tiempo Y Ventas:** registro de cada negociación que se lleva a cabo en un mercado. Si un inversionista cuestiona la ejecución de una comercialización, la empresa de corretaje puede acceder al informe de tiempo y ventas para aclarar el tiempo y el precio exacto de su ejecución. Muchas de las plataformas de negociación de acceso directo incluyen una ventanilla de informes del tiempo y de las ventas.

**Xetra:** La plataforma de comercio electrónico en uso en la Bolsa de Frankfurt.

Capítulo

*3*

# Jugar Limpio:
# Normas y Regulaciones

REGULACIÓN FD: Reglamentación de la Comisión Nacional de Valores (SEC) que prohíbe la liberación selectiva de información relevante sobre una empresa. La Reg FD, como también es llamada, intenta nivelar la igualdad de condiciones para todos los participantes en el mercado por lo que hace obligatorio para las empresas revelar información a todos los inversores simultáneamente. A veces se la llama  Regulación de Revelación. Es obligatorio para las empresas liberar información a todos los inversores al mismo tiempo. A veces llamada como Regulación de Revelación Justa.

---

**Aprobación Del Registro:** aceptación oficial de la Comisión  Nacional de Valores (SEC) de la declaración de registro, por lo general después de una o más rondas de observaciones y solicitudes para más información de la empresa.

**Arbitraje:** proceso voluntario de resolución de disputas en el que una persona o grupo imparcial, llamado árbitro, escucha los argumentos de los lados opuestos y toma una decisión. El arbitraje puede ser vinculante o no vinculante. La decisión en el arbitraje vinculante es definitiva y ejecutable. En contraste, el árbitro en un caso de arbitraje no vinculante puede recomendar una resolución, pero ninguna de las partes tiene la obligación de aceptarla.

**Batido:** La falta de ética en la práctica de ejecutar operaciones excesivas en una cuenta gestionada para generar ingresos de la comisión.

**Bono De Fidelidad Combinado:** seguro contra la pérdida de dinero u otros activos debido a la deshonestidad de empleados. La Comisión Nacional de Valores (SEC) obliga a las empresas de corretaje a llevar un bono de fidelidad combinado para proteger a los activos de los clientes.

**Canal De Relleno:** práctica fraudulenta en la que una empresa infla los ingresos de sus ventas atrayendo a los mayoristas y / o minoristas para ordenar más productos de lo que en realidad esperan vender en el curso normal de los negocios. Por lo general, esto es realizado a través de descuentos muy grandes y el acuerdo de que los productos no vendidos pueden ser devueltos en una fecha posterior.

**Certificación:** declaración adjunta a un informe de auditoría que contiene la opinión del auditor respecto a la exactitud de una declaración financiera.

**Certificación Del Director General:** declaración escrita firmada por el presidente ejecutivo y jefes financieros de una empresa públicamente comercializada que da fe de su control y la aceptación de la responsabilidad para controles internos relacionados con la información financiera. Las certificaciones del Director General son necesarias en virtud de la Ley Sarbanes-Oxley de 2002 y son un medio de retener a los ejecutivos responsables de declaraciones financieras fraudulentas.

**Código Comercial Uniforme (UCC):** conjunto de leyes estatales que regulan la realización de las transacciones comerciales.

**Código De Práctica Uniforme (UPC):** normas establecidas por NASD para el manejo de las transacciones de venta libre (OTC).

**Comercio Acordado Con Anterioridad:** una práctica ilegal en el que el comercio se lleva a cabo de la forma convenida entre los participantes del mercado. Por ejemplo, si un corredor de piso acuerda comprar un valor de otro comerciante a un precio inflado al acuerdo es como un comercio acordado con anterioridad.

**Comercio De Último Día:** práctica ilegal de hacer una transacción que tuvo lugar en un comercio post cierre que parece ser ejecutada durante la sesión regular del mercado con el fin de asegurar un mejor precio. El comercio de finales del día está prohibido por la Comisión Nacional de Valores (SEC), pero a veces es llevada a cabo por ciertos fondos.

**Comercio Ilegal De Abuso De Información Privilegiada (abuso de información privilegiada):** una compra o venta de acciones de una empresa por una persona con acceso a información confidencial de la empresa. Un abuso de información privilegiada puede ser legal o ilegal, dependiendo de cuándo y en qué circunstancias es ejecutado. Un abuso ilegal de información privilegiada es uno en el que la operación es iniciada sobre la base de información material que no ha sido divulgada al público. Véase Información Privilegiada.

**Comercio No Cotizado:** comercio de un valor no cotizado que se lleva a cabo en un mercado. El comercio no cotizado debe ser aprobados por la Comisión de Nacional de Valores (SEC).

**Comercio Suspendido:** Véase Suspensión del Comercio.

**Contabilidad Agresiva:** práctica a veces fraudulenta de los ingresos incorrectamente reconocidos o los gastos para hacer que la situación financiera de una empresa parezca más favorable de lo que en realidad es.

**Declaración De Poder De Representación:** documento oficial presentado con la Comisión Nacional de Valores (SEC) y proporcionado a cada accionista que revele toda la información pertinente para ser votado en una reunión de accionistas. La declaración de poder de representación también incluye una petición al accionista para autorizar a la gestión de la empresa a votar por las acciones de los accionistas en la reunión. Véase Poder de Representación; Lucha contra el Poder de Representación.

**Declaración De Registro:** documentos archivados con la Comisión Nacional de Valores (SEC) por una compañía privada, declarando su intención de ofrecer sus acciones al público en general. Véase el Formulario S-1; Oferta Pública Inicial.

**Delator:** Una persona que revela una actividad indebida o fraudulenta dentro de una organización.

**Documento De Revelación Del Riesgo:** documento que revela los riesgos potenciales asociados con la comercialización de opciones y futuros. La Comisión de Comercialización de Futuros de Mercaderías (CFTC) requiere que un documento de revelación del riesgo se proporcione a todos las posibles opciones o inversionistas.

**Embargo:** restricción en la publicación de información económica o empresarial hasta una fecha y hora específicas. Las agencias federales dan a conocer a menudo información económica con la condición de que debe ser retenida hasta que el embargo sea levantado.

**Entidad:** cosa que existe por derecho propio. La ley reconoce a las empresas y a las personas como entidades con derechos y obligaciones jurídicas.

**Examen De La Ley Estatal De Agentes De Valores Uniformes:** certificación de NASD exigida por algunos estados. Véase Ley Blue Sky.

**Examen De Seguridad Y Solidez:** examen de una Oficina de Supervisión de Ahorro de la situación financiera y del funcionamiento de políticas y procedimientos de una institución de ahorro. Véase Regulador Federal de Ahorro; Programa de Revisión de la Administración de Ahorro; Informe Financiero de Ahorro.

**Examinación Representativa De Valores Generales Registrados:** Véase Licencia de la Serie 7.

**Incursión Bajista:** práctica prohibida en la que un grupo de comerciantes trabajan juntos para rebajar el precio de un valor. Véase Comercio Pre establecido.

**Impuesto Abusivo A La Vivienda:** tipo de fraude fiscal en el que una empresa utiliza intencionadamente prácticas contables inapropiados para hacer trampa en sus impuestos. Sobrevalorar los activos reprobatorios y reconocer incorrectamente ciertos tipos de ingresos son dos ejemplos de impuestos abusivos a la vivienda.

**Informe Financiero De Ahorro:** informe de operación y financiero trimestral que las instituciones de ahorro deben proporcionar a la Oficina de Supervisión de Ahorro.

**Ley Bancaria De 1933:** legislación proporcionada para la regulación de la industria bancaria y de seguros en fondos de cuentas depositados en bancos e instituciones de ahorro, a través del establecimiento de la Corporación Federal de Seguros de Depósitos (FDIC). También conocida como la Ley Glass-Steagall.

**Ley Blue Sky:** ley de Estado promulgada para impedir el fraude de valores. La ley Blue Sky exige a las empresas revelar su verdadera situación financiera antes de la emisión de acciones al público. Véase Sistema de Mercado Nacional.

**Ley De 1989 De Cumplimiento, Recuperación Y Reforma De Instituciones Financieras (FIRREA):** legislación que aumentó la autoridad y la supervisión reglamentaria para las instituciones de ahorro. La FIRREA fue motivada por el escándalo de ahorros y préstamos de 1980.

**Ley De Antimonopolio Sherman:** legislación promulgada en 1890 y enmendada en 1914 por la Ley Clayton que prohíbe las prácticas comerciales monopolísticas destinadas a restringir el comercio exterior o interestatal.

**Ley De Clayton:** enmienda de 1914 a la Ley Sherman de Antimonopolio que prohíbe las prácticas comerciales que menoscaban la competencia leal.

**Ley De Compañías De Inversión De 1940:** legislación que regula empresas cuyo negocio principal es el comercio o la inversión en valores con el dinero recaudado de los inversores individuales. La ley fue aprobada para proteger a los inversionistas de los conflictos de intereses exigiendo a la empresa a revelar su información organizativa y financiera y de organización y sus políticas de inversión.

**Ley De Competencia:** Véase Ley de Antimonopolio.

**Ley De Cumplimiento De Abuso De Información Privilegiada Y El Fraude De Valores Del Comercio De 1988:** enmienda a la Ley de 1934 del Mercado de Valores que se expande a la autoridad de la Comisión de Nacional de Valores (SEC), para hacer cumplir las leyes de abuso de información privilegiada y de pagar una recompensa a los informantes.

**Ley De Enmiendas De Compañías De Inversión De 1970:** enmienda a la Ley de Compañías de Inversión de 1940 que prohíbe incurrir en prácticas engañosas de compensación de incentivos y requiere la presentación de una política ética a la Comisión Nacional de Valores (SEC) y la revelación de la votación a los inversionistas.

**Ley De Fraude Empresarial Y Penal:** disposición dentro de la Ley Sarbanes-Oxley de 2002 que prevee sanciones penales por fraude de valores y protege a los empleados de las empresas comercializadas públicamente de acciones punitivas de sus empleadores para informar a la Comisión Nacional de Valores (SEC) violaciones y / o fraudes de accionistas. Véase Delator.

**Ley De La Comisión Federal De Comercio De 1914:** legislación que creó la Comisión Federal de Comercio, que administra y hace cumplir las leyes antimonopolio de Estados Unidos y las prácticas comerciales justas.

**Ley De Mercado De Valores De 1934:** legislación que creó La Comisión Nacional de Valores (SEC) y encargó a la agencia la supervisión y la ejecución de la industria de valores.

**Ley De Prácticas Extranjeras Corruptas:** legislación firmada como ley en

1977 que prohíbe a las empresas de Estados Unidos a participar en el soborno y en otras prácticas ilegales y fraudulentas al momento de la realización de negocios en países extranjeros. La legislación asigna la responsabilidad de hacer cumplir la Ley de Ejecución al Departamento de Justicia de los Estados Unidos con apoyo de la Comisión Nacional de Valores (SEC) y la Oficina del Consejo General del Departamento de Comercio.

**Ley De Protección De Los Inversores De Valores De 1970:** enmienda de la Ley de 1934 del Mercado de Valores que rige la administración de la Corporación de Protección de los Inversores de Valores (SIPC), que asegura cuentas de los inversores en poder de miembros de empresas de corretaje.

**Ley De Sanciones Por Abuso De Información De 1984** : proyecto de ley promulgado en 1984 que establece sanciones civiles y penales por participar en el comercio ilegal de abuso de información privilegiada.

**Ley De Valores De 1933:** legislación aprobada a raíz del Golpe del mercado de acciones de 1929 que exigía el registro de determinados valores comerciados públicamente, la revelación de información financiera de valores registrados, y las sanciones por fraude de valores.

**Ley De Valores Uniformes:** legislación para hacer frente al fraude de valores en el ámbito estatal, elaborada en 1956 por la Conferencia Nacional de Comisionados sobre Leyes de Estado Uniforme y recomendada para adoptar en todos los Estados.

**Ley Glass-Steagall:** legislación aprobada en 1933 que prohíbe a los bancos comerciales de tener o prestar servicios relativos a las acciones o bonos. Las disposiciones contra la afiliación de la Ley Glass-Steagall fueron derogadas en 1999 por la ley Gramm-Leach-Bliley

**Ley Gramm-Leach-Bliley:** legislación aprobada en 1999 que derogó las disposiciones contra la afiliación de la Ley Glass-Steagall, abriéndole la puerta a la consolidación de las industrias bancarias y de valores.

**Ley Maloney:** enmienda a la Ley del Mercado de Valores de 1934 que asigna la responsabilidad de supervisar el mercado de venta libre para la Organización de Auto-Regulación (OAR) registrada en la Comisión Nacional de Valores (SEC). Véase la NASD.

**Ley Sarbanes-Oxley De 2002 (SOX):** legislación de la reforma del mercado patrocinada por el senador Paul Sarbanes y el diputado Michael Oxley, a raíz de una serie de escándalos de corrupción de Wall Street, inclusive los de Enron y WorldCom. El objetivo principal de la Ley Sarbanes – Oxley fue mejorar la exactitud de la información financiera revelada por las empresas públicas de los Estados Unidos y por las empresas extranjeras con la presencia de este país. La SOX también prevé sanciones civiles y penales para violaciones de la Ley.

**Ley Williams:** legislación que regula las ofertas de licitación.

**Leyes Antimonopolio:** legislación destinada a asegurar el comercio justo y la protección a los consumidores mediante el bloqueo de las prácticas monopolísticas y de restricciones comerciales ilegales. En otros países se les conoce como leyes de competencia. Véase Monopolio.

**Licencia Serie 7:** certificación obtenida mediante la aprobación del examen de Serie 7 administrado por NASD. Una licencia de Serie 7 se requiere para solicitar la compra y venta de productos de valores. Ver Representante Registrado; Organización de Auto-Regulación (OSR).

**Límites De Posición Especulativa:** restricciones impuestas por la Comisión de Comercialización de Futuros de Mercaderías (CFTC) para evitar grandes fluctuaciones de los precios asociadas con la excesiva comercialización especulativa. El número de posiciones de los futuros de mercaderías o de los contratos de opción que un comerciante puede tener un solo producto varía según el producto y el contrato de mes. Véase Agregación; Compromiso del Informe de los comerciantes; Posiciones Reportables.

**Lista Legal:** lista de valores aprobada por un estado para determinadas inversiones institucionales, tales como algunos fondos de pensiones, los bancos, y las compañías de seguros.

**Manipulación De La Acción:** tipo de fraude que emplea el engaño para inflar artificialmente o reducir el precio de un valor.

**Marcando El Cierre:** práctica ilegal y fraudulenta de ofrecer el precio de valores en una cartera de fondos para la inflación del rendimiento justo antes de que finalice el trimestre.

**Material De Información Privilegiada:** información de una empresa confidencial que puede afectar al valor percibido de una valor cuando se revela al público.

**Mediación:** proceso voluntario y no vinculante para la resolución de controversias en el que un tercero neutral escucha a ambos partes del conflicto y sugiere un arreglo equitativo. Comparar con Arbitraje.

**Mejora De La Ley De Las Comunicaciones De Los Accionistas:** enmienda a la Ley de Valores de 1933 y que aumentó los requisitos de información financiera y de poderes para determinadas compañías de inversión.

**Mejora De La Ley De 1996 Del Mercado Nacional De Valores (NSMIA):** legislación aprobada por la Comisión Nacional de Valores (SEC) como la única autoridad de concesión de licencias, registro, y regulación de valores negociados en mercados nacionales. Los Estados conservan el derecho de perseguir el fraude, y de licenciar y regular las actividades reducidas a un solo estado.

**Monopolio:** empresa que no tiene competencia. En Estados Unidos nos referimos a la legislación destinada a estimular la competencia y evitar las prácticas comerciales desleales que son posibles cuando una empresa es la única fuente de un producto o servicio como leyes de antimonopolio. En otros países se la conoce como las leyes de competencia.

**Negocio Excesivo:** Véase Batido.

**Norma Uptick( transacción que ocurre en un precio superior sobre la transacción anterior):** Véase Norma de Venta Corta.

**Normas De Práctica Justa:** código de reglas de conducta elaborado por NASD para los agentes aduanales que realizan sus actividades comerciales con el público.

**Pared China:** conjunto de procedimientos éticos que separan a las operaciones internas de una organización para evitar un conflicto de intereses. Por ejemplo, un analista de ventas podría ser influenciado para inflar los ingresos estimados de una empresa si él o ella son conscientes de que eso genera ingresos para su empleador.

**Período Tranquilo:** un período de espera entre el momento en el que una empresa presenta un registro de inscripción a la Comisión Nacional de Valores (SEC) y el momento en el que la empresa puede revelar públicamente la información contenida en la presentación. Véase el Formulario S-1.

**Pleito De La Acción De Clase:** litigio en el que un único demandante representa a un grupo de personas con un reclamo en común en contra del demandado.

**Piggybacking:** una práctica poco ética de un corredor haciendo un negocio en su propia cuenta personal inmediatamente después de ejecutar un comercio para un mismo cliente. Si el corredor tiene motivos para creer que el cliente está haciendo el comercio sobre la base de información privilegiada, el piggybacking (también conocido como tailgating) puede ser ilegal así como no ético.

**Presentación Corporativa:** cualquiera de las varias formas que la Comisión Nacional de Valores (SEC) exige que cada sociedad se presente con documentación oficial, revelando su condición financiera y cambios materiales en el funcionamiento de la organización. Véase Formulario 8Q; Formulario 10K; Formulario 10-Q, Formulario S-1; Formulario S4.

**Programa 13D:** presentación a la Comisión Nacional de Valores (SEC) requerida cuando una persona o grupo de personas adquiere la propiedad beneficiosa de más del 5 por ciento de los valores en una empresa comercializada públicamente.

**Programa De Revisión De Administración De Ahorro:** programa administrado por la Oficina de Supervisión de Ahorro que ayuda a las instituciones de ahorro a mejorar sus registros y controles internos.

**Promocionar Y Vender:** sistema de manipulación de valores en el que uno o más inversores promocionan un valor de su propiedad con la intención específica de venderlo a un precio artificialmente inflado.

**Prospecto:** Un documento legal que hace una oferta oficial para vender un valor, un fondo mutuo, o un producto de la Unidad de Inversión Fiduciario (UIT). La Comisión Nacional de Valores(SEC), establece las normas con respecto a información que cada tipo de prospecto debe contener, pero en general debe incluir información suficiente para que un inversor haga una evaluación acerca de los riesgos asociados con una inversión. Un prospecto describe típicamente la empresa y su gestión, proporciona detalles acerca del producto ofreciendo por ejemplo derechos de voto y disposiciones contra la anti-dilución disposiciones, y revela el estado financiero de una compañía y los riesgos asociados con la empresa. El prospecto de fondo mutuo también revela información tal como su estructura de tasas, objetivos y estrategias de inversión, y el historial de su rendimiento. Véase Prospecto Final; Prospecto Red Herring.

**Puerto Seguro:** protección jurídica para las empresas que mitiga o elimina la responsabilidad por las declaraciones hechas acerca de posibilidades o expectativas futuras, siempre que la compañía pueda demostrar que las observaciones se hayan hecho de buena fe.

**Reforma De La Ley De 1990 De Los Recursos De Ejecución De Valores Y Acciones Penny:** enmienda a la Ley de Valores de 1933 que amplió los recursos de ejecución para las violaciones de la Comisión Nacional de Valores (SEC) y exigió la elaboración de un sistema electrónico de cotización que daría una mayor transparencia a las transacciones OTC. A veces se la llama Reforma de la Ley de acciones Penny de 1990.

**Reforma De Ley De 1990 De Acciones Penny:** Véase Recursos de Observancia de Valores y la Reforma de la Ley de Acciones Penny de 1990.

**Regla De Venta Corta:** regla de la Comisión Nacional de Valores (SEC) que prohíbe iniciar de una venta corta a un precio inferior al que el comercio anterior tuvo lugar. La finalidad de esta norma es impedir la venta de pánico desbocado, que en general se cree que es responsable del Golpe del mercado de valores de 1987. También es conocida como la Norma Uptick, ya que requiere que la orden de vender corto se presente sólo en una transacción que ocurre en un precio sobre la transacción anterior.

**Regla Del Hombre Prudente:** principio que requiere un administrador u otro tipo de fiduciario para invertir fondos confiables de forma tal una persona razonable e informada invierta sus propios activos. Véase Cuenta Discrecional, Cuenta Administrada.

**Regulación D:** reglamentación de la Comisión nacional de Valores (SEC) que define las normas para la oferta limitada y la venta de un valor sin registrarlo en virtud de la Ley de Valores de 1933.

**Regulación Q:** reglamentación de la Reserva Federal que establece un límite en la tasa de interés que un banco puede pagar por depósitos en cuentas de caja de ahorro.

**Regulación T:** reglamentación de la Reserva Federal que rige los préstamos realizados por firmas de corretaje para financiar compras de valores. Véase Margen.

**Regulación U:** reglamentación de la Reserva Federal que rige los préstamos realizados por empresas más que por firmas de corretaje (un banco o sindicato de crédito) para financiar compras de valores.

**Regulación FD:** Una regulación de la Comisión Nacional de Valores (SEC) que prohíbe la liberación selectiva de información material acerca de una empresa. La Reg FD, como también es llamada, intenta nivelar el campo de juego para todos los participantes del mercado haciendo obligatorio para las empresas revelar información a todos los inversores simultáneamente. A veces se la llama a la Regulación de Revelación. Es obligatorio para las empresas liberar información a todos los inversores al mismo tiempo. A veces llamada como Regulación de Revelación Justa.

**Revelación De Regulación Justa:** Véase el Regulación FD.

**Sistema Nacional De Mercado:** sistema de leyes federales que rige la concesión de licencias, la regulación, y la observancia de los valores comerciados en una bolsa de valores. Véase Mejora de la Ley de 1996 del Mercado Nacional de Valores

**Tailgating:** Véase Piggybacking.

**Tiempo De Espera:** período comprendido entre la presentación del formulario S-1 y su aceptación por la Comisión Nacional de Valores (SEC). Véase Periodo Tranquilo.

**Transparencia:** en finanzas y economía, un término usado para describir condiciones en las que los hechos están plenamente informados con precisión oportunamente. La presentación de las regulaciones de la Comisión Nacional de Valores, la Ley Sarbanes-Oxley de 2002, y la presentación de informes del gobierno sobre las condiciones económicas son ejemplos de medidas destinadas a mejorar la transparencia del mercado.

**Único Informe Financiero Y Operativo Combinado (Informe Focus):** informe financiero y operativo que las bolsas de valores están obligadas a presentar a la Comisión Nacional de Valores (SEC).

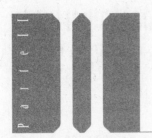

# ¿Quién es Quién?

# El Personal Importante:
# Los Profesionales de Wall Street

**CORREDOR DE BOLSA:** individuo o empresa que se desempeña como agente y cobra un arancel por comprar, vender acciones en nombre de los acreedores de cuentas. Véase: comerciante de agentes, corredor de piso, corredor de acciones.

**Agente de Comisión:** corredor de piso que se desempeña como agente de una empresa de corretaje, quien recibe una remuneración a base de una comisión por los negocios que ejecuta.

**Agente Introductor Garantizado:** corredor con un acuerdo contractual y un solo comerciante de compensación de futuros que realiza operaciones de piso y accede a aceptar deudas con las obligaciones del corredor introductor bajo el acta de comercialización de productos futuros, incluyendo la ejecución del pedido. Véase: Corredor introductor independiente.

**Agente:** individuo o empresa que actúa en nombre de otra persona o sociedad en una negociación. Por ejemplo, una empresa de corretaje actúa como agente cuando emite órdenes de compra o venta para los titulares de cuenta.

**Analista de Compras:** analista que es empleado por una empresa que compra acciones para sus propios fondos mutuales de la cartera de valores, empresas aseguradoras, fondos de jubilación, entre otros. Los consejos del analista de compras permanecen dentro de la organización para ser utilizados por gerentes financieros y comúnmente no son difundidos a la comunidad de inversores sin restricciones. Comparar con Analista de ventas.

**Analista de Ventas:** analista empleado por una empresa de corretaje o de investigación que desarrolla estimaciones de ganancias, valuación de targets, y sugerencias sobre las posesiones de los agentes de compra que son transferidas a la comunidad de inversiones sin restricciones. Comparar con Analista de Compras. Véase: Iniciar Cobertura.

**Analista:** profesional de las inversiones que se especializa en adquirir y analizar información sobre una sola empresa o industria y en generar futuras ganancias y estimaciones sobre el rendimiento del precio de las acciones, y en algunas ocasiones compran, venden y ofrecen concejos. Muy a menudo, los analistas son empleados por una empresa de corretaje, un banco de inversiones u otra institución financiera, pero a veces están afiliados a una empresa independiente consultora o de investigación. Véase: Analista de Compras; Analista de Ventas.

**Cámara de Compensaciones Automática (ACH):** sistema de pago electrónico accionado por la Asociación de Cámaras de compensaciones automáticas, a través de el cual los bancos y otras entidades financieras transfieren los fondos de una cuenta a otra. En la página Web en: **www.nacha.org**.

**Cámara de Compensaciones:** Organización de servicios financieros empleada por una bolsa de comercio para actuar como un tercer agente para registrar e informar sobre cartera de valores, opciones, y negociaciones de futuros, recolectando los fondos de margen y asistiendo al cierre de liquidación diario de las cuentas de compra y venta.

**Comerciante de Compensaciones de Futuros:** individuo u organización que actúa como corredor de contratos de futuros y emite préstamos de margen para asegurar las negociaciones. Los comerciantes de compensaciones de futuros son necesarios para registrarse en la Comisión de Comercio de Mercadería de Futuros. (CFTC)

**Comerciante de Corredores de Bolsa:** agente que compra y vende acciones como jefe de la negociación. Algunas empresas de corretaje mantienen un inventario de los valores de las acciones del cual tratan de completar los pedidos de los clientes antes de mandar los pedidos a un especialista o creador del mercado. En este caso, el corredor cumple dos funciones: corredor de bolsa para el cliente y jefe de la negociación.

**Comerciante Registrado de Opciones:** comerciante de piso que monitorea la comercialización de opciones para asegurar un mercado justo. Un comerciante registrado de opciones puede comercializar su propia cuenta, a diferencia de un creador de mercado competitivo registrado.

**Comerciante Registrado:** miembro de la Bolsa de Comercio que compra y vende valores de su propia cuenta.

**Comerciante:** Véase: Comerciante de Corredores.

**Consejero Registrado de Inversiones (RIA):** empresa o individuo que está registrado a nivel estatal o en la Comisión Nacional de Valores (SEC) para brindar asesoramiento sobre inversiones y administrar las inversiones de inversores particulares.

**Corredor de Comisiones Rebajadas:** empresa de corretaje que ofrece muy bajos aranceles, muy a menudo sólo a cambio de la ejecución del pedido y los recursos de un inversor para hacer las cosas por sí mismo. En la mayoría de los casos, los corredores de comisiones rebajadas se encuentran en los servicios Internet, aunque algunos pocos corredores no virtuales también ofrecen una opción de comisiones rebajadas. Comparar con Corredor de Comisiones con Descuento; Corredor de Servicio completo.

**Corredor de Lotes Fraccionarios:** corredor que combina pedidos de lotes fraccionarios y los complementa como lotes completos. Los corredores a veces cobran una comisión mas elevada por ejecutar pedidos de lotes sueltos.

**Corredor de Piso:** miembro de la bolsa de comercio o del mercado de futuros que comercializa los valores o derivados en el piso de negociaciones en nombre de otros inversores. Comparar con Negociante de Piso. Ver Corredor del Área de Negociaciones.

**Corredor de Servicio Completo:** corredor de bolsa que provee un portfolio de servicios de inversiones, como por ejemplo asesoramiento financiero, investigación de mercado, sugerencias sobre acciones, y ejecución de pedido. Un corredor de servicio completo seguramente cobrará aranceles más elevados que un corredor de comisión con descuento descuento. Comparar con Corredor de comisiones rebajadas.

**Corredor del Área de Operaciones:** miembro del mercado de futuros que comercializa opciones y futuros en nombre de otros inversores. Comparar con comerciante de piso; véase: Corredor de Piso.

**Corredor Introductor Independiente:** corredor introductor (IB) que posee los mínimos requerimientos financieros prescriptos por la Comisión de Comercialización de Mercadería de Futuros. (CFTC) y retiene el derecho de presentar pedidos a cualquier FCM para su ejecución.

**Corredor Introductor:** corredor que se desempeña fundamentalmente como representante de ventas y atención al cliente para inversores de futuros. Un corredor introductor no está registrado en la Comisión de comercio de la mercadería de futuros (CFTC), no realiza operaciones de piso, no se le requiere mantener los estándares financieros mínimos, y no acepta los depósitos de margen utilizados para asegurar los futuros de los clientes y las negociaciones de opciones. Por el contrario, un corredor introductor presenta las cuentas de los clientes y los pedidos ante el Comerciante de Compensaciones de Futuros (FCM) para su ejecución. Véase: Corredor Introductor; corredor introductor independiente.

**Corredor Minorista:** empresas de corretaje que ofrece servicios de cuentas a inversores particulares.

**Corredor Online:** empresa de corretaje que se relaciona con sus clientes a través de Internet más que cara a cara en mercados no virtuales. Los corredores online suelen ofrecer aranceles más bajos y recursos para el inversor. Comparar con Corredor de Servicio Completo.

**Creador de Mercado Competitivo Registrado:** miembro de la bolsa de comercio de Nueva York que se ve obligado a mejorar la liquidez del mercado utilizando su propio inventario para comprar y vender acciones para un determinado valor en precios que reducen el esparcimiento o el aumento del mercado de profundidad. Comparar con Especialista. Véase: Crear un Mercado; Creador de Mercado.

**Creador de Mercado:** corredor responsable de mejorar la liquidez y profundidad del mercado al administrar su propio inventario de una serie de valores dados de los cuales se completan ambos: los pedidos de compra y venta como sea necesario. Véase: Creador de Mercado Competitivo Registrado.; Especialista.

**Especialista:** miembro de un mercado que facilita la comercialización en un valor al llevar a cabo una subasta pública en un establecimiento comercial en el piso de un mercado, contabilizando los precios de la oferta y el pedido de precios, emparejando compradores y vendedores. Si se produce un déficit de ya sea compradores o vendedores, el especialista también se ve obligado a generar un mercado en la cartera de valores comprando o vendiendo acciones de su propio inventario. Véase: Creador de Mercado.

**Euro Compensación:** Cámara de compensaciones y depósito central de bonos europeos e internacionales y comercio de valores. En la página Web en **www. euroclear.com**.

**Grupo extranjero:** Un término que se utiliza en referencia a los comerciantes de bonos extranjeros de la Bolsa de Comercio de Nueva York.

**Negociante de Piso:** miembro de la bolsa de comercio o del mercado de futuros que comercializa cartera de valores o derivados en el piso de negociaciones para su propia cuenta. Comparar con Corredor de Piso; Corredor del área de Negociaciones.

**Representante Registrado:** individuo que posee una licencia de Series 7 de NASD. Los representantes registrados comúnmente son empleados por empresas de corretaje como representantes de cuenta y funcionan como principal fuente de contacto para los titulares de cuentas.

**Sociedad de Bonos Activos:** miembros de la bolsa de comercio de Nueva York que comercializa una gran cantidad de bonos.

# Capítulo 5

# Las Máquinas de Dinero: Banqueros, Economistas, y el Mercado Mundial

**BANCO CENTRAL:** autoridad bancaria principal de una nación, encargada de emitir moneda, establecer políticas monetarias y regular y examinar el sistema bancario de una nación. Véase: Reserva Federal; Deutsche Bundesbank; Banco Central Europeo; Banco de Londres.

---

**Asociación Aseguradora Federal de Depósito (FDIC):** organismo federal que brinda seguros para los fondos depositados en bancos y entidades de ahorro. Establecida en 1933 con el objetivo de generar confianza en el sistema bancario de la nación, la FDIC asegura depósitos de hasta $ 100,000 por cada titular de cuenta de cada institución financiera. Fue creada por el Acta Bancaria de 1933. En la página Web: **www.fdic.gov.**

**Asociación Bancaria Británica (BBA):** asociación comercial sin fines de lucro para la industria bancaria del Reino Unido. En la página Web: **www.bba.org/uk.**

**Banco Central Europeo (ECB):** banco central para la Unión Europea y emisor del Euro.

**Banco Comercial:** banco de servicio completo para particulares y clientes de negocios. Comparar con: Banco de Inversiones.

**Banco Cooperativo:** banco que posee depósitos, otorga préstamos, y brinda otros servicios financieros a cooperativas y organizaciones de socios. También conocido como Bancos para Cooperativas.

**Banco de Crédito Agrario:** una de las cuatro entidades de ahorro federales autorizadas legalmente que brinda servicios financieros a la industria de hacienda. Los Bancos de Crédito Agrarios están regulados por el Sistema de Crédito Agrario.

**Banco de Importaciones e Exportaciones de los Estados Unidos:** organismo del gobierno de los Estados Unidos que facilita la exportación de las mercaderías y los servicios de los Estados Unidos brindando financiación de negocios PRE-exportación. En la página Web: **www.exim.gov.**

**Banco de Inglaterra:** El banco central del Reino Unido. Comparar con: Reserva Federal. En la página Web: **www.bankofengland.co.uk.**

**Banco del Consumidor:** banco cuya principal tarea es recibir depósitos y otorgar préstamos a particulares. Comparar con Banco de Negocios; Banco Comercial; Banco de Inversiones.

**Banco Prestamista Local Federal:** uno de los doce bancos regionales que comprende el Sistema Bancario Prestamista Local Federal. En la página Web: **www.fhlbank.com.**

**Banco:** empresa que tiene licencia de un gobierno estatal o federal para recibir depósitos y otorgar préstamos. Ver Banco Comercial; Banco del Consumidor; Banco Cooperativo; Banco de Hacienda; Banco de Inversiones; Banco Nacional; Banco Regional.

**Bernanke, Ben:** presidente de la Junta de gobernadores de la Reserva Federal. Fue nombrado bajo juramento el 1ero de febrero de 2006. Su mandato de cuatro años como Presidente concluirá el 31 de enero de 2010, y su mandato de catorce años como miembro de la Junta de Gobernadores terminará el 31 de enero de 2020. Véase: Banco Central; Sistema de Reserva Federal.

**Comité Federal de Mercado Público (FOMC):** comité integrado por doce miembros dentro de la Reserva Federal que administra la política monetaria de los Estados Unidos. El comité está compuesto por miembros de la Junta de Gobernadores de la Reserva Federal y cinco de los doce presidentes de los Bancos de la Reserva Federal. El Presidente del Banco de la Reserva Federal de Nueva Cork posee un puesto permanente en la FOMC, y el resto de los 11 presidentes forman parte del comité por turnos de un año. Véase Banco Central. En la página Web en: **www.federalreserve.gov/fomc.**

**Cooperativa de Crédito:** cooperativa financiera que es propiedad de los depositadores y es administrada por ellos mismos.

**Deutsche Bundesbank:** banco central de Alemania.

**Economista:** individuo que estudia e interpreta la información referida a los factores que influyen en la oferta y la demanda, como por ejemplo la inflación y el desempleo.

**El Banco Central:** principal autoridad bancaria de un país, encargada de emitir moneda, establecer políticas monetarias, y regular y examinar el sistema bancario de una nación.

**El Grupo de los Cinco (G5):** grupo compuesto por seis (no cinco) países industrializados líderes, que incluyen a Francia, Alemania, Italia, Japón, el Reino Unido, y los Estados Unidos. Los Representantes Estatales del G5 se encuentran periódicamente para discutir temas económicos y monetarios internacionales.

**FED:** apodo comúnmente utilizado en referencia al Comité de Mercado Federal Público (FOMC) o sistema de Reserva Federal. En la página Web: **www.federalreserve.gov**.

**Fondo Asegurador Bancario (BIF):** fondo que asegura el dinero depositado en un banco comercial. El Fondo Asegurador Bancario es administrado por La Sociedad Aseguradora Depositaria Federal (FDIC).

**Greenspan, Alan:** ex Presidente de la Reserva Federal. Greenspan fue asignado en esta posición in 1987 por el Presidente Ronald Reagan y fué re electo cada cuatro años hasta su retiro en 2006. Muchos lo consideran un experto incomparable en política monetario y asuntos económicos. Véase: Bernanke, Ben.

**Grupo de los 10 (G10):** grupo de once (no diez) naciones industriales: Bélgica, Canadá, Francia, Alemania, Italia, Japón, Países Bajos, Suecia, Suiza, el reino Unido, y los Estados Unidos. Los ministros financieros y los gobernadores del banco central del G10 se reúnen anualmente para tratar cuestiones económicas y monetarias.

**Grupo de los 8 (G8):** grupo de ocho naciones industrializadas líderes que se reúnen en una cumbre anual para discutir cuestiones económicas y financieras. Véase: G7.

**Grupo de los Cinco Euros (G5):** grupo de cinco países de la Unión Europea, que incluyen a Francia, Alemania, Italia, España, y el Reino Unido que se encuentran periódicamente para tratar temas de importancia en común.

**Grupo de los Siete (G7):** El G7 es un grupo de siete naciones industrializadas líderes que se encuentran en una cumbre anual para discutir cuestiones económicas y políticas. In 1997, el G7 se amplió convirtiéndose así en el G8 luego de la aceptación de Rusia como miembro oficial.

## UNA MIRADA MÁS CERCANA EN EL GRUPO DE LOS SIETE (G7/G8)

Se formó como consecuencia de una cumbre de 1975 de líderes de Francia, Alemania Occidental, Italia, Japón, el Reino Unido, y los Estados Unidos. La reunión tuvo lugar en Francia, luego de la invitación del Presidente francés Giscard, para tratar temas referentes a la crisis petrolera. Al año siguiente, el Presidente Gerald Ford hosted una segunda reunión en Dorado Beach, Puerto rico, en donde la incorporación de Canadá llevo a las naciones asociadas a siete. En 1994, Rusia comenzó a asistir a algunas reuniones del Grupo de los 7 y en 1997 fue aceptada como miembro oficial, cuando el grupo pasó a ser conocido como el G8. Rusia, como es la economía más pequeña de las naciones asociadas, queda excluida de las tratativas financieras y económicas, las cuales permanecen bajo el dominio exclusivo de el G7.

**Grupo de los Veinticuatro (G24):** grupo de países en desarrollo que se reúnen dos veces al año para abordar temas económicos y de desarrollo que afectan a las naciones asociadas.

| UNA MIRADA MÁS CERCANA EN LA ASOCIACIÓN ECONÓMICA INTERNACIONAL | | | | |
|---|---|---|---|---|
| G5-Euro | G5 | G7 | G8 | G10 |
| Francia | Francia | Canadá | Canadá | Bélgica |

**Junta de Gobernadores de la Reserva Federal:** La junta está integrada por siete miembros que administra el Sistema de Reserva Federal. Los miembros de la junta son asignados por el Presidente de Los estados Unidos y ratificados por el Senado para prestar servicios durante catorce años. El Presidente y el Vicepresidente son asignados por el Presidente y ratificados por el senado para prestar servicio durante un periodo de cuatro años. En la página Web: **www.federalreserve.gov.**

**La Junta Empresarial:** organización de socios sin fines de lucro que realiza investigaciones sobre negocios y economía y publica informes y pronósticos para ser utilizados por los ejecutivos de negocios. La Junta de Conferencia publica mensualmente el Índice de Confiabilidad del Consumidor, el Índice de Ayuda Requerida, y el Índice de Indicadores Principales.

**Mercado Común:** grupo de naciones que cooperan para eliminar barreras comerciales entre los países participantes.

**Reserva Federal:** Al igual que el Banco Central del gobierno de los Estados Unidos la Reserva Federal o (FED) establece una política monetaria. También regula y examina las instituciones asociadas y los bancos internacionales. La Reserva Federal está compuesta de doce Bancos de la Reserva Federal. El organismo es administrado por Junta de Gobernadores de siete miembros. Los miembros de la Junta son asignados por el presidente de los Estados Unidos y ratificados por el senado para prestar servicio por un periodo de catorce años. El presidente y el vicepresidente son asignados por el presidente y ratificados por el Senado para prestar servicio durante cuatro años. En la página Web en: **www. federalreserve.com**. Ver: Bernanke, Ben; Greenspan, Alan.

| UNA MIRADA MÁS CERCANA EN LOS BANCOS DE LA RESERVA FEDERAL | | |
|---|---|---|
| Atlantia, GA | Dallas, TX | Minneapolis, MN |
| Boston, MA | Kansas City, MO | Nueva York, NY |
| Chicago, IL | Richmond, VA | Philadelphia, PA |
| Cleveland, OH | San Francisco, CA | St. Louis, MO |

**Sindicato Bancario:** grupo de bancos de inversión que trabajan juntos por un propósito específico, como por ejemplo para suscribir una oferta pública inicial (IPO) o para prestar dinero a un prestatario.

**Sistema Bancario Prestamista Local Federal (FHLBS):** sistema de doce bancos regionales establecido para otorgar préstamos y otros servicios a instituciones socias. En la página Web: **www.fhlbank.com.**

**Sistema de Crédito Agrario:** organismo dentro del área administrativa del gobierno de los Estados Unidos que regula y examina las instituciones financieras que brindan servicios bancarios a la industria de hacienda. En la página Web: **www.fca.gov**.

**Unión Europea (EU):** alianza de estados europeos que trabajan en forma conjunta para tratar intereses comunes.

# Los Creadores de Dinero: Corporaciones Locales e Internacionales

**EMPRESA PÚBLICA:** sociedad que ofrece acciones de participación de la empresa para vender a inversores públicos o privados.

---

**Asociación de Ahorros y Préstamos:** Ver Banco de Ahorros.

**Asociación de Hipoteca de Gobierno Nacional (Ginnie Mae):** sociedad autorizada federalmente que garantiza los pagos en término de valores de hipoteca respaldados asegurados (MBS), que provee a los inversores de aquellos instrumentos de mayor grado de seguridad financiera. En la página Web: **www. ginniemae.gov**.

**Asociación de Hipotecas Nacionales Federales (FNMA o FANNIE MAE):** sociedad privada originalmente autorizada por el Congreso en 1933 con el objetivo de asegurar que los bancos tuviesen un continuo suministro de dinero disponible para asegurar préstamos de hipotecas. Fannie Mae no presta dinero para hipotecas. Por el contrario, compra hipotecas ya existentes de los prestamistas, las vuelve a empaquetar en porfolios, o valores respaldados por hipotecas y las vende a inversores en el mercado secundario. En la página Web: **www.fanniemae.com**.

**Asociación Nacional de Gerentes de Compras (NAPM):** nombre que se le daba anteriormente al Instituto de Manejo de Suministros (ISM).

**Auditor:** individuo que inspecciona y verifica la precisión de los registros operacionales y/o financieros de una empresa. A las empresas públicas se les exige utilizar una empresa contable pública para la realización de una auditoria de sus estados financieros.

**B2B:** Abreviatura de: "Comercio entre Empresas" y se refiere a empresas que realizan operaciones comerciales principalmente con otras empresas más que con consumidores finales.

**Banco de Ahorros:** institución financiera cuya principal función es guardar los depósitos de las cajas de ahorro. También conocido como Asociación de Ahorros y Préstamos.

**Banco de Ahorros Mutuales:** banco que le pertenece a los depositantes.

**Banco de Inversiones:** banco que se especializa en brindar servicios financieros a sociedades anónimas, lo que también incluye asistencia como coordinador de subscripciones en una oferta pública inicial y en los valores emitidos de las sociedades. Los bancos de inversiones comúnmente tienen un corredor de bolsa y emplea profesionales en inversiones que facilitan las fusiones y adquisiciones.

**Banco Mundial:** Asociación Internacional creada para reducir la pobreza y mejorar las condiciones de vida de los países más pobres del mundo. Está compuesta por dos entidades, el Banco Internacional para la Reconstrucción y el Desarrollo y la Asociación Internacional de Desarrollo, las cuales pertenecen a 174 países asociados. En la página Web: **www.worldbank.com**.

**Banco Nacional:** banco que está federalmente autorizado, miembro de la Reserva Federal, y cuyos depósitos están asegurados por el FDIC.

**Banco Regional:** banco que opera en un área limitada del país, más que a lo largo de la nación o internacionalmente.

**Banquero Privado:** proveedor de servicios bancarios personalizados para depositantes de alto valor neto.

**Casa de Emisión:** banco de inversiones que asegura una Oferta Inicial Pública (IPO).

**Comité de Auditoria:** miembros de la Junta de Directores de una empresa (BOD) quienes son responsables del desempeño de los auditores internos y externos.

**Conglomerado de Empresas:** sociedad que posee operaciones comerciales en industrias diversas, sin relación.

**Coordinador de Subscripciones:** banco de inversiones que actúa como intermediario entre la empresa emisora y los inversores que compran los instrumentos de deuda de la empresa y/o el stock en la Oferta Inicial Publica (IPO). El coordinador de subscripciones compra los nuevos valores emitidos de la empresa y los vende a inversores en el mercado secundario a través de la Bolsa de Comercio. Véase: Gerente que Organiza la Recepción de Ordenes.; Co-Coordinador de Subscripciones; Coordinador de Subscripciones Principal: Mercado Primario.

**Dow Jones & Compania, S.A.:** editor de " The Wall Street Journal", "Barron's Magazine", "Marketwatch", y " The Far East Economic Review"; proveedor de información financiera para empresas y medios de comunicación; y anfitrión de varios sitios Web sobre inversiones. La empresa fue fundada en 1882 por Charles Dow, Edgard Jones, y Charles Bergstresses. En la página Web: **www. dowjones.com**. Véase: Promedio Industrial de Dow Jones (DJIA).

**El Informante:** individuo que tienen acceso a la información confidencial de una empresa. Véase: Operación en Negociación a base de información confidencial; Información Material del Informante.

**Empresa Auspiciada por el Gobierno (GSE):** sociedad empresarial privada, autorizada por el gobierno federal para proveer servicios financieros públicos. La Asociación de Seguro de Deposito Federal es un ejemplo de una GSE.

**Empresa Comercializada Públicamente:** Ver: Empresa Pública.

**Empresa Controlante:** empresa que posee suficientes acciones en otra empresa como para influenciar las decisiones de la Junta de Directores (BOD). Véase: Acciones de Control; Acción Controlante.

**Empresa de Inversiones Reglamentada:** empresa de inversiones que esta autorizada a transferir los gastos (ganancias capitales) y los ingresos (dividendos e intereses) a los titulares de cuentas, a quienes se les exigen impuestos como individuos. Véase: Subcapítulo M.

**Empresa de Inversiones:** empresa cuyo negocio principal es invertir en valores o comercializarlos con dinero recaudado de inversores individuales. Un fondo mutual es un ejemplo de empresa de inversiones.

**Empresa de Target o Target de Adquisición:** la compañía que otra empresa quiere obtener en una adquisición. También conocida como Target. Ver: Interés

Controlador; de corporación: adquisición amistosa, Adquisición; Oferta de compra en dos etapas.

**Empresa Diversificada:** empresa que posee un interés controlador en empresas múltiples. Véase: Sociedad que se apodera de gran cantidad de acciones de una empresa; Empresa de valores.

**Empresa Fortuna 500:** una de las 500 sociedades anónimas más grandes de los Estados Unidos, basada en la información financiera publicada como por ejemplo los informes 10K archivados con los Valores & la Comisión de Mercado (SEC). La lista de empresas Fortuna 500 es compilada y publicada por la revista de Fortuna.

**Empresa Privada que no Cotiza en Bolsa:** entidad comercial que no ofrece la venta de sus acciones al público en general. Compara con: Comercializada públicamente; Empresa Publica.

**Empresa Pública:** sociedad que ofrece acciones de participación de la empresa para vender a inversores públicos o privados.

**Empresa Pública:** sociedad que ofrece sus acciones para venderle al público y a inversores privados. A ciertas empresas públicas se les requiere registrarse con la Comisión de Valores y Mercado (SEC) y cumplir con estrictos requerimientos para los informes. Las leyes que rigen el desempeño de las empresas públicas tienen la intención de brindarle a los accionistas información precisa sobre la condición financiera de la empresa y están especificadas en el Acta de Valores de 1933, sus subsecuentes revisiones, y en el Acta de Sarbanes-Oxley de 2002.

**Empresa que Cotiza en Bolsa:** sociedad cuyas acciones se comercializan en una de las siete Bolsas de Comercio de los Estado Unidos. Cada mercado establece su propio criterio de cotización, en cual puede incluir requerimientos estándares financieros y un número mínimo de acciones comercializadas. Una empresa puede cotizar en más de una bolsa, una practica a la que se la conoce como cotización doble.

**Empresa Subsidiaria:** empresa en la cual el mayor accionista es otra empresa. Véase: Subsidiaria en Propiedad Absoluta: Empresa Controlante.

**Entidad de Ahorro:** institución financiera que guarda los depósitos de los individuos. Comparar con: Banco de Inversiones.

**Fondo Asegurador de la Asociación de Ahorros (SAIF):** sistema de seguro para instituciones financieras, ahorros y préstamos. El SAIF es administrado por la Asociación Aseguradora Federal de Deposito (FDIC).

**Fondo Internacional Monetario (IMF):** organización internacional establecida para fomentar la estabilidad monetaria mundial, facilitar el comercio internacional, y reducir la pobreza. Fue establecida en 1944 y cuenta con 184 naciones asociadas.

**Forum Económico Mundial:** organización ubicada en Geneva, Suiza que lucha por resolver problemas mundiales a través de la cooperación internacional. Además de la cumbre Mundial Económica anual en Suiza, el forum realiza eventos a lo largo de todo el año que se focalizan en temas pertenecientes a regiones geográficas específicas.

**Gerencias:** ejecutivos de una sociedad que tienen a cargo ciertas responsabilidades operacionales. Comúnmente asignados por la Junta de Directores, las gerencias usualmente incluyen: al Director Ejecutivo (CEO), al Gerente Financiero (CFO), al Presidente, y en algunas empresas al Gerente Operativo.

**Gerente Ejecutivo (CEO):** empleado de más alto rango de una Sociedad. El CEO usualmente es elegido por la Junta de Directores, y carga con la responsabilidad de revisar el funcionamiento de la empresa. En algunas Asociaciones, el Presidente de la Junta también se desempeña como CEO. Comparar con Gerente Financiero (CFO); Gerente operativo (COO).

**Gerente Financiero (CFO):** empleado de una sociedad que debe administrar las finazas de una empresa y cumplir con la Comisión de Valores y Mercado (SEC) informando sobre los requisitos. El CFO a menudo es asignado por la Junta de Directores. Compara con: Gerente Ejecutivo (CEO); Gerente Operativo (COO).

**Gerente Operativo (COO):** ejecutivo de una sociedad responsable del manejo diario de la empresa. No todas las empresas contratan un COO. Comparar con: Gerente Ejecutivo (CEO); Gerente Financiero (CFO).

**Grupo Vendedor:** sindicato bancario formado para asegurar una Oferta Inicial Pública (IPO).

**Institución Financiera:** empresa que utiliza su activo para invertir en valores y instrumentos de deudas.

**Instituto de Manejo de Suministros (ISM):** asociación industrial para profesionales en manejo de suministros. El ISM realiza informes dos veces al mes sobre manejo de suministros: El Informe de Fabricación de Negocios y el Informe sobre NO-Fabricación de negocios. Ambos informes son leídos por economistas e inversores ya que son herramientas importantes para prever el crecimiento económico o las reducciones de actividad comercial debido a que la información en la que se basan refleja las tendencias comerciales de compra. En la Página Web: **www.ism.ws**. Ver: Indicador Económico: Indicador Líder.

**Inversor Ángel:** individuo que ofrece dinero para la puesta en marcha de un emprendimiento de negocios. A diferencia de un capitalista de riesgo, un inversor ángel no siempre participa de la operación comercial.

**Junta de Directores (BOD):** grupo de personas elegidas por los accionistas de una empresa para examinar el desempeño de los negocios de una corporación. Las obligaciones de la Junta a menudo son dictadas por las leyes del estado en el cual se encuentra la corporación. En la mayoría de los casos, algunas de sus responsabilidades incluyes seleccionar los empleados responsables del funcionamiento diario de la empresa, revisar auditorias periódicas, y asegurar que la empresa funcione de manera consistente y de acuerdo al permiso legal y a las reglamentaciones internas de la empresa.

**Los Cuatro Grandes:** Las cuatro empresas contables públicas más grandes de los Estados Unidos: Deloitte, KPMG, PriceWaterhouseCoopers, y Ernst & Young.

**Los Tres Grandes:** Las tres industrias automotrices de los Estados Unidos: General Motors, Ford, y Chrysler.

## UNA MIRADA MÁS CERCANA EN LA CORPORACIÓN ECONÓMICA INTERNACIONAL

| G5-Euro | G5 | G7 | G8 | G10 |
|---|---|---|---|---|
| Alemania | Alemania | Francia | Francia | Canadá |
| Italia | Italia | Alemania | Alemania | Francia |
| España | Japón | Italia | Italia | Alemania |
| Reino Unido | Reino Unido | Japón | Japón | Italia |
| | USA. | Reino Unido | Rusia | Japón |
| | | USA | Reino Unido | Países Bajos |

| UNA MIRADA MÁS PROFUNDA EN EL GRUPO DE LOS 24 (G24) PAÍSES | | |
|---|---|---|
| Región I: África | Región II: América Latina y El Caribe | Región III: Asia y Paísesen Desarrollo de Europa |
| Algeria | Argentina | India |
| Cote d'Ivoire | Brasil | Irán |
| Egipto | Columbia | Lebanon |
| Etiopía | Guatemala | Pakistán |
| Gabon | México | Filipinas |
| Ghana | Perú | Sri Lanka |
| Nigeria | Trinidad | República Siria Árabe |
| África del Sur | Tobago | |
| República Democrática del Congo | Venezuela | |

**Oficina de Tasación Nacional:** creadora del sistema de tasación por escrito de 1902 para acciones no cotizadas en la bolsa y bonos conocidos como Hojas Rosas y Hojas Amarillas respectivamente. En la página Web: **www.pinksheets.com**.

**Organización de Comercio Mundial (WTO):** organización situada en Geneva, Suiza establecida específicamente con el objetivo de crear un forum para negociar y administrar acuerdos comerciales internacionales. En la página Web: **www.weforum.org.**

**Presidente de la Junta:** puesto de mayor jerarquía en la Junta de Directores de una Sociedad Anónima. Además de estar al frente de las reuniones de la Junta, en algunas empresas el presidente también puede ejercer control ejecutivo sobre las operaciones de negocios.

**Presidente:** ejecutivo de la empresa de mayor rango después del Presidente de la Junta. Las funciones del Presidente y del Gerente Ejecutivo (CEO) pueden ser desempeñadas por la misma persona. Véase. Gobernación de la corporación.

**Prestamista de Último Recurso:** banco que le presta dinero a una organización incapaz de obtener algún otro tipo de financiación. Comúnmente, dicho préstamo se lleva a cabo cuando el crédito del prestatario o su posición financiera no cumplen con los requerimientos mínimos de financiación. En los estados Unidos, la Reserva Federal es el prestamista de último recurso y entra en escena cuando el fracaso para obtener los fondos afecta la economía nacional desfavorablemente.

**Punto COM:** empresa situada en Internet. Las empresas Punto COM comúnmente realizan negocios solo en Internet más que en tiendas. Comparar con Corredores no virtuales.

**Responsable de Control:** contador de rango más alto de una empresa.

**Sallie Mae:** Ver Asociación de Marketing de Prestamos a Estudiantes (Sallie Mae): corporación privada que otorga prestamos para estudiantes graduados o no graduados y para sus familias. Originalote fundada como entidad patrocinada por el gobierno (GSE), Sallie Mae se convirtió en empresa privada en el 2004. En la página Web: **www.salliemae.com**.

**Sindicato de Coordinador de Subscripciones:** véase Sindicato Bancario; Coordinador de Subscripciones.

**Sociedad Anónima:** entidad de negocios formada una vez archivados los Artículos de Incorporación y cumpliendo con ciertos requisitos legales. Véase: Empresa Privada; Sociedad que Cotiza en Bolsa.

**Sociedad de Hipotecas de Préstamos Locales Federales (FREDDIE MAC):** organización federalmente autorizada que vende valores en el mercado secundario respaldada por hipotecas que ha comprado de los prestamistas originales. Freddie Mac es una empresa pública, comercializada tanto en la Bolsa de Comercio de Nueva York como en La Bolsa de Comercio Pacifica bajo el símbolo FRE. En la página Web: **www.freddiemac.com**.

**Sociedad Multinacional:** empresa que opera en más de un país.

**Sociedad que no Cotiza en Bolsa:** empresa que no ofrece sus acciones al público para su venta. También conocida como empresa privada. Comparar con Empresa Pública; Sociedad que cotiza en Bolsa.

**Subsidiaria en Propiedad Absoluta:** empresa cuyas acciones pertenecen exclusivamente a una empresa controlante y no son ofrecidas al público.

**Supervisión de Oficinas de Entidades de Ahorro (OTS):** organismo del Departamento de Tesorería de los Estados Unidos que funciona como principal regulador de bancos de ahorros federalmente autorizados, ahorros y préstamos, y algunos bancos estatales. Las Instituciones pertenecientes al Fondo Asegurador de la asociación de Ahorros (SAIF) caen bajo la jurisdicción de la Oficina de Supervisión de Entidades de Ahorro.

# Capítulo 7

# Inversores:
# Grandes y Pequeños

**INVERSOR INSTITUCIONAL O DE INSTITUCIÓN:** empresa u organización cuya función principal es adquirir activos financieros. Fondos de Jubilación, empresas de seguro, bancos, fondos mutuales, y fondos de protección son ejemplos de inversores institucionales.

---

**Accionista de Mayoría:** persona o empresa que posee por lo menos 51 por ciento de las acciones destacadas de una corporación privada o comercializada públicamente.

**Accionista de Registro:** persona o institución cuyo nombre se encuentra en los registros de una corporación emisora. Los dividendos son pagados sólo al accionista de registro. Véase: EX Dividendo.

**Accionista de Registro:** Véase: Registro de Propiedad.

**Accionista:** individuo o institución inversora que posee interés de propiedad en una empresa. También conocido como tenedor de títulos o acciones.

**Accionistas de Venta:** inversores de una empresa privada que venden sus acciones en la Oferta Inicial Publica (IPO). Los inversores a menudo interpretan un volumen significativo de negocios de accionistas de venta como falta de confianza en el nuevo tema.

**Analista de Gráficos:** persona que utiliza los gráficos de las acciones como herramienta para un análisis sobre inversiones. Véase: Análisis Técnico; Técnico.

**Analista Técnico:** persona que utiliza  gráficos de precio y computaciones matemáticas para tomar decisiones con respecto a las inversiones. También conocido como Técnico.

**Arbitrageur (negociante de bolsa involucrado en el arbitraje):** comerciante que utiliza estrategias de arbitraje para sacarle ventaja a las desigualdades de precio entre la misma cartera de valores, moneda, o mercadería en dos mercados diferentes.

**Bajista:** quien busca obtener ganancias del declive en el precio de un valor p contrato de futuro.

**Bolsista:** término generalmente utilizado en referencia a una persona que se gana la vida  comprando y vendiendo valores. Comerciantes, accionistas,  e inversores son todos considerados bolsistas.

**Bono al Portador:** dueño del registro de un bono. El certificado del bono muestra el nombre del propietario del bono. (excepto el bono al portador, en cual no está registrado a un propietario de bono específico)

**Buffet, Warren:** Presidente millonario del Director Ejecutivo de la Junta (CEO) de la corporación de Berkshire Hathaway. Apodado el Profeta de Omaha, a Buffet generalmente se lo considera el único inversor con astucia, y gurú de la bolsa de comercio. Véase: Dinero Inteligente.

**Club de Inversiones:** grupo de invasores individuales que ponen su dinero en un pozo común e investigan para realizar inversiones. Los Clubes de Inversiones comúnmente poseen reglamentario escrita que explica las obligaciones de los socios, incluyendo los  programas de contribución, como se llevan a cabo las decisiones de inversión y el procedimiento para dejar de ser socio.

**Cobertura Comercial:** empresa que compra contratos de futuros para fijar un precio favorable para una fecha futura.

**Comerciante de Posición:** Véase: Comerciante Swing. (a corto plazo)

**Comerciante Swing (a corto plazo):** inversor que busca obtener ganancias de los ciclos de precios que duran en cualquier lugar de uno o dos días a varias semanas. Comparar con Operador del Día; Especulador de Ganancias Pequeñas.

**Comerciante:** inversor que busca obtener ganancias de las fluctuaciones de precio más que de un cambio en el valor intrínseco de una cartera de valores o producto derivado. Un comerciante comúnmente posee un valor por periodos tan cortos como unos pocos minutos o por varias semanas. Véase: Operador del Día; Comerciante Swing (a corto plazo).

**Comprador de Opción:** Véase: Propietario de Bono.

**Comprador:** Técnicamente alguien que compra una cartera de valores es un comprador, ya sea si lo hace para comenzar una larga posición o si compra para cubrir una posición corta. Sin embargo, el término se utiliza comúnmente en referencia a un comerciante que lleva un largo tiempo en el mercado y en cierto punto es una reflexión de el sentimiento del mercado de un inversor. Comparar con Vendedor; Corto.

**Especulador para Ganancias Pequeñas:** comerciante que compra y vende acciones o mercadería frecuentemente, con la intención de obtener ganancias de los pequeños movimientos de precio. Véase: Operador del Día; Especulador.

**Especulador:** persona que comercializa en pequeñas jugadas en una acción. Ver: Operador del Día; Especulador para Ganancias Pequeñas.

**Especulador:** persona que hace inversiones arriesgadas, anticipando un cambio profundo en el precio futuro del activo. Algunas personas hacen una diferencia entre un inversor y un especulador basada en el riesgo intrínseco asociado al tipo de transacciones que cada uno seguramente realice.

**Fondo de Pensión:** fondo establecido por un empleador para pagar los beneficios jubilatorios a los empleados. Los Fondos de Pensión son grandes inversores institucionales. Véase: Sociedad de Beneficio de Garantía de Pensión. (PBGC)

**Inversor Controlante de Sociedades:** inversor que busca tomar control de una empresa públicamente comercializada al adquirir un interés controlante de las acciones de la empresa y luego remplazando la junta de directores y/o los empleados de la empresa. Véase: Acción de Control; Empresa Diversificada; Empresa Privada; Adquisición hostil; Oferta de Compra Publica en dos Etapas.

**Inversor de Capital de Riesgo:** individuo que provee a una empresa de fondos. A cambio de la infusión de efectivo, los inversores de capitales de riesgo a menudo asumen un puesto en la Junta de Directores y participan en el funcionamiento de la empresa.

**Inversor del Momento:** inversor que toma decisiones de compra y venta por lo menos en cierta parte basado en los aumentos y declives en el momento de comercialización de un valor dado.

**Inversor Individual:** inversor que compra relativamente pequeños lotes de acciones para su propio portfolio. También denominado inversos pequeño. Comparar con Inversor Institucional.

**Inversor Institucional o de Institución:** empresa u organización cuya función principal es adquirir activos financieros. Fondos de Jubilación, empresas de seguro, bancos, fondos mutuales, y fondos de protección son ejemplos de inversores institucionales.

**Inversor Modelo:** termino para referirse a los inversores con en registro de haber tomado decisiones inteligentes sobre inversiones que crean ganancias consistentes. Warren Buffet seria considerado un ejemplo de Inversor Modelo.

**Inversor:** 1) persona que compra activo con la expectativa de que su valor de mercado vaya a aumentar y de esta forma pueda obtener una ganancia al venderlo. 2) persona cuya estrategia de inversión se focaliza a largo plazo, más que en la especulación a corto plazo de los movimientos del mercado. Comparar con: Operador del Día; Especulador para Ganancias Pequeñas.

**Largo (inversor que cree en el mercado alcista):** persona que compra un valor o contrato de futuros con la intención de venderlo luego y obtener ganancias. Comparar con Vendedor a Corto Plazo.

**Operador del Consorcio de Bienes Tangibles:** individuo o empresa involucrada en la solicitud y/o administración de los fondos de los consorcios de bienes tangibles que son utilizados para comercializar contratos de futuros. Los operadores de consorcios de bienes tangibles están regulados por la Agencia Federal Reguladora (CFTC).

**Operador del Día:** persona que compra y vende uno o más valores infinidad de veces dentro la una misma sesión comercial. Los operadores del día buscan obtener dinero de las pequeñas fluctuaciones de precio de un día. También conocido como Especulador para Ganancias Pequeñas. Comparar con Inversor; Comerciante de Posición: Comerciante Swing. (de corto plazo)

**Opuesto:** inversor cuya percepción del mercado se opone a la visión generalmente aceptada por los demás. Un opuesto probablemente este dispuesto a comprar cuando el resta está vendiendo y viceversa.

**Oso:** persona que cree que el mercado está en un ciclo de tendencia en baja y tiene más posibilidades de que continúe bajando más que subiendo. Un Oso interpreta los precios en alza como una interrupción temporaria en el total de la tendencia en baja. Comparar con: Toro. Véase: Corrección de Oso; Mercado en Bajista; Mercad en Alza; Corrección; Ciclo de Mercado.

**Otorgador de Opción:** Véase: Otorgador.

**Otorgante:** individuo que otorga un contrato de opciones y asume la obligación de comprar o vender el activo precedente, si el propietario de la opción elije ejercer esa opción. También llamado Otorgador de Opción. Véase: Opción de Compra Cubierta; Opción de Venta cubierta.

**Principal:** individuo o entidad que conforma una parte de una transacción o acuerdo comercial. Compara con Agente. Véase: Corredor de Bolsa; Comerciante de Corredor de Bolsa.

**Propietario de Bono:** individuo que ha comprado una opción de compra o una opción de venta. Comparar con Otorgador.

**Propietario:** Ver: Propietario de Opción.

**Registro de Propiedad:** accionista a quien se le registra un valor. Los dividendos son pagados al registro de propiedad en la fecha de registro. También conocido como Accionista de Registro.

**Robber Barons:** una referencia para los hombres de negocios del siglo diecinueve quien incremento su riqueza y poder a través de mes no éticos. Actualmente, el término se utiliza en referencia a los Inversores Controlantes de Corporaciones.

**Sociedad de Beneficio de Garantía de Pensión (PBGC):** corporación autorizada federalmente que asegura los beneficios definidos de los fondos de pensión del sector privado. En la página Web: **www.pbgc.gov**.

## UNA MIRADA MÁS CERCANA EN LA SOCIEDAD DE BENEFICIO DE GARANTÍA DE PENSIÓN

La PBGC fue creada por el Acta de Seguridad de los Ingresos de Jubilación de los Empleados en 1974. Actualmente paga beneficios a alrededor de 683.000 jubilados en 3.595 planes de pensiones que han finalizado, ya sea por terminación estándar o involuntaria.

Para acceder a una terminación estándar, se requiere el patrocinador del plan para demostrar que tiene bienes suficientes para cumplir con las obligaciones actuales y futuras. PBGC luego asumirá ambos los bienes y los planes de obligaciones para que no ocurran interrupciones en los beneficios para los participantes del plan.

Las obligaciones por terminación involuntaria son asumidas por PBGC y se las paga mensualmente hasta una cantidad permitida máxima de premios establecida por el Congreso y pagada por el programa de patrocinadores, las ganancias de las inversiones de PBGC, los bienes de los planes de pensión bajo administración fiduciaria de PBGC, y recuperaciones de patrocinadores de planes anteriores.

**Técnico:** Véase: Analista Técnico.

**Toro:** persona que cree que el mercado está en una tendencia en alza y tiene más posibilidades de continuar aumentando más que bajando. Un toro interpreta el origen de una baja de precio como una interrupción temporaria dentro del total de la tendencia en alza. Comparar con Oso. Véase: Corrección de Toro; Mercado en Alza; Corrección; Ciclo de Mercado.

**Vendedor Bajista:** inversor que pretende obtener ganancias del declive en el precio de un valor o contrato de futuro. Ver Venta Bajista.

**Vendedor de Opción:** Véase: Otorgador.

# La Industria de Los Perros Guardianes: Reguladores, Ejecutores, y Redes de Seguridad

**DEPOSITARIO DE REGISTRO CENTRAL (CRD):** Base de datos de la Comisión Nacional del Mercado de Valores (SEC) que contiene licencias e información de agravios acerca de corredores de bolsa y algunos concejeros de inversiones y sus representantes.

**Administración de Viviendas Federal (FHA):** agencia del gobierno de los Estados Unidos que administra los programas de viviendas, incluyendo hipotecas subsidiadas, asistencia sobre alquileres, y seguro de hipoteca. En la página Web: **www.fha.gov**.

**Arbitro:** persona que se desempeña como árbitro imparcial en una acción de arbitraje.

**Asociación de Administradores de Valores de América del Norte (NASAA):** organización internacional de protección al inversor compuesta por agencias de valores estatales, provinciales y administradores de valores territoriales para el Distrito de Columbia, Puerto Rico, Las Islas Vírgenes de los Estados Unidos, Canadá y México. En la página Web: **www.nassa.org**.

**Asociación de Comerciantes de Valores (STA):** una asociación comercial para los profesionales de la industria de valores. En la página Web: **www. securitytraders.org**.

**Asociación Nacional de Futuros (NFA):** organización auto reguladora para la industria de futuros. Como tal, la NFA desarrolla prácticas de comercio, supervisa y hace cumplir las reglas de la NFA, y funciona como la autoridad de registro para industrias participantes. En la página Web: **www.nfa.futures.org**.

**Asociación Nacional de Intermediarios de Activos Financieros (NASD):** organización auto reguladora para valores de la industria. Además de otorgar licencias y supervisión, NASD también ofrece servicios de mediación y arbitraje para resolver las disputas entre inversores y empresas de corretaje de bolsa, mercados y profesionales de la industria. Ver Resolución de Disputa NASD INC. En la página Web: **www.nasd.org**.

**Comisión de Comercialización de Mercadería de Futuros (CFTC):** agencia federal que tiene la responsabilidad de examinar y regular el comercio de los futuros y opciones de mercado. La agencia fue establecida en 1974. En la página Web: **www.cftc.gob**.

**Comisión Federal de Comercio (FTC):** agencia de gobierno de los estados Unidos responsable de regular el comercio. El principal foco de la FTC es prevenir fraudes y practicas comerciales engañosas y asegurar la una competencia justa. Ver Ley Anti monopolio; Monopolio. En la página Web: **www.ftc.gov**.

**Comisión Nacional de Valores (SEC):** agencia federal autorizada para brindar supervisión y cumplimiento de la ley de la industria de valores, incluyendo la posibilidad de registrar, regular, y supervisar a las empresas de corretaje de bolsa, cámara de compensaciones, y asociaciones autorreguladoras. En la página Web: **www.sec.gov**.

**Comité de Procedimientos de Identificación de Seguridad Uniforme (CUSIP) Oficina de Servicios:** grupo que establece y administra el sistema numérico compuesto por nueve caracteres utilizada para identificar las acciones de los Estados Unidos y Canadá registradas, los bonos municipales, y los valores del gobierno de los Estado Unidos de a cuerdo al emisor y al tipo. La Oficina de Servicios de CUSIP es operada por "Standard & Poor's". Ver CUSIP. En la página Web: **www.cusip.com**.

**Contador Público Certificado (CPA):** individuo que está certificado por el Instituto Norte Americano de Contadores Públicos Certificados (AICPA) para ejercer en el campo contable. Para obtener la certificación AICPA, el candidato debe cumplir con los requisitos de experiencia laboral y académica y aprobar una examen escrito. Por ley, sólo un contador público certificado puede realizar una auditoria de las operaciones financieras de una empresa pública.

**Depositario de Registro Central (CRD):** Base de datos de la Comisión Nacional Valores (SEC) que contiene licencias e información de agravios acerca de corredores de bolsa y algunos concejeros de inversiones y sus representantes.

**EDGAR (Recaudación de Información Electrónica de Análisis y Recobros):** base de datos de la Comisión de Valores y Mercado de los archivos de la sociedad: que no se confunda con EDGAR Online, la cual es una empresa comercializada públicamente que provee servicios de información de valor agregado basada en EDGAR. En la página Web: **www.sec.gob/edgar.shtml.**

**Empresa Contable Pública:** Empresa que está registrada en la Junta de Supervisión Contable Pública para brindar servicios contables a una empresa pública. El Acta Sarbanes-Oxley de 2002 incluía una disposición que le prohíbe a toda aquella empresa que no está registrada en la junta preparar, suministrar, o participar de una auditoria en una empresa pública.

**Federación Europea Bancaria (FBE):** asociación representante de la industria bancaria dentro de la Unión Europea. En la página Web: **www.fbe.be.**

**Federación Internacional de Bolsas de Comercio (FIBV):** denominación que se utilizaba anteriormente para la Federación de Mercados Mundial.

**Federación Mundial de Mercados:** organización de comercio internacional para los valores y mercados derivados.

**Junta de Concejeros Económicos (CEA):** comité establecido por el Acta de Empleo de 1946 con la responsabilidad de proveer al Presidente de los Estado Unidos de un análisis económico objetivo y concejos. En la página Web: **www.whitehouse.gob/cea.**

**Junta de Estándares Financieros Contables (FASB):** sociedad auto reguladora para la industria contable. FASB esta compuesta por siete miembros del área contable. Su función primordial es desarrollar y publicar los Principios Contables Generalmente Aceptados (GAAP), que establece los estándares para la preparación y la auditoria de los informes financieros de una corporación. Ver GAAP. En la página Web: **www.fasb.org.**

**Junta de Principios Contables (APB):** ex junta de estándares para la industria contable. Fue sucedida por la Junta Financiera Contable Estándar (FASB) en 1973.

**Junta de Supervisión Contable de la Empresa Pública (PCAOB):** sociedad sin fines de lucro que supervisa a los auditores que ofrecen servicios a empresas comercializadas públicamente. La PCAOB fue autorizada por el acta Sarbanes-Oxley de 2002 como resultado de una serie de escándalos contables de valores, incluyendo el caso Enron y WorldCom.

**Junta Internacional de Estándares Contables (IASB):** sociedad auto reguladora que establece los estándares internacionales contables. Comparar con Junta de Estándares Financieros Contables (FASB).

**Junta Municipal Reglamentadota de Valores (MSRB):** organización que establece las normas que regulan los bonos municipales y los comerciantes de valores. En la página Web: **www.msrb.org**.

**Oficina de Inspecciones y Examinaciones de Cumplimiento (OCIE):** departamento dentro de la Comisión Nacional del Mercado de Valores (SEC) responsable de inspeccionar y supervisar a los accionistas, comerciantes, organizaciones autorreguladoras, cámaras de compensaciones, y otros participantes del mercado.

**Organización Autorreguladora (SRO):** organización que esta autorizada para desarrollar y hacer cumplir las reglamentaciones de una industria. NASD, la regulación NYSE, la Junta de Estándares Financieros Contables (FASB), la Junta de Estándares Contables Internacionales (IASB) y la Asociación Nacional de Futuros (NFA) son todos ejemplos de asociaciones Autorreguladoras.

**Organización Internacional de Estándares (ISO):** organización que facilita el comercio justo desarrollando y diseminando los estándares reconocidos internacionalmente. ISO está compuesta por un representante de la organización nacional de estándares de 156 países. En la página Web: **www.iso.org**.

**Regulación NYSE:** organización interna autorreguladora (SRO) para el Grupo NYSE.

**Regulador Federal de Entidades de Ahorro:** inspector de la Oficina de Supervisión de Entidades de Ahorro que está certificado para supervisar la seguridad y la solidez de las instituciones de ahorro.

**Resolución de Disputa de NASD, INC.:** poder de NASD que facilita la resolución disputas de inversores con empresas de corretaje de bolsa y mercados. En la página Web: **http://www.nasd.com/ArbitrationMediation/index.htm**.

**Servicio Interno de Ingresos (IRS):** agencia de gobierno de los Estados Unidos autorizada para recaudar los impuestos de ingresos federales y hacer cumplir la ley de impuestos establecida en el Código IRS. En la página Web: **www.irs. gov.**

**Sociedad de Protección al Inversor de Valores (SIPC):** corporación sin fines de lucro que asegura las cuentas de inversión de los miembros de una empresa de corretaje contra el fraude y la insolvencia. El seguro cubre tanto efectivo como inversiones privadas y tiene un tope de $500.000 ($100.000 en efectivo) por cada depositante. La SIPC esta respaldada por miembros de la empresa y no asegura depósitos contra perdidas de inversiones o la compra de acciones sin valor. En la página Web: **www.sipc.com**

**Sociedad Municipal de Seguro de Bonos Americana (AMBAC):** otorgador de seguro que provee a las emisoras de bonos municipales. Los bonos asegurados rigen las clasificaciones más altas de crédito desde servicios de clasificaciones de bonos como por ejemplo "Standard & Poor's", "Moody's Investros Service", y "Fitch" ya que estos poseen el riesgo más bajo de incumplimiento. En la página Web: **www.amback.com**.

Parte III

# Las Fuerzas del Mercado

# Economías para Inversores: Subas y Bajas de los Ciclos Económicos

# Capítulo 9

**INDICADOR ECONÓMICO:** estudio estadístico diseñado para medir las condiciones económicas y/o predecir los cambios en el ciclo económico.

**Ajustado Estacionalmente:** información que ha sido estadísticamente ajustada para quitar variaciones normales, recurrentes como los efectos del tiempo frío de invierno o las compras de regreso a la escuela. La precisión de identificación de tendencia, y otras comparaciones históricas, se ve mejorada a través del uso de la información ajustada estacionalmente.

**Aterrizaje Blando:** reducción en el interés de una expansión económica hasta un punto en el cual la inflación puede ser restringida sin que la economía caiga en una recesión. Comparar con Aterrizaje Duro.

**Aterrizaje Duro:** rapido movimiento de la expansión económica a la recesión causado por una política monetaria demasiado restrictiva.

**Billete:** moneda emitida por un banco. En los Estados Unidos solo la Reserva Federal esta autorizada a emitir billetes.

**Caída:** punto más bajo de un ciclo económico. La caída se forma luego del final un periodo de reducción económica y antes de que comience un periodo de expansión. Comparar con Pico.

**Cambio Internacional:** cambio de moneda en papel y otros instrumentos financieros de la moneda de una nación a otra.

**Capitalismo:** sistema económico en el cual las empresas que producen y entregan mercadería y servicios son propiedad privada o publica y operan con fines de lucro. El capitalismo es la base del sistema de mercado libre en la cual la competencia y la oferta y la demanda determinan el costo de los productos y el éxito de un emprendimiento comercial. La economía Estadounidense tiene un sistema hibrido, a la que se la conoce como una economía mixta ya que adopta los principios del capitalismo con algunos limites del gobierno y posesión de algunas empresas. Comparar con Socialismo. Véase: Economías Keynesianas; Laissez-Faire (Libre Mercado).

**Ciclo Económico:** Véase: Ciclo Económico Comercial.

**Ciclo Económico Comercial:** bajas y subas inevitables de la actividad económica, medidas por periodo de crecimiento económico y reducción de actividad comercial. Un economista utiliza indicadores económicos clave para estimar en que lugar del ciclo económico se encuentra una economía local, regional, nacional o internacional en un determinado periodo, incluyendo el producto nacional bruto, la inflación, el desempleo, y la productividad. Al igual que el banco central de los Estados Unidos, la Reserva Federal utiliza la política monetaria para estimular el crecimiento durante periodos de reducción económica y para restringir la marcha del crecimiento durante periodos de expansión con el fin de evitar extremos en los ciclos. Véase: Depresión; Comité Federal de Libre Comercio; Sistema de Reserva; Inflación; Recesión.

**Comercio Electrónico:** Transacciones comerciales que se llevan a cabo electrónicamente.

**Cotización de la Moneda Estadounidense:** método estándar para establecer el valor de la moneda extranjera por unidad en comparación con el dólar estadounidense. Por ejemplo: $US por YEN. Véase: Términos de la Tasación Estadounidense: Términos de Tasación Europeo; Mercado Internacional.

| UNA MIRADA MÁS CERCANA EN LAS COTIZACIONES DE LA MONEDA ESTADOUNIDENSE | |
|---|---|
| Tipo de Cambio | Explicación |
| Eur/USD 1.23 | Un euro compraría 1.23 Dólares Estadounidenses. ($1.23) |
| USD/AUD 1.35 | Un Dólar Estadounidenses ($1) comprara 1.23 Dólares Australianos |

**Cuenta Depósito de Mercado de Dinero:** tipo de caja de ahorro en la cual el banco o empresa de corretaje invierte fondos retenidos en deposito en obligaciones de deuda a corto plazo. Una cuenta deposito de mercado de dinero a menudo ofrece privilegios limitados de escritura de cheques y paga una tasa de interés que comúnmente es mas elevada que la de una caja de ahorros pero más baja que un certificado de deposito u otro depósito a término. También denominada como Cuenta Deposito de Mercado de Dinero o simplemente Cuenta de Mercado de Dinero. Compara con Fondo de Mercado de Dinero.

**"Culpeper Switch":** central electrónica de la Reserva Federal que se utiliza para transmitir mensajes, a través del Fedwire.

**Código Monetario ISO:** código alfabético de tres letras y código numérico de tres dígitos que identifica una unidad monetaria y sus unidades menores, de acuerdo con su denominación y país de emisión. Los códigos monetarios ISO son asignados por la Organización Internacional de Estándares (ISO).

**Cuenta Corriente de Mercado de Dinero:** Véase: Mercado de Dinero. Cuenta Depósito.

**Cuenta de Mercado Monetario:** caja de ahorros que transfiere el efectivo en desuso a instrumentos de deuda. Véase: Cuenta Continua.

**Déficit Comercial:** cantidad por la que las importaciones estadounidenses exceden las exportaciones estadounidenses. Véase: Déficit Comercial Internacional; Petrodólares.

**Deflación:** gran declive en los precios atribuible a una baja en la demanda y/o a un suministro de dinero escaso. Comparar con Inflación. Véase: Depresión; Política Monetaria; Resección; Estagflación.

**Denominación:** designación de valor de una unidad de moneda ó dinero en circulación. La moneda Estadounidense esta denominada por el Dólar.

**Depósito de Demanda:** fondos de depósito con un banco que pueden ser retirados sin previo aviso (de demanda) y sin multa. Comparar con Depósito a Plazo.

**Depresión:** periodo extenso de actividad económica en declive, comúnmente marcado desempleo generalizado y deflación.

**Desempleo:** medición del número de trabajadores que están actualmente buscando empleo pero se ven limitados a lograrlo.

**Desinflación:** declive en la tasa de inflación. Comparar con Deflación. Ver Índice de Precio de Consumidor (CPI); Gasto de Consumo Personal (PCE).

**Deuda Nacional:** la deuda total que debe el gobierno federal.

**Devaluación:** declive significativo del valor de una unidad de moneda en comparación con otro punto de referencia como por ejemplo el oro u otra unidad monetaria. Por ejemplo, si el tipo de cambio internacional para el Yen Japonés bajara significativamente en comparación con el Dólar Estadounidense (lo que implica que hace falta mas Yen para comprar un Dólar Estadounidense), podría decirse que el Yen ha sido devaluado.

**Dinero Digital:** método de pago que es ejecutado electrónicamente, por ejemplo, a través de Internet. "PayPal" y servicios similares son formas de dinero digital.

**Dinero Prestado:** dinero que un banco le presta a un corredor de bolsa para un préstamo a la demanda.

**Dólar:** unidad monetaria de los Estados Unidos, Canadá, Australia y mas de 20 otros países. Ver Denominación.

**Dólar Australiano (AU $):** unidad monetaria de Australia.

**Dólar Canadiense (CAN$ ó CND):** denominación de la moneda de Canadá.

**Dólar de Hong Kong (HKD):** unidad monetaria de Hong Kong.

**Economías Keynesianas:** teoría económica que sostiene que el empleo completo y los precios estables pueden lograrse en una economía mixta que incorpora a ambos: el capitalismo y los controles del gobierno. Comparar con Laissez-Faire; Economías del Lado de la Oferta.

**Economías de Cascada:** Véase: Economías del Lado de la Oferta.

**Economías del Lado de la Oferta:** teoría económica que sostiene que el crear un ambiente positivo de inversión al reducir los impuestos a los negocios y a individuos adinerados estimulara la creación de puestos de trabajo y la oportunidad económica en todos los niveles. También conocido como economías de cascada. Comparar con Economías Keynesianas.

**Economía Mixta:** sistema económico en el cual el gobierno impone limites al capitalismo para evitar la concentración de poder y lograr balance social. El sistema económico estadounidense es una economía mixta. Compara con Libre Comercio. Véase: Economías Keynesianas.

**Economías para Inversores:** Las Subas y bajas de los Ciclos Económicos Comerciales.

**Estagflación:** ciclo económico marcado por una economía en baja, deflación, y una alta tasa de interés.

**Estagnación:** ciclo económico marcado por el crecimiento económico de menos de un uno por ciento por año. Véase: Expansión Económica; Producto Bruto Nacional.

**Estándar del Oro:** sistema monetario obsoleto en el cual una unidad de moneda es fijada al valor de una unidad de oro. Un gobierno que opera bajo el estándar de oro promete cumplir con los billetes en una cantidad equivalente a la del oro. El estándar del oro ha sido reemplazado, en todo el mundo, por la moneda fiduciaria o la moneda fija. Véase: Moneda de Cambio Flotante; Mercado de Cambio Internacional; Tasa de Cambio Internacional.

**Euro ( ):** moneda común adoptada por los países europeos participantes.

| UNA MIRADA MÁS CERCANA DE PAÍSES QUE HAN ADOPTADO EL EURO. | | | |
|---|---|---|---|
| Austria | Alemania | Italia | España |
| Finlandia | Grecia | Luxemburgo | Países bajos. |
| Francia | Irlanda | Portugal | |

**Eurodólar:** moneda Estadounidense retenida en deposito en cualquier banco extranjero. Los Dólares Estadounidense se abren paso en estas instituciones financieras cuando son utilizados para pagar mercadería extranjera y servicios y cuando son intercambiadas por moneda extranjera en un banco que no es estadounidense.

**Euromoneda:** moneda no europea en los depósitos de los bancos europeos.

**Ex Alimento y Energía:** designación utilizada en conjunto con el índice de precio del consumidor que indica que los números citados excluyen el altamente volátil costo de los alimentos y la energía.

**Expansión Económica:** periodo en el que el producto bruto nacional (GDP) aumenta. Véase: Ciclo Económico Comercial.

**"Fedwire":** el sistema de computación de la Reserva Federal que se utiliza para transferir balances contables y valores del gobierno de los Estados Unidos. Véase: "Culpeper Switch".

**Fijación:** política monetaria que liga el valor de la moneda de una nación al valor de la moneda de otra nación. Por ejemplo: en la época en que esto fue escrito, el Yuan chino está fijada en 8.027 Yuan por dólar estadounidense (USD/CNY 8.07). Véase: moneda fija; Moneda de Mercado Flotante.

**Franco Suizo (CH):** denominación monetaria para Suiza.

**Globalización:** movimiento hacia la creación de un mercado mundial de mercadería y servicios. Véase: Mercado Común; G5; G7; G24; Banco Mundial; Organización Mundial de Comercio (WTO)

**Indicador Coincidente:** información que es utilizada para evaluar las condiciones económicas actuales. Comparar con Indicador Rezagado; Indicador Líder. Véase: Ciclo Económico; Indicador Económico.

**Indicador Económico:** estudio estadístico diseñado para medir las condiciones económicas y/o predecir cambios en el ciclo económico, el producto bruto nacional (GDP), índice del precio del consumidor (CPI) y nuevas ventas de viviendas, conforman tres ejemplos de de indicadores económicos a los que los economistas e inversores recurren para sugerencias con respecto a las condiciones económicas actuales y las expectativas para el futuro.

**Indicador Rezagado:** signo de un cambio en el ciclo económico que solo puede ser medido luego de que haya sucedido el cambio. GDP y CPI son dos ejemplos de indicadores rezagados. Comparar con Indicador Coincidente; Indicador Principal.

## UNA MIRADA MÁS CERCANA DE CÓMO LOS ECONOMISTAS E INVERSORES UTILIZAN LOS INDICADORES ECONÓMICOS.

| Indicador Principal | ...para pronosticar un cambio en el ciclo económico. |
|---|---|
| Indicador Coincidente | ... para medir las condiciones económicas actuales. |
| Indicador Rezagado | ... para confirmar una tendencia económica |

**Indicador Principal:** indicador económico que puede ser utilizado para pronosticar un cambio en el ciclo económico. Comparar con Indicador Coincidente; Indicador Rezagado. Véase: Índice Indicador Principal (LEI).

**Inflación:** aumento de precios de mercaderías y servicios. La inflación se mide por un número de indicadores económicos. El índice de precios del consumidor (CPI), es al que comúnmente se consulta. Una alta tasa de inflación puede reprimir el consumo, disminuir la tasa de producción de mercaderías y servicios y eventualmente obstruir el crecimiento económico. La Reserva Federal utiliza la política monetaria para controlar la inflación. Comparar con Deflación; Desinflación. Véase: Gastos de Consumo Personal (PCE).

**La Gran Depresión:** nombre dado al declive mas grande en la historia Estadounidense que comenzó en la década de 1920 y duro hasta 1939. Véase: Depresión; Reducción de Actividad Económica; Recesión.

**Lenguaje Fed:** expresión corriente que se refiere a las declaraciones hechas por los miembros de la Junta de Gobernadores de la Reserva Federal, y en particular por el Presidente de la Reserva Federal, relacionados con la economía y la política monetaria.

**Libra Esterlina: véase:** Libra Esterlina Británica.

**Libra Esterlina Británica (GBP o U.K. £):** moneda nacional del Reino Unido. A veces denominada Libra Inglesa. Hasta ahora, el Reino Unido no forma parte de los 12 países Europeos que han adoptado el EURO.

**Libre Comercio:** creencia en que la economía debería operar libremente sin interferencia del gobierno. Comparar con Economías Keynesianas. Véase: Economías del Lado de la Oferta.

**M1 Suministro de Dinero:** forma más liquida de bienes tangibles monetarios actualmente en circulación. M1 incluye monedas y dinero en circulación, dinero en depósitos en cuentas de de uniones de crédito y cheques, cheques del viajante, y cuentas de transferencia automáticas.

**M2 Suministro de Dinero:** porción de bienes tangibles monetarios actualmente en circulación, compuesta por M1 suministro de dinero más depósitos en cajas de ahorro, cajas de ahorro a plazo con un balance por debajo de los $100.000 y depósitos en cuentas de mercado de dinero al por menor.

**M3 Suministro de Dinero:** bienes tangibles monetarios totales actualmente en circulación, que incluyen el M2 suministro de dinero más los depósitos de ahorros a un plazo de de $100.000 o más, depósitos institucionales y ciertos depósitos de Eurodólar. Con efecto el 23 de marzo de 2006, la Reserva Federal cesó la publicación del M3 suministro de dinero, estableciendo que la información contenida en ella ya está establecida en otros informes.

**Moneda:** dinero emitido por el banco central de cualquier nación.

**Moneda Blanda:** moneda nacional que no está en demanda suficiente para ser convertida a la moneda de otras naciones. La demanda blanda de una moneda ha menudo se debe a la inestabilidad política económica de un país o a una tasa de cambio extranjera desfavorable.

**Moneda Fiduciaria:** sistema monetario en el cual el valor de la moneda esta establecido por declaración y no esta respaldado por un activo fijo, como por ejemplo el Oro. Actualmente, la mayoría de las monedas mundiales son monedas fiduciarias. Comparar con Estándar de Oro.

**Moneda Fija:** moneda que es valuada por una relación fija con otra moneda, como por ejemplo, el Dólar Estadounidense. También conocido como moneda estabilizada. Comparar con Moneda de Cambio Flotante. Véase: Mercado de Cambio Internacional; Tasa de Cambio Internacional.

**Moneda Establecida:** véase: Moneda Fija.

**Moneda Fuerte:** véase: Moneda Principal.

**Moneda Principal:** moneda suficientemente liquida lista para ser convertida a la moneda de otras naciones. La moneda principal es comúnmente asociada con naciones políticamente estables, y altamente industrializadas. El Dólar estadounidense, la Libra Británica, el Euro, y el Yen japonés son monedas principales. También denominadas monedas duras.

**Moneda Robusta:** moneda que es flexible y capaz de resistir los golpes del sistema económico.

**Nacionalización:** el proceso de poner la propiedad o los negocios privados bajo el control del gobierno. Comparar con Privatización.

**Negocio No Virtual:** termino que se refiere a la ubicación física de un negocio, como por ejemplo, una oficina, un depósito, o local, donde se lleva a cabo el negocio cara a cara con los clientes. Muchas empresas no virtuales actualmente tienen una operación a través del comercio electrónico.

**Oferta y Demanda:** teoría económica que sostiene que cuando la oferta excede a la demanda, el valor del mercado (precio) de un producto bajará y cuando la demanda excede la oferta, su valor aumentará. En los mercados financieros, la relación entre oferta y demanda se dice que está reflejada en el precio de venta de un valor, derivado, o instrumento de deuda. Véase: Teoría de Mercado Eficiente; Sistema de Mercado Libre.

**Petrodólares:** moneda transferida de un país a otro como pago de la importación de petróleo. Los petrodólares son un factor principal en el crecimiento del déficit comercial estadounidense.

**Préstamo a la Demanda:** préstamo que puede ser llamada debida por el prestamista o pagado por el prestatario en cualquier momento. Margen es un ejemplo de préstamo a la demanda. Véase: Tasa de Préstamo a la Demanda.

**Pico:** punto más alto del ciclo económico. El pico se forma luego de un período de expansión económica y antes del comienzo de un período de reducción económica. Comparar con Caída.

**Política Monetaria Acomodativa:** Política del Banco Central que busca estimular el crecimiento económico liberando el suministro de dinero. Una política monetaria acomodaticia está caracterizada comúnmente por una sucesión de bajas en el índice de los fondos Federales lo cual produce que el dinero sea más fácil (más barato) de tomar prestado para hacer negocios. Véase: Comité Federal de Libre Comercio (FOMC); Reserva Federal. Comparar con Política Monetaria de Ajuste.

**Política Monetaria de Ajuste:** política del banco central que busca disminuir el crecimiento económico y calmar la inflación liberando el suministro de dinero. Una política monetaria de ajuste está comúnmente caracterizada por una sucesión de aumentos en la tasa de los fondos Federales lo cual hace que el dinero sea más difícil (caro) de tomar prestado. Comparar con Política Monetaria Acomadativa. Véase: Comité Federal de Mercado Libre; Reserva Federal.

**Política de Dólar Fuerte:** política monetaria que favorece una fuerte tasa de cambio extranjera para el dólar estadounidense (USD/AUD 1.35, lo cual indica que un dólar estadounidense comprará 1.35 Dólares Australianos). Un dólar fuerte hace que las mercaderías importadas están más al alcance del consumidor estadounidense, la relación entre la oferta y la demandase dice que está reflejada en el precio de venta de un valor, derivado, o instrumento de deuda. Véase: Teoría de Mercado; Sistema de Mercado Libre.

**Política de Dólar Débil:** política monetaria que favorece una tasa de cambio extranjera baja para el dólar estadounidense. Un dólar débil puede provocar que las mercaderías y los servicios estadounidenses exportados sean más competitivos en el mercado internacional, pero a su vez puede ocasionar que las mercaderías importadas sean caras para el consumo estadounidense. Comparar con Política de Dólar Fuerte.

**Política Monetaria:** acción tomada por el banco central para estabilizar la economía de una nación. Por ejemplo, regulando el suministro de dinero (imprimiendo más dinero o removiendo la moneda de circulación) y controlando el costo de dinero (subiendo y bajando las tasas de interés), el banco central puede estimular una economía sagaz o enfriar las cosas cuando empieza a crecer a un ritmo no deseado.

**Privatización:** proceso de transferir control de servicios comerciales pertenecientes al gobierno al sector privado. Comparar con nacionalización.

**Proporción de Reserva:** véase Requerimiento de Reserva.

**Punto de Cambio:** cambio favorable luego de un periodo de declive en un ciclo económico o en el desempeño financiero de una empresa. Que no se confunda con una reversa en los precios de las acciones. Mientras que el punto de cambio puede generar una reversa de tendencia en el mercado o en el precio de las acciones de una empresa individual, los dos son evaluaciones separadas y distintas.

**Recesión:** período de reducción económica, medido por el crecimiento negativo en Producto Bruto Nacional (GDP) que dura por lo menos dos cuartos consecutivos. Comparar con Deflación; Depresión; Estagflación.

## UNA MIRADA MÁS CERCANA DEL ROL DE LA RECESIÓN EN EL CICLO ECONÓMICO

Cada ciclo económico está compuesto de de fases: una fase de expansión y una fase de reducción.

En la fase de expansión, la economía comienza a recalentarse a medida que los negocios contratan más trabajadores para satisfacer la demanda creciente de mercaderías y servicios. Más trabajadores con más dinero generan incluso más demanda de consumo y otra ola de crecimiento comercial en la forma de expansión de construcción y compras de equipos y más contratación.

## UNA MIRADA MÁS CERCANA DEL ROL DE LA RECESIÓN EN EL CICLO ECONÓMICO

El crecimiento del GDP aumenta.

La competencia para trabajadores, materias primas, transporte y otros recursos no renovables ejercen presión ascendente en los precios, y pronto la inflación aumenta desfavorablemente. Los consumidores se retraen llevándose la demanda con ellos. Con un superávit de oferta y una demanda en disminución, los negocios ajustan los cinturones colectivos, provocando el fin de la expansión económica y el comienzo de la recesión.

El ciclo de enfriamiento sigue una característica similar pero opuesta hasta que el momento de baja toca fondo y la recesión culminan con el GDP ingresando a un nuevo ciclo de crecimiento. Lo que sucede en el medio determina la severidad del impacto en negocios, individuos e inversores.

En una recesión leve, una baja repentina en la demanda de consumo reduce las ganancias corporativas, causando una pausa temporaria en la contratación y en los gastos de capital. Una recesión extensa, por otra parte, puede generar pérdidas generalizadas de trabajo y un congelamiento de los gastos de capital por meses y a veces años. Luego que la demanda de artículos de alto costo se debilita, como consecuencia hay más desempleo, además de desinflar la demanda de consumo para productos domésticos e importados, generando así un riesgo de que una larga y profunda recesión pueda afectar las economías extranjeras también.

**Recesión de doble hundimiento:** situación en la cual una recuperación económica vacila, y la economía vuelve a caer en una recesión. Véase: Crecimiento Económico. Recesión Económica.

**Recuperación Económica:** periodo de crecimiento luego de una reducción en la actividad comercial. Véase: Depresión; Recesión

**Reducción Económica:** periodo en el cual el producto nacional bruto (GDP) declina. También conocido como crecimiento negativo. Comparar con Expansión Económica. Véase: Ciclo Económico; Recesión.

**Reevaluación:** cambio oficial en las bases de valuación de moneda de un país.

## UNA MIRADA MÁS CERCANA DE LA REVALUACIÓN

Históricamente el gobierno chino ha fijado el Yuan al dólar estadounidense. Si éste eventualmente se inclinara hacia la presión internacional e hiciera un cambio oficial para permitir que el Yuan flote en el mercado de cambio extranjero, la acción sería denominada de reevaluación.

**Requerimiento de Reserva:** bienes líquidos que se le requieren a un banco para mantener en reserva. En los EE.UU., el requerimiento de reservas está determinado por La Reserva Federal y se expresa como un porcentaje en referencia a la proporción de reserva.

**Rupia India (INR o Rs o Rp):** unidad monetaria India.

**Sistema de Mercado Libre:** sistema económico en el cual los precios son establecidos exclusivamente por la oferta y la demanda, sin influencia reguladora o control. Comparar con Economía Keynesiana; Socialismo. Ver Laissez-Faire.

**Socialismo:** sistema económico en el cual los bienes y servicios se brindan a través de un sistema centradle propiedad cooperativa o gubernamental, más que a través de la competencia o el sistema del mercado libre.

**Suministro de Dinero:** bienes monetarios actualmente en circulación, tomando en consideración las monedas, el dinero en circulación, los fondos de depósito en ahorros, cuentas corrientes, mercado de dinero, unión de crédito y cuentas de corretaje, y algunos depósitos en EURO DÓLAR. Las medidas de suministro de dinero son utilizadas por la Reserva Federal para desarrollar políticas monetarias.

| UNA MIRADA MÁS CERCANA DEL SUMINISTRO DE DINERO | | |
|---|---|---|
| M1 | M2 | M3 |
| Monedas | M1 más… | M2 más… |
| Dinero en circulación | Cajas de Ahorro | Ahorros a plazo |
| Cuentas Corrientes | Ahorros a plazo (100k) | Cuentas ($100k) |
| Cooperativa de Crédito | Mercado de Dinero al por menor Depósitos Institucionales | |
| Cuentas | Cuentas | Ciertos Eurodólares |
| Cheques del viajante | | Depósitos |
| Transferencia Automática | | |
| Cuentas | | |

**Tasa Bancaria:** tasa de interés descontada en la cual el banco central otorga préstamos al banco nacional. Véase: Reserva Federal.

**Tasa de Cambio Internacional:** valor de la moneda de un país expresado en denominación de otra moneda.

| UNA MIRADA MAS CERCANA EN LAS TASAS DE CAMBIO INTERNACIONAL | | | |
|---|---|---|---|
| USD | EURO | Tasa de Cambio | EURO |
| 1 | 1.2699 | .7875 | .7879 |
| USD | EURO | Tasa de Cambio | EURO |
| 1.2699 | 1 | 1.2699 | 1.2699 |

**Tasa de Fondos Fed:** Véase: Tasa de Fondos Federal.

**Tasa de Fondos Federal:** la tasa en la cual los fondos son prestados entre las instituciones depositarias de la Reserva Federal de un día para el otro. A menudo denominado tasa de fondos Fed.

**Tasa de Interés Sensitiva:** tendencia de un producto, servicio, empresa o inversión a ser fácilmente afectada por un cambio en las tasas de interés. Por ejemplo, la demanda de artículos caros que los consumidores suelen comprar a crédito a menudo disminuye cuando las tasas de interés aumentan, pero estas aumentan en gran medida cuando las tasas de interés bajan. De la misma forma, el precio de las acciones, los bonos, y la mercadería a menudo reaccionan a los cambios pequeños de tasa de interés.

**Tasa de Préstamo a la Demanda:** la tasa de interés cobrada por el prestamista por el préstamo a la demanda. Una empresa de corretaje paga la tasa del préstamo a la demanda con dinero que toma prestado de un banco para prestarles a sus titulares de cuenta como margen. Un inversor paga la tasa de préstamo a la demanda cuando el o ella toma dinero prestado de una empresa de corretaje para hacer inversiones de margen respaldados. La tasa de préstamo a la demanda comúnmente van a la par de las tasas de interés a corto plazo más uno ó dos puntos de porcentaje.

**Teoría de Mercado Eficiente:** principio económico que sostiene que el precio de mercado de un valor o mercadería refleja su valor intrínsico. En otras palabras, la teoría de mercado eficiente supone que el precio de venta de una acción, por ejemplo, es establecido por el balance entre la oferta y la demanda, lo cual a su vez ha sido influenciado al tomar en cuenta todo lo bueno y lo malo conocido acerca de la empresa y sus productos.

**Tasa de Oferta del Interbanco de Londres (LIBID):** taza de interés actual que paga un banco de Londres para atrae depósitos de otros bancos.

**Tasa Ofrecida de Interbanco de Londres (BBA LIBOR):** tasa de interés que ciertos bancos de Londres están dispuestos a pagar para atraer la moneda estadounidense.

**Tasa Lombarda:** taza de interés cobrada por el banco central de Alemania para préstamos en un valor colateralizado.

**Tasa Preferencial:** tasa de interés más baja que cobra un banco por prestar dinero. La tasa prima está reservada para los clientes más confiables, quines comúnmente son grandes, están bien establecidos, y son empresas finalcialmente estables.

**Términos de Cotización Estadounidenses:** método de tasación de la tasa de cambio extranjera como los dólares estadounidenses por una unidad de otra moneda. Véase: cotización de la moneda norteamericana.

**Términos de Cotización Europea:** método de cotización de la tasa de cambio extranjera de una moneda en términos de moneda extranjera por un dólar estadounidense. Comparar con cotización de moneda Norteamérica; términos de cotización norteamericana.

**Unidad Monetaria Europea (ECU):** una unidad contable basada en una canasta representativa de unidades de moneda de los estados asociados a la Unión Europea. La adopción del Euro dejo al ECU sin efecto.

**Vale:** crédito o constancia escrita emitido en forma privada como por ejemplo un IOU que puede ser pagado solo por el emisor. Las millas de vuelo y el voucher que frecuentemente ofrece un local de video por el alquiler de una película gratis son ejemplos de vale.

**Velocidad:** medida de fuerza económica que estima el número de veces que un dólar individual cambia de dueño en un determinado periodo dado. Se calcula al dividir el Producto Nacional Bruto (GDP) por el suministro de dinero. La Velocidad es una herramienta que utiliza el Comité de Mercado Libre de la Reserva Federal para manejar la política monetaria.

**Yen Japonés (JPY o ¥):** unidad monetaria de Japón.

**Yuan Chino (CNY ó ¥):** unidad monetaria de la Republica de China.

# Indicadores Económicos: Medición de los Ciclos Económicos

**INDICADORES ECONÓMICOS PRINCIPALES (LEI):** índice mixto de diez indicadores económicos subyacentes que se utilizan juntos e individualmente para pronosticar un cambio en el ciclo económico.

**Balanza Comercial:** informe mensual que registra el comercio internacional en bienes y servicios por categoría de producto y país. El informe es publicado por la Oficina de Censo y la Oficina de Anales Económico alrededor del día 10 de cada mes y refleja la balanza comercial del periodo informado que finaliza con dos mese de anterioridad. La información sobre el balance comercial esta disponible en una variedad de sitios Web financieros y en **www.census.gov.**

**Balanza de Pagos (BOP):** informe trimestral sobre comercio internacional que registra los pagos en efectivo que entran y salen del país. Estos flujos de caja son generados por las importaciones, las exportaciones, y la transferencia de bienes financieros. El Balance de Pagos para el trimestre anterior es publicado por la Oficina de Análisis Económico alrededor de la segunda semana de marzo, junio, septiembre, y diciembre. Véase: Cuenta Corriente; Cuenta Capital; Reservas extranjeras; Petrodólares.

## UNA MIRADA MÁS CERCANA DEL BALANCE DE PAGOS (BOP)

El BOP es una indicación del bienestar y la estabilidad económica de un país porque un balance neto positivo indica fuerte inversión de fuentes extranjeras. Por el contrario, un balance negativo indica que los inversores ver más oportunidades en mercados extranjeros.

El informe está dividido en tres secciones:

- Valores en Dólar de mercaderías y servicios comercializados en el mercado internacional y pagos unilaterales en forma de donaciones y ayudas extranjeras.

- El valor estimado de los Estados Unidos – bienes propias en el exterior versus bienes propios del extranjero en los Estados Unidos.

- Reservas Extranjeras de oro, tipos de cambio extranjeros, Reservas de Defensa Estratégicas, y las reservas del Fondo Monetario Internacional. (IMF)

**Bienes Duraderos:** productos que se espera que duren más de tres años.

**Bienes No Duraderos:** productos que se esperan que duren menos de tres años.

**Comienzo de vivienda:** informe mensual que registra el comienzo de la construcción en nuevas unidades de viviendas residenciales por región geográfica. El número de comienzos de vivienda es fuertemente influenciado por las tas tasas de interés y puede ser altamente volátil a causa de desastres naturales y climáticos, pero es una reflexión de crecimiento económico. El informe sobre los comienzos de vivienda para el mes anterior es publicado entre los días 16 y 20 de cada mes La Oficina de Censo que está disponible en la Web en **www. census.gov.**

**Confianza del Consumidor:** indicador económico que mide como los consumidores interpretan el ambiente económico actual y sus expectativas para el futuro. Un declive en las expectativas del consumidor puede ser un gran indicador de disminución en la actividad económica. El informe sobre la Confianza del Consumidor es producto de la Junta de Conferencia y está basado en una encuesta mensual a 5000 familias. Es un informe económico puntual ya que la información publicada el último martes de cada mes está basada en la encuesta mensual actual.

**Crédito al consumidor:** informe mensual que muestra el índice de cambio en los gastos de los consumidores a base de crédito. Refleja el índice de cambio ajustado anual y estacionalmente para las deudas refinanciables (tarjetas de crédito) y no refinanciables (prestamos para automotores y educación), excluyendo prestamos inmobiliarios asegurados. El informe sobre el Crédito al Consumidor es de interés limitado para inversores ya que mucha de la información en él golpea los mercados de otras fuentes antes de que la información de los dos periodos anteriores sea publicada por la Reserva Federal en el quinto día hábil de cada mes.

**Déficit de Comercio Internacional:** informe mensual que registra la cantidad por la cual las importaciones estadounidenses exceden las exportaciones estadounidenses. Los factores claven que influyen en el déficit comercial incluyen la fortaleza del Dólar estadounidense, lo cual determina si los productos hechos en EE.UU. pueden competir en el mercado internacional, las operaciones de producción estadounidense costa afuera y las importaciones estadounidense de petróleo extranjero. Los déficit comerciales mantenidos se deben a un flujo del dólar estadounidense a mercados extranjeros. El informe es emitido por la Oficina de Censo estadounidense. Está disponible en algunos sitios Web de información financiera y en **www.census.gov**. Véase: Eurodólar; Petrodólar.

**Déficit de Cuenta Corriente:** Véase: Balance de Pagos (BOP).

**Deflactor Cadena:** indicador económico utilizado para registrar los precios de productos de consumo. A diferencia del Índice de Precio de Consumo (CPI), la canasta de productos encuestada para calcular el Deflactor Cadena cambia periódicamente junto con los hábitos de compra del consumidor. Puede ser altamente volátil de mes a mes. Los inversores y economistas buscan signos de inflación al observar la tendencia de un trimestre. El Deflactor Cadena es un componente del informe del Producto Interno Bruto (GDP) , el cual es publicado en la última semana de cada mes por la Oficina de Análisis Económico.Es anunciado en varios noticieros financieros y en sitios Web de investigación y está disponible en el sitio Web de BEA en **www.bea.gov**.

**Embarque de los Productores, Inventarios y Órdenes (M3):** Véase: Pedidos de Bienes Duraderos.

**Encuesta a Consumidores de la Universidad de Michigan:** encuesta mensual de 500 familias para determinar el presentimiento del consumidor acerca de las condiciones económicas actuales y expectativas financieras para el futuro. Al igual que el Informe de Confianza del Consumidor de la Junta de Conferencia, el mercado mira las indicaciones de presentimiento del consumidor debilitantes como precursor de la reducción de la demanda del consumidor. Un informe preliminar es publicado por la Universidad de Michigan el segundo viernes de cada mes, seguido de un informe revisado el cuarto viernes. También conocido como Índice del Presentimiento del Consumidor, el informe esta disponible en una variedad de sitios Web sobre información financiera y en **www.sca.isr. umich.edu**.

**Ganancias Promedio por Hora:** informe mensual sobre las ganancias promedio por hora de la nómina de pago del mes anterior para producción y trabajadores de supervisión no agrícola. La información es parte del Informe de Empleo que es publicado por la Oficina de Estadísticas Laborales el primer viernes de cada mes. El informe está disponible en algunos sitios Web de información financiera y en **www.bls.gov**. Ver Semana Laboral Promedio: nóminas de Pago totales no agrícolas; Tasa de Desempleo.

**Gasto Personal:** Ver Gastos de Consumo Personal.

**Gastos de Consumo Personal (PCE):** componente del Informe de Ingresos Personales mensual. El PCE mide la inflación registrando los cambios en los precios. A diferencia del Índice de Precio de Consumo, el cual utiliza una canasta fija de bienes y servicios, el PCE cambia junto con los hábitos de gasto del consumidor. El PCE es publicado por la Oficina de Análisis Económico cerca del primer día hábil de cada mes por un periodo que finaliza con dos meses de anterioridad. Compara con Índice de Precio de Consumo. El informe PCE está disponible en **http:/www.economisindicators.gov.**

**Indicador PPI (core):** subconjunto del total de Índice de Precio de Productor (PPI) que excluye los precios de alimentos y energía altamente volátiles. La información de IPP preliminar y una revisión final de los primeros cuatro meses son publicadas por la Oficina de Estadísticas de trabajo durante la segunda semana de cada mes. Comparar con Índice de Precio de Consume (CPI); Proyección Anual en la Inflación Subyacente; Índice de Precio de Productor (PPI).

**Indicadores Económicos Principales (LEI):** índice compuesto de 10 indicadores económicos subyacentes utilizados individualmente o juntos para pronosticar un cambio en el ciclo económico. El informe es publicado por la Junta de Conferencia alrededor del día 20 de cada mes. El índice de indicadores principal está disponible en varios sitios Web sobre información financiera y en **www.conference-board.org.**

## UNA MIRADA MÁS CERCANA DEL ÍNDICE COMPUESTO DE INDICADORES PRINCIPALES

- Semana de trabajo Promedio para Trabajadores de Producción.
- Informes de Reclamos Semanales de Seguro de Desempleo.
- Pedidos de Fábrica.
- Desempeño del Vendedor (Velocidad de la Entrega; Nueva Mercadería del índice ISM)
- Bienes Duraderos (sin-defensa)
- Permisos de Construcción.
- S&P 500
- M2 Suministro de Dinero
- Bono de Tesorería a 10 años menos Interés de Fondos Fed
- Presentimiento del Consumidor

**Índice de Precio de Consumo (CPI):** indicador económico que mide la tasa de inflación registrando el costo fijo de mercado de una canasta de productos y servicios para consumidores urbanos. El Índice de Precio de Consume es anunciado como un número total y como el principal CPI, en cual excluye los precios altamente volátiles de alimentos y energía. El CPI es utilizado como base para ajustes beneficiarios en programas de autorización del gobierno, como por ejemplo Seguridad Social, y para asignaciones de costo de vida (COLAS) para organizaciones del sector privado. A diferencia del Deflactor Cadena, la canasta de mercado no cambia con los hábitos de gastos del consumidor. Es publicada por la Oficina de Estrategias del Trabajo alrededor de mediados de cada mes. Comparar con Indicador PPI (core); Gastos de Consumo Personal (PCE); Índice de Precio del Productor (PPI).

**Índice:** método de medición de un segmento de la economía al registrar cambios en información representativa. Véase: Índice de Precio de Consumo; Índice de Costo de Empleo; índice de Precio de Exportación; Índice de Precio de Importación; índice de ayuda requerida; Índice de ISM; Índice de indicador Principal; Índice de Precio de Productor; Índice de Presentimiento del Consumidor.

**Informe de Empleo:** informe sobre las múltiples medidas del estado de empleo en los Estados Unidos, incluyendo el total de las nominas de pago no agrícola, tasa de desempleo, ganancias promedio por hora, y semana laboral promedio. La información del periodo de encuesta que finaliza el día 12 del mes anterior es publicada por la Oficina de Estadísticas de Trabajo el primer viernes de cada mes. También conocido como Informe de Situación de Empleo o simplemente Informe de Nómina de Pagos No Agrícolas, el informe de empleo disponible en algunos sitios Web sobre información financiera y en **www.bls.gov**.

## UNA MIRADA MÁS CERCANA DEL INFORME MENSUAL DE EMPLEO

Este informe mensual está basado en dos encuestas que producen cuatro medidas primarias de las fuerzas de oferta y demanda dentro del mercado de trabajo:

La Encuesta de Población Actual (CPS) encuesta aproximadamente 60.000 familias.

- Tasa de Desempleo: porcentaje de individuos que están sin trabajo, pero están buscándolo.

La Encuesta de Establecimiento: examina los registros de la nómina de pago de alrededor de 160.000 negocios y agencias de gobierno (una muestra que cubre aproximadamente un tercio de todos los trabajadores no agrícolas de la nómina de pago).

- Nóminas de Pago No Agrícola: número total de trabajos no agrícolas agregados a la economía.

- Semana Laboral Promedio: número promedio de horas trabajadas por semana por producción o trabajadores no supervisores de trabajos no agrícolas.

- Ganancia Promedio: ganancias promedio semanales para producción o trabajadores no supervisores de puestos de no agrícolas.

Fuente: Oficina de Estadísticas de Trabajo estadounidense.

**Informe de Situación de Empleo:** Véase: Informe de Empleo.

**Ingresos Personales:** informe mensual que registra ingresos de todas las fuentes (jornales, salarios, e ingresos de inversiones). El informe es publicado por la Oficina de Análisis Económico alrededor del primer día hábil de cada mes por un periodo que finaliza con dos meses de anterioridad. La información sobre Ingresos Personales está disponible en **http:/www.economisindicators.gov**. Véase: Gastos de Consumo Personal (PCE).

**Inventarios Mayorista:** informe mensual emitido, por la Oficina de Censo estadounidense que registra los cambios en las ventas mayoristas y niveles de inventario. De los dos números, el número del inventario mayorista es el más significativo porque los niveles altos de inventario pueden reflejar reducción de demanda y traducirse en producción de fabricación reducida, lo cual a su vez puede afectar el Producto Interno Bruto (GDP). La importancia del informe está reducida, sin embargo, ta que cubre un periodo de informe con dos meses de anterioridad. La información es publicada alrededor del día 10 de cada mes y está disponible en una variedad de sitios Web sobre información financiera y en **www.census.gov**.

**ISM Informe de Producción sobre Negocios:** informe mensual basado en una encuesta nacional de gerentes de compras que registra los cambios mes a mes de nuevo pedidos, producción, empleo, entrega de proveedor e inventarios para el sector productor. El Índice de Gerente de Compras resultante (PMI) establece el punto neutral en 50 por ciento. Cualquier punto por arriba de ese número representa crecimiento y cualquier punto por debajo de él representa un declive en el índice. El informe es publicado el primer día del mes y está basado en información del mes anterior, convirtiéndolo en la primera información de producción comprensible disponible cada mes. El informe ISM sobre producción está disponible en algunos sitios Web sobre información financiera y en **www.ism.ws**.

**Libro Beige:** informe publicado por la Reserva Federal que resume las condiciones económicas basadas en información estadística y económica. La información utilizada para crear el Libro Beige es subscripta por cada uno de los presidentes de los doce Bancos de la Reserva Federal y es informada por cada distrito y sector comercial. Cada presidente del Banco de la Reserva Federal tiene turnos para producir un resumen completo que se incluye en el informe, publicado ocho veces al año. El Libro Beige es uno de los indicadores de mercado más anticipados y escrutinizados porque anuncia un cambio en la política monetaria. Disponible en la Web en **www.federalreserve.com.**

**Nominas de pago Total** No Agrícola: informe mensual sobre el número de trabajadores estadounidenses empleados en trabajos no agrícolas. La información es parte del Informe de Empleo que es publicado por la Oficina de estadísticas de Trabajo el primer viernes de cada mes. El informe está disponible en algunos sitios Web sobre información financiera y en **www.bls.gov**. Ver Ganancias Promedio por Hora; Semana Promedio de Trabajo; Tasa de Desempleo.

**Pedidos de Bienes Duraderos:** informe económico mensual que mide los gastos en productos duraderos (articulaos que se espera que duren por tres o más años) dentro de las industrias de producción y de las mineras. El informe divide los números por empresa, posibilitando aislar e identificar la volatilidad asociada con un solo sector. SE piensa que la fortaleza o debilidad en las órdenes de bienes duraderos es un indicador líder para la demanda de producción y los cambios en el ciclo económico. La información del mes anterior sobre Pedidos de Bienes Duraderos es publicada por la Oficina de Censo estadounidense alrededor del día 26 de cada mes. El nombre oficial del informe es el Embarque del Productor, Inventarios y Pedidos (M3) y está disponible en la Web en **www.census.gov/indicator/www/m3.**

| UNA MIRADA MÁS CERCANA DE LOS BIENES DURADEROS: ¿QUÉ SON? | | | |
|---|---|---|---|
| Bebidas Alcohólicas | Drogas | Revistas | Petróleo |
| Vestimenta | Productos de granja | Diarios | y productos |
| Libros | Flores | Productos para niños | petroleros |
| Químicos | Calzado | Papel y productos en | Textiles y |
| y productos | Verdulería | papel | productos |
| químicos | | | textiles |
| Productos de tabaco | | | |

**Pedidos de Fábrica:** informe mensual que incluye información sobre pedidos de bienes duraderos, bienes no duraderos (productos que se espera que duren menos de tres años), e inventarios de fábrica. De los tres componentes de este informe, un cambio en la demanda de bienes duraderos sería de gran interés para los economistas e inversores. La importancia del informe, sin embargo, es mínima porque para cuando el informe sobre los pedidos de fábrica sale a la calle, el mercado ya ha tenido dos semanas para absorber prácticamente la misma información del informe separado sobre Órdenes de Bienes Duraderos. El informe sobre los pedidos de fábrica es publicado por la Oficina de Censo Estadounidense dentro de los primeros días de cada mes y está disponible en Internet en **www.census.gov/ftp/pub/indicator/www./m3/index.htm.**

**Permisos de Construcción:** informe mensual sobre el número de permisos de construcción residenciales emitidos en los Estados Unidos durante el mes previo. El informe está dividido en regiones geográficas y luego por unidades simples o multi- familiar. Los inversores comúnmente interpretan el crecimiento constante en el número de permisos de construcción como indicador de que los estadounidenses tienen confianza en la economía y sus posiciones financieras personales. De la misma forma, observan las tendencias mes a mes y año a año por cualquier indicación de debilidad que podría sugerir una reducción del consumo por parte de los consumidores. El informe sobre los permisos de construcción es publicado por la Oficina de Censo a mediados de cada mes y es anunciada en varios noticieros financieros y sitios Web de investigación. También está disponible en el sitio Web de la Oficina de Censo en **www. census.gov**. Véase: Comienzos de Viviendas.

**Precio Índice del Productor (PPI):** indicador económico quien registra el aumento y la caída de precios a nivel mayorista. Es anunciado como un número total y al igual que el Core PPI, el cual excluye los precios altamente volátiles de alimentos y energía. La información de PPI preliminar y una revisión final de los cuatro meses anteriores son publicadas por la Oficina de Estadísticas de Trabajo durante ola segunda semana de cada mes. Comparar con Índice de Precio reconsumo.

**Precios de Exportación/Importación:** informe mensual que mide las presiones inflacionarias creadas por las tasas de cambio extranjeras y la demanda internacional de productos estadounidenses. Cuando el dólar estadounidense es fuerte contra las monedas extranjeras, los consumidores extranjeros se ven forzados a gastar más de su moneda para comprar productos y servicios estadounidenses, de esta forma reprimiendo la demanda. Por el contrario, un dólar estadounidense más débil le da a los mercados extranjeros más poder de adquisición de productos estadounidenses, pero hace que los productos importados sean más caros para los consumidores estadounidenses. La información de precio de importaciones/exportaciones para el mes anterior es publicada por la Oficina de Trabajo durante la segunda semana de cada me y está disponible en la Web **www.bls.gov**.

**Presentimiento del Consumidor:** Véase: Índice de la Encuesta de Consumidores de la Universidad de Michigan.

**Presupuesto de Tesorería:** informe del Departamento de Tesorería estadounidense que registra las ganancias y los gastos federales. Los balanceos de mes a mes altamente volátiles en ambos los ingresos y las columnas de gasto de este informe hacen que sea útil para las comparaciones de año a año.

La información, La Declaración de Tesorería Mensual, son publicadas durante la tercera semana de cada mes y cubren el presupuesto de Tesorería del mes anterior. Está disponible en algunos sitios Web financieros y en **www.fms.treas. gov/mts/inddex.html.**

**Producción Industrial:** informe mensual que registra el total de rendimiento las fábricas de las naciones, las minas y los servicios públicos. La Reserva Federal publica el informe de producción industrial del mes anterior alrededor del día 15 de cada mes. La información está disponible en algunos sitios Web sobre información financiera y en **www.federalreserve.gov.**

**Producto Interno Bruto (GDP):** valor total de dólar de los bienes y servicios producidos en un país. Los economistas consideran los aumentos y las bajas en GDP como la mejor indicación total acerca de si una economía se está expandiendo o reduciendo y en qué índice. La Oficina de Análisis Económicos publica las cifras la última semana de cada mes. La información está disponible en la Web **www.commerce.gov.**

## UNA MIRADA MÁS CERCANA DEL PRODUCTO INTERNO BRUTO (GDP)

Todos, desde los que crean la política federal, las salas de junta corporativa e inversores hasta los profesionales de inversión observan los números del GDP muy de cerca en busca de indicaciones de un cambio en la tendencia económica. Un aumento en el GDP indica una demanda de bienes y servicios en aumento, dando buen cuerpo al negocio y a los precios de acciones.

## UNA MIRADA MÁS CERCANA DEL PRODUCTO INTERNO BRUTO GDP

Por el contrario, un declive en el GDP significa que el consumo de productos estadounidenses ya sea localmente o en el exterior está disminuyendo. Varios meses de crecimiento negativo (declive) en el GDP generalmente es considerado como una confirmación del comienzo de una recesión.

**Componentes de GDP:**

| | | |
|---|---|---|
| Alimento y bebidas | Obra Social | Índices especiales |
| Viviendas | Recreación | Alimento |
| Vestimenta | Educación Comunicación | Energía |
| Transporte | Otros bienes y servicios | |

**Proyección Anual en la Inflación Subyacente:** subconjunto del total de Índice de Precio de Consumo (CPI) que excluye los precios de productos y servicios altamente volátiles. Es publicada por la Oficina de Estadísticas de Trabajo alrededor de mediados de cada mes. Comparar con Gastos de Consumo Personal (PCE); Proyección Anual en la Inflación Subyacente; Índice de Precio de Productor (PPI).

**Reclamos Iniciales:** informe semanal sobre el número de solicitudes de compensación de desempleo por primera vez. El informe, cuyo título oficial es Informe de Reclamo Semanal de Seguro de Empleo, es publicado cada mañana de jueves por la Oficina de Estadísticas de Trabajo. La información está disponible en algunos sitios Web de información financiera y en **www.bls. gov**.

**Semana Laboral Promedio:** informe mensual sobre el número de horas promedio trabajadas por empleados de producción o de supervisión en trabajos no agrícolas. La información es parte del Informe de Empleo que es publicado por la Oficina del Trabajo en primer viernes de cada mes. El informe está disponible en algunos sitios Web y en **www.bls.gov**. Ver Ganancias Promedio por Hora; Nomina de Pago Total No Agrícola; Tasa de Desempleo.

**Sentimiento Michigan:** Véase: Encuesta de Consumidores de la Universidad de Michigan.

**Tasa de Desempleo:** informe mensual sobe el número de trabajadores que actualmente está buscando pero no pueden asegurarse un empleo. La información es parte del Informe de Empleo que es publicado por la Oficina Estadísticas de Trabajo el primer viernes de cada mes. El informe está disponible en algunos sitos Web sobre información financiera y en www.bls.gov. Véase: Ganancias Promedio por Hora; Semana de Trabajo Promedio; Nominas de Pago Totales de No Agrícolas.

**Utilización de Capacidad:** informe mensual que mide el exceso de capacidad de producción de los Estados Unidos. Algunos economistas creen que la producción total que excede el 85 por ciento de la capacidad industrial produce presiones inflacionarias en la economía. La Utilización de Capacidad es un componente de un informe conjunto que también incluye la producción industrial. El informe es publicado por la Reserva Federal alrededor del 15 de cada mes y está basado en información recolectada del mes anterior.

**Ventas de Auto y Camiones:** informe de ventas publicado por cada productor automovilista estadounidense durante la primera semana de cada mes. Los números del informe representan las unidades vendidas y se ajustan por variaciones estacionales, permitiéndoles ser examinadas meas a mes y año a año. Debido a que las ventas de autos y camiones implica productos caros y suelen ser sensitivos a la tasa de interés, los números pueden brindar una mirada profunda en el comportamiento de consumo actual y en su impacto potencial en la economía en los meses futuros. Véase: Ajuste Estacional; Indicador Principal.

**Ventas de Viviendas Existentes:** informe mensual de la Asociación Nacional de Agentes inmobiliarios que registran la venta de viviendas existentes, utilizadas para medir la demanda de vivienda del mercado. Las ventas de viviendas robustas significan crecimiento económico y un consumidor optimista. La información para ventas durante el mes previo es publicada alrededor del día 25 de cada mes. La información está disponible en la Web en **www.realtor.org**. Comparar con Ventas de Viviendas Nuevas.

**Ventas Minoristas:** informe mensual que mide la demanda de consumo registrando el total de servicios no recibidos de negocios minoristas. La información de venta minorista para el mes anterior es publicada por la Oficina de Censo estadounidense alrededor del día 13 de cada mes. La información está disponible en varios sitios Web sobre información financiera y en **www. census.gov**.

Tabla 2. Reporte del Calendario Económico.

| UNA MIRADA CERCANA EN EL CALENDARIO DEL INFORME ECONÓMICO | | | | | |
|---|---|---|---|---|---|
| **Nombre Común** | **Nombre Oficial** | **Programa Publicado** | | | **Información de fuente** |
| | | **Ciclos** | **Día / Fecha** | **Hora** | |
| Ventas de Autos | Ventas de Autos | Mensual | +/- 3 ero. | varias | Cables de informatión |
| Ganancias por hora Promedio | Ganancias por hora y mensuales promedio | Mensual | 1 ro. Viernes | 8:30 AM | **http://stats.bls. gov** |
| Semana laboral Promedio | Producción mensual de horas Promedio | Mensual | 1 ro. Viernes | 8:30 AM | **stats.bls.gov** |

## UNA MIRADA CERCANA EN EL CALENDARIO DEL INFORME ECONÓMICO

| Nombre Común | Nombre Oficial | Programa Publicado | | | Información de fuente |
|---|---|---|---|---|---|
| | | Ciclos | Día / Fecha | Hora | |
| Libro Beige | Comentario resumido sobe las condiciones económicas | Otros | Cada seis semanas | 2.00 PM | www. federalreserve. gov |
| Permisos de Construcción | Permisos de construcción | Mensual | +/- 15 | 8:30 AM | www.census. gov |
| Inventarios Comerciales | Ventas Totales | Mensual | +/- 15 | 10.00 AM | www.census. gov |
| Utilización de la capacidad | utilización de la capacidad | Mensual | +/- 15 | 8:30 AM | www. federalreserve. gov |
| Chicago PMI | Barómetro Comercial de Chicago | Mensual | Último día comercial | 10.00 AM | www.napm-chicago.org |
| Gastos de construcción | Gastos de construcción | Mensual | Primer día comercial | 10.00 AM | www.census. gov |
| Confianza del consumidor | Índice de confianza del consumidor | Mensual | Último Martes | 10.00 AM | www. conference-board.org |

## UNA MIRADA CERCANA EN EL CALENDARIO DEL INFORME ECONÓMICO

| Crédito del Consumidor | Crédito del Consumidor | Mensual | 5to. Día comerc | 8.30 AM | www. federalreserve. gov |
|---|---|---|---|---|---|
| CPI (Core) | Índice del precio del consumidor - Ex alimento y energía | Mensual | +/- 15 | 8.30 AM | stats.bls.gov |
| CPI (Core) | CPI Principal | Mensual | 2da. Semana | 8.30 AM | stats.bls.gov |

| UNA MIRADA CERCANA EN EL CALENDARIO DEL INFORME ECONÓMICO | | | | | |
|---|---|---|---|---|---|
| Ganancias de la Corporación | Ganancias de la Corporación | Quincenal | Última semana de marzo, junio, septiembre y diciembre | 8.30 AM | stats.bls.gov |
| CPI | Índice del precio del consumidor | Mensual | +/- 15 día | 8.30 AM | stats.bls.gov |
| Balance de Pagos (Déficit de la cuenta corriente) | U.S. Internacional Transacciones (balance de pagos) | Quincenal | +/- 15 día de marzo, junio, septiembre, y diciembre | 8.30 AM | www.bea.gov |
| Pedido de mercaderías duraderas | Productores: pedidos de embarcación e inventarios | Mensual | 3ra. semana | 8.30 AM | www.census.gov |
| Índice de Costo de Empleo | Índice de Costo de Empleo | Mensual | Última semana de enero, abril, julio, y octubre | 8.30 AM | stats.bls.gov |
| Ventas de viviendas existentes | Ventas de viviendas existentes | mensual | +/- 25 | 8.30 Am | www.realtor.org |
| Índice de precios de exportación e importación | U.S. Índice de precios de exportación e importación | Mensual | 2da. semana | 8.30 AM | stats.bls.gov |

| UNA MIRADA CERCANA EN EL CALENDARIO DEL INFORME ECONÓMICO | | | | | |
|---|---|---|---|---|---|
| Pedidos de Fábrica | Productores: pedidos de embarcación e inventarios | Mensual | 1era. semana | 8.30 AM | www.census.gov |

## UNA MIRADA CERCANA EN EL CALENDARIO DEL INFORME ECONÓMICO

| | | | | | |
|---|---|---|---|---|---|
| Deflactor Cadena (GDP Deflactor) | Deflactor de precio implícito para el GDP | Mensual | Última Semana | 8.30 AM | **www.bea. gov** |
| Producto Interno Bruto | Producto Interno Bruto | Mensual | Última Semana | 8.30 AM | **www.bea. gov/bea/ newsrel** |
| Índice de ayuda requerida | Series de información en Internet de la Junta de Conferencia de Ayuda Requerida | Mensual | +/- 27 | 8.30 AM | **www. conference- board.org** |
| Construcciones de Viviendas | nueva Construcción Residencial | Mensual | +/- 15 | 8.30 Am | **www. census.gov** |
| Vacantes de Viviendas | Vacantes de Viviendas y Propiedad de Vivienda | Trimestral | Última semana de enero, abril, julio, y octubre | 8.30 AM | **www. census.gov** |
| Producción Industrial | Producción Industrial | Mensual | +/- 15 | 8.30 AM | **www. federalr eserve.gov** |
| Reclamos Iniciales | Seguro de desempleo. Informe semanal de Reclamos | Semanal | Cada jueves | 10.00 AM | **www.dol. gov** |
| Índice ISM | ISM Informe de Producción sobre negocios (producción ROB) | Mensual | 1 er. Día comercial | 10.00 AM | **www.ism. ws** |

## UNA MIRADA CERCANA EN EL CALENDARIO DEL INFORME ECONÓMICO

| Servicios ISM | ISM Informe de no-producción sobre negocios | Mensual | 3era. Día comercial | 10.00 AM | www.ism.ws |
| Indicadores Principales | Indicadores Económicos Principales (LEI) | Mensual | 3era. semana | 10.00 AM | www.conference-board.org |

## UNA MIRADA CERCANA EN EL CALENDARIO DEL INFORME ECONÓMICO

| Sentimiento Michigan: Preliminar | Índice del Sentimiento del Consumidor (también Encuestas de Consumidores de la Universidad de Michigan) | Mensual | 2do. viernes | 9.45 Am | www.sca.isr.umich.edu |
| Sentimiento Michigan: Revisado | Medidas de acciones de dinero | Mensual | 4to. viernes | 9.45 AM | www.sca.isr.umich.edu |
| Suministro de dinero | ventas Residenciales Neuvas | Semanal | Cada jueves | varias | www.federal reserve.gov |
| Ventas de Viviendas Nuevas | Empleo no agrícola | Mensual | Última semana | 10.00 Am | www.census.gov |
| Informe de Empleo (nominas de pago no agrícolas) | Encuesta de producción de Empire State | Mensual | 1 er. viernes | 8.30 AM | www.stats.bls.gov |
| Empire State NY | Ganancia personal y gastos | Mensual | 3er. Lunes | 8.30 AM | www.ny.frb.org |

## UNA MIRADA CERCANA EN EL CALENDARIO DEL INFORME ECONÓMICO

| | | | | | |
|---|---|---|---|---|---|
| Ingresos Personal | Informe semanal del estado de Petróleo | mensual | 1er día hábil | 8.30 Am | **www. economic indicator. gov** |
| Gastos de Consumo Personal (PCE) (Gastos personales) | Ingresos personales y gastos | Mensual | 1 día hábil | 8.30 AM | **www. economic indicator. gov** |
| Inventarios Petroleros | Informe semanal del estado petrolero | Semanal | miércoles | 10:30 | **www.eia. doe.gov** |
| Philadelphia Fed | Indicadores Principales para PA, NJ, y DE | mensual | 3er jueves | 8:30 Am | **phil.frb.org** |

## UNA MIRADA CERCANA DEL INFORME DEL CALENDARIO ECONÓMICO

| | | | | | |
|---|---|---|---|---|---|
| PPI | Índice de Precio al Productor | Mensual | 2da semana | 8:30 AM | **stats.bls. gov** |
| Productividad Preliminar | Productividad y Costos Preliminar | trimestral | 1 era semana de 2do mes del trimestre | 8:30 Am | **stats.bls. gov** |
| Encuesta de Servicios Trimestral | Encuesta de Servicios Trimestral | Trimestral | +/- 15 de marzo, junio, septiembre, diciembre | 10:00 Am | **www. census.gov** |
| Ventas Minoristas | Ventas Minoristas Mensuales Avanzadas | Mensual | +/0 13 ro | 8:30 AM | **www. census.gov** |
| Ventas Minoristas: Ex Auto | Ventas Minoristas Mensuales Avanzadas | Mensual | +/- 13ro | 8:30 | **www. census.gov** |

| UNA MIRADA CERCANA DEL INFORME DEL CALENDARIO ECONÓMICO | | | | | |
|---|---|---|---|---|---|
| Balanza Comercial | Comercio Internacional Estadounidense en Bienes y servicios | Mensual | +/- 10mo | 8:30 AM | **www.census.gov** |
| Presupuesto de Tesorería | Declaración Tesorera Mensual | Mensual | 3era semana | Varía | **fms.treas.gov** |
| Ventas de Camiones | Ventas de Camiones | Mensual | +/- 3ero | Varía | **Newswires** |
| Tasa de Desempleo | Tasa de Desempleo | Mensual | 1er viernes | 8:30 Am | **stas.bls.gov** |
| Inventarios Mayoristas | Inventarios Mayoristas Mensuales | Mensual | +/- 10mo | 10:00 AM | **www.census.gov** |

Capítulo

11

# Lo Largo y lo Corto de las Tendencias, los Ciclos, y las Crisis Financieras: Movimiento de Mercado e Índices

CICLO DE MERCADO: fluctuaciones de precio a más largo plazo en un índice de mercado más amplio, incluyendo una tendencia alcista completa y una tendencia bajista completa. Un ciclo de mercado se mide desde la baja más baja o desde la alta más alta por un determinado tiempo y se considera finalizado cuando los precios del índice enfocan al punto de partida.

**Breve Cobertura:** aumento a corto plazo en el precio comercial de un valor o del contrato de futuros debido a los vendedores cortos que compran sus salidas de sus posiciones.

**Burbuja:** condición del mercado en la que los precios de las acciones aumentan rápidamente a niveles que no se pueden justificar a través de análisis financieros o de negocios. Una burbuja puede ocurrir dentro de una industria individual, sector, o dentro del mercado más amplio. Véase Corrección; Teoría del Mercado Eficiente; Análisis Fundamental; Precio a la Tasa de Ganancias (P/E o PE).

## UNA MIRADA MÁS CERCANA A LAS BURBUJAS DEL MERCADO

La Teoría del Mercado Eficiente sugiere que con el tiempo cada burbuja.

perderá aire y los precios bajarán a un nivel que reflejará el valor subyacente de la empresa o empresas, en el caso de una burbuja en el mercado más amplio.

La dificultad con las burbujas es lo que el ex presidente de la Reserva Federal, Alan Greenspan, llamó "exuberancia irracional", cuando se refirió al Tech Bubble de finales de los años 1990. Ya se trate de una burbuja en el mercado de valores o en el mercado inmobiliario o en cualquier otro mercado, los precios aumentan

## UNA MIRADA MÁS CERCANA A LAS BURBUJAS DEL MERCADO

porque los inversionistas están comprando en el mercado todo el tiempo. Tarde o temprano los últimos inversionistas que se unan se encontrarán con una verdadera sorpresa cuando el globo pierda su aire y la eficiencia vuelva al mercado.

Si la consiguiente disminución es gradual, como un globo que lo dejan después de una fiesta, o un estallido repentino causado por un pinchazo con un alfiler determinará cuán traumático será el movimiento para los inversores individuales, el mercado, y la economía en su totalidad.

**Caída:** leve descenso en el precio de un valor o del mercado más amplio.

**Ciclo De Mercado:** fluctuaciones de precio a más largo plazo en un índice de mercado más amplio, incluyendo una tendencia alcista completa y una tendencia bajista completa. Un ciclo de mercado se mide desde la baja más baja o desde la alta más alta por un determinado tiempo y se considera finalizado cuando los precios del índice enfocan al punto de partida. Véase Tendencia del Mercado.

## FIGURA 1 CICLO DE MERCADO

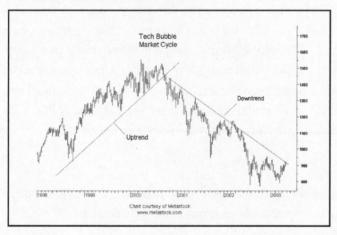

**Conmoción:** venta de pánico por los inversionistas nerviosos en respuesta a noticias negativas o incertidumbre en el mercado.

**Corrección:** interrupción temporaria en una tendencia del mercado en la que los precios pierden parte de sus ganancias (mercado alcista) o recuperan algunas de sus pérdidas (mercado bajista). En general, los técnicos esperan a los precios en una corrección típica para recorrer aproximadamente el 10 por ciento de la distancia desde el inicio del movimiento más reciente.

**Crisis Financiera De La Bolsa De Valores:** pánico por la venta de gran propagación que resulta en una caída extrema y repentina de los precios de las acciones en el mercado más amplio. Véase Crisis Financiera de 1929, Crisis Financiera de 1987; Martes Negro; Jueves Negro; Viernes Negro.

**Crisis De 1929, La:** crisis financiera del mercado de valores que comenzó en el 24 de septiembre de 1929, y duró cuatro días consecutivos de negociación. Durante ese período los inversores perdieron $ 25 mil millones, y el mercado se redujo en aproximadamente el 30 por ciento. Las políticas económicas aplicadas después de esta crisis que fueron destinadas a evitar una repetición se atribuyen a la creación de las condiciones que llevaron a la Gran Depresión. Véase Martes Negro; Jueves Negro, Viernes Negro; la Crisis de 1987.

**Crisis De 1987, La:** el 19 de octubre de 1987, el día en que el Promedio Industrial Dow Jones bajó el 22,6 por ciento. También conocido como el Lunes Negro, la Crisis de 1987 fue el día más grande de caída en los precios de las acciones en la historia de los Estados Unidos. Véase Viernes Negro; la Crisis de 1929; la Crisis Financiera del Mercado de Valores.

**Detención A La Marcha:** práctica entre los comerciantes profesionales empujando el precio de un valor hacia arriba (o hacia abajo) a través de un nivel de resistencia (o de apoyo) en el que creen que los inversores han puesto órdenes de detenerse. Cuando se golpean a las órdenes de detención, activan las órdenes de mercado y/u órdenes de límite, que causan un pico (o disminución) en el precio al punto que los profesionales invierten sus posiciones y llevan a la acción a la dirección opuesta. Véase Retirada Temporal.

**DOW, EL:** Véase Promedio Industrial Dow Jones.

**Efecto De Enero:** recuperación estacional en el mercado más amplio creada en parte por las fuertes compras entre los inversores institucionales.

**Índice:** medida compuesta de 1) un segmento de la economía o de la economía en su totalidad 2) el desempeño de una industria, sector, o un mercado más amplio. Véase Promedio Industrial Dow Jones, S&P 500, NASDAQ 100; Russell 3000; Wilshire 5000.

| UNA MIRADA MÁS CERCANA A LOS ÍNDICES MUNDIALES | | |
| --- | --- | --- |
| Índice | Simbolo | País |
| BEL 20 | BEL 20 | Bélgica |

| UNA MIRADA MÁS CERCANA A LOS ÍNDICES MUNDIALES | | |
|---|---|---|
| CAC 40 | CAC 40 | Francia |
| DAX | GDAX1 | Alemania |
| Dow Jones Industrial Average (DJIA) | INDU | Estados Unidos |
| DJEuro | Stoxx 50 | Alemania |
| FTSE 100 | UKX 100 | Reino Unido |
| NASDAQ 100 | IXNDX | Estados Unidos |
| NASDAQ Composite | IXIC | Estados Unidos |
| NIKKEI 225 | NIK/O | Japón |
| S&P 500 | SPX | Estados Unidos |
| S&P/TSX Composite | TSX | Canadá |
| Shanghai Composite | 000001 SS | China |

**Índice De Base Amplia:** índice compuesto por un grupo de valores suficientemente diversos a fin de reflejar los movimientos del mercado en su totalidad. El Promedio Industrial Dow Jones(DJIA), Wilshire 5000, y S&P 500 son tres ejemplos de índices de base amplia utilizados por inversionistas para medir el rendimiento general del mercado.

**Jueves Negro:** 24 de octubre de 1929, el día que marcó el inicio de la crisis financiera del Mercado de Valores de 1929. Véase Martes Negro.

**Liquidación De Activos:** venta fuerte de un valor individual, sector, o del mercado más amplio a precios que disminuyen rápidamente.

**Martes Negro:** 29 de octubre de 1929, el día que marcó el término de la crisis financiera del mercado de valores de 1929. Véase Jueves Negro.

**Mercado Alcista:** período prolongado de aumentos de base amplia en los precios del mercado.

**Mercado Bajista:** período prolongado de un descenso extendido de los precios de las acciones. En promedio, los mercados bajistas han durado alrededor de 406 días.

**Mercado Cíclico:** tendencia del mercado a corto plazo impulsada por condiciones empresariales estacionales o cíclicas. Comparar con la Tendencia del Mercado Primario; la Tendencia del Mercado Secundario; la Tendencia del Mercado Secular.

**Mercado Chato:** condición de mercado que se caracteriza por el comercio que se lleva a cabo dentro de un rango comercial relativamente plano. El mercado chato es por lo general un signo de incertidumbre en el inversor.

**Mercado Más Amplio:** término que se refiere al movimiento del mercado en su totalidad, más que a una industria o sector específico. Los índices de base amplia y varias herramientas de análisis técnico evalúan el desempeño del mercado más amplio.

**Mercado Secular:** ciclo del mercado que dura entre cinco y 20 años. Un mercado secular consiste en una serie de tendencias del mercado primario más cortas. Comparar con Mercado Cíclico.

**Mercado Sensible:** condición del mercado que se caracteriza por las reacciones exageradas de precios a noticias tanto positivas como negativas.

**Mercado Blando:** mercado en el que hay más vendedores que compradores. También conocido como mercado fuerte porque sin compradores el mercado no puede generar un impulso al alza.

**Mercado Fuerte:** mercado que se caracteriza por la disminución o estancamiento de los precios debido a la escasez de compradores. Un mercado fuerte puede ser una indicación de incertidumbre en el inversor.

**Nasdaq 100:** índice compuesto por las 100 empresas cotizadas NASDAQ no financieras más largas. Comparar con Promedio Industrial Dow Jones; S&P 500, Russell 3000; Wilshire 5000.

**Promedio Industrial Dow Jones (DJIA):** índice de precio ponderado compuesto por 30 acciones Blue Chip que están alienados dentro o cerca con el sector industrial. El Promedio Industrial Dow Jones es uno de los más conocidos y seguidos de cerca de los índices de base amplia. A menudo denominado El Dow. Comparar con S&P 500; Wilshire 5000. Véase Mercado más Amplio.

**Rebote Gato Muerto:** subida breve y abrupta (rebote) en el precio de un valor o índice que se produce después de una fuerte baja. Mientras que un rebote gato muerto es causado por un pequeño número de compradores y una toma de beneficios de los vendedores cortos, el término refleja un letargo general de inversor que mantiene un repunte adquiriendo velocidad. Ver Atrapar un Cuchillo de la Caída.

**Recuperación:** tendencia en un valor o en el mercado más amplio marcada por las alzas mayores y las bajas mayores. Una recuperación en general indica la confianza del inversor.

**Recuperación De Papá Noel:** temporada de aumento en los precios de las acciones que a veces se produce entre Navidad y Año Nuevo.

## UNA MIRADA MÁS CERCANA A LA RECUPERACIÓN DE PAPÁ NOEL

Las teorías acerca de la Recuperación de Papá Noel varían, pero la mayoría atribuyen las ganancias de precios a corto plazo asociadas a la misma con un aumento en la participación en le mercado de los inversores individuales. Un factor que apoya esa teoría es que muchos inversores profesionales se toman vacaciones durante la semana entre Navidad y Año Nuevo, dejando el mercado en manos de los inversores individuales, la gran mayoría de los cuales huyen a vender corto plazo a favor de comprar a largo plazo.

**Recuperación De Socorro:** fuerte repunte en los precios después de un período de incertidumbre en el inversor.

**Restricción:** situación que se produce cuando un inversionista está atrapado en una posición perdedora. Por ejemplo, un comerciante largo, cuando los precios están disminuyendo rápidamente, puede sentir presión (apretón) a capitular y tomar la pérdida en lugar de arriesgarse a mayores pérdidas mientras espera una reversión. Véase Restricción Breve.

**Restricción Breve:** situación que se produce cuando los vendedores cortos, atrapados en un mercado creciente, comienzan a comprar su salida de sus posiciones de pérdida, impulsando al alza los precios y más pánico de compra para los vendedores cortos todavía en el mercado. Los comerciantes profesionales a veces tratarán de tomar ventaja de una restricción breve comprando en la presión del precio en alza y vendiendo poco cuando el impulso empieza a debilitarse. Luego, llevarán al precio de regreso al punto de corrección, tomarán beneficios y volverán a entrar en el mercado como compradores. Comparar con Restricción Alcista.

**Reversión:** Véase Tendencia de Reversión.

**Reversión De Tendencias:** cambio en la dirección del comercio que excede un punto de corrección normal. A menudo referido simplemente como una reversión. Véase Retroceso.

**Ruido:** movimiento de precios a corto plazo que no afectan a las tendencias de mediano y largo plazo.

**Russell 2000:** índice compuesto por las 2,000 empresas más pequeñas en el Russell 3000. Comparar con Promedio Industrial Dow Jones; NASDAQ 100; S&P 500; Wilshire 5000.

**Russell 3000:** índice compuesto por las 3000 acciones más grandes de Estados Unidos. Comparar con NASDAQ 100; S&P 500; Wilshire 5000; Russell 3000; Wilshire 5000.

**Sesgos Del Mercado:** término que se utiliza para reflejar si la mayoría de los inversores ven al mercado más amplio como una tendencia alcista (un sesgo alcista) o en una tendencia a la baja (un sesgo bajista). Los técnicos miden los sesgos del mercado con indicadores de amplitud del mercado. También se conoce como sentimiento del mercado.

**S&P 500:** índice ponderado de 500 puntos de las acciones de capitalización media y de la capitalización grande tomadas ampliamente. El movimiento del S&P 500 se considera en general como el que refleja con precisión el rendimiento del mercado en su totalidad. Véase Mercado Más Amplio; NASDAQ 100.

**Tendencia:** dirección general de un comercio, ya sea en una base a corto, medio, o largo plazo. Una tendencia que se mueve generalmente más alta se la llama una tendencia alcista, y una que se mueve generalmente más baja se la denomina tendencia bajista. Las tendencias principales están típicamente compuestas por una serie de tendencias a corto plazo que se mueven juntas y a veces en oposición a la tendencia a largo plazo. Los técnicos observan tanto las tendencias a largo plazo como aquellas a corto plazo para valores individuales, sectores, y el mercado más amplio. Véase Tendencia del Mercado, Línea de Tendencia.

**Tendencia Del Mercado:** dirección general de comercio en el mercado más amplio ya sea sobre una base a corto, mediano o largo plazo. Una tendencia que se mueve generalmente más alto se denomina una tendencia alcista, y uno que se mueve generalmente más bajo se la denomina tendencia bajista. Las tendencias pueden ser a corto o largo plazo. Las tendencias a corto plazo ocurren dentro de la tendencia más amplia, a veces moviéndose con ella y a veces en contra de ella. Por ejemplo, un mercado alcista está por lo general compuesto por una serie de tendencias alcitas y bajistas a corto plazo. Véase Mercado Cíclico; Tendencia de Mercado Primario; Tendencia de Mercado Secundario; Mercado Secular.

**Tendencia Del Mercado Primario:** período prolongado dentro de un ciclo de mercado en el que los precios siguen haciendo mayores alzas (mercado alcista) bajas más bajas (mercado bajista) antes de alcanzar su nivel más alto e invertirse, y establecer una tendencia en la dirección opuesta. Una tendencia principal puede durar hasta dos años y consiste en una serie de tendencias del mercado secundario. Comparar con Mercado Secular. Véase Mercado Cíclico; Ciclo del Mercado.

**Tendencia De Mercado Secundario:** cambio a corto plazo en la dirección en la que los precios se mueven dentro de una tendencia del mercado primario. Véase Recuperación Bajista; Corrección; Ciclo de mercado; Tendencia.

**Toma De Beneficio:** breve recuperación creada cuando un gran número de inversores cierran una parte o la totalidad de sus posiciones rentables para capturar las ganancias después de un alza en los precios. Después de que la toma de beneficios se completa la acción o el índice se suelen corregir ligeramente y, a continuación, reanudan su tendencia anterior. Véase Corrección; Libro de Ganancia.

**Viernes Negro:** 1) El día después del Día de Acción de Gracias, el día del año de mayor actividad de compras del año. El nombre Viernes Negro proviene de la tendencia histórica de los minoristas de los Estados Unidos de operar a pérdida (en el rojo) por los once primeros meses del año y comenzar a obtener una ganancia (operar en negro) cuando la temporada de compras de vacaciones comienza el Viernes Negro. 2) La crisis del mercado de valores del 24 de septiembre de 1869. Ésta fue provocada por el pánico de venta cuando el Presidente Grant liberó 4 millones de dólares para rebajar el precio del oro después de que dos financieros intentaron acaparar el mercado.

**Vuelo A La Calidad:** tendencia del mercado en el que los inversores y los directores de fondos ajustan su cartera de acciones durante los períodos de incertidumbre económica. Puede reflejar un movimiento de las inversiones asociadas con el riesgo geopolítico o un cambio de posiciones especulativas internas a acciones Blue Chips o instrumentos de deuda de grado de inversión, por ejemplo.

**Wilshire 5000:** índice que representa a casi todas las empresas que figuran en Estados Unidos, por lo que es la medida más amplia del rendimiento del mercado de valores de Estados Unidos.

Parte IV

# Clases de Activos

# Acciones: Tener una Parte de Algo grande

**CAPITALES ACCIONARIOS:** instrumentos financieros que representan el interés de propiedad de una corporación.

**Acción Cíclica:** un valor emitido por una empresa cuyos beneficios son sensibles a la evolución económica. Una acción cíclica tenderá a moverse durante períodos de crecimiento económico y a disminuir durante los períodos de contracción de la economía. Automóviles, viviendas, y el petróleo son ejemplos de acciones cíclicas. Comparar con Acciones No Cíclicas.

**Acción Cotizada:** un valor que cotiza en la Bolsa de Valores de Nueva York, La Bolsa de Valores Americana, el NASDAQ, o una de las Bolsas de valores regionales. Comparar con acción No cotizada. Véase Operación No cotizada.

**Acción De Calificación:** un porcentaje de acciones ordinarias que es requerido que un candidato para la Junta de Direcciones de una empresa (DBO) posea. El término no refleja una diferencia en las propiedades de una acción de calificación comparada con acciones comunes en poder de otros accionistas. En cambio, se refiere a la exigencia de que un miembro de la junta debe tener un interés creado en la operación de la empresa en forma de acciones de la misma.

**Acción De Capitalización Escasa:** un valor con una capitalización de mercado de menos de 300 millones de dólares. Comparar Acción de Capitalización Grande; Acción de Capitalización Gigante; Acción de Capitalización Media; Acción de Capitalización Pequeña.

**Acción De Capitalización Gigante:** un valor con una capitalización de mercado de $ 200 billones o más. Comparar con Acción de Capitalización

Grande; Acción de Capitalización Escasa; Acción de capitalización Media; Acción de Capitalización Pequeña.

**Acción De Capitalización Grande:** valores emitidos por empresas muy grandes con una capitalización de mercado de al menos $ 5 millones. Comparar con Acción de Capitalización Gigante; Acción de Capitalización Escasa; Acción de Capitalización Media; Acción de Capitalización Pequeña.

**Acción De Capitalización Media:** una empresa con una capitalización de mercado de más de $ 2 billones y menos de $ 10 billones. Comparar con Acción de Capitalización Grande; Acción de Capitalización Gigante; Acción de Capitalización Escasa; Acción de Capitalización Pequeña.

**Acción De Capitalización Pequeña:** un valor con una capitalización de mercado de más de 300 millones de dólares y menos de $ 2 billones. Comparar con Acción de Capitalización Grande; Acción de Capitalización Gigante; Acción de Capitalización Escasa; Acción de Capitalización Mediana.

**Acción De Ingresos:** un valor emitido por una empresa que utiliza sus ingresos para pagar dividendos a sus accionistas y no a la expansión de fondos o al desarrollo de productos. Las acciones de ingresos son típicamente empresas maduras con una historia de ingresos constantes.

**Acción De Oro:** una sociedad con cotización oficial que participa en la exploración de oro, la minería, o la producción. No debe confundirse con tener o comerciar el precio de futuros de los productos físicos. Véase Fondo de Oro.

**Acción De Seguimiento:** un tipo especial de un valor emitido por una empresa para el seguimiento de la ejecución de un segmento de su negocio. Por ejemplo, las empresas maduras, los conglomerados principales, podrían hacer un seguimiento de las acciones para una división de crecimiento rápido.

**Acción De Tecnología:** una empresa dedicada a un negocio relacionado con la tecnología. Software y hardware de computación, y la biotecnología son ejemplos de acciones de tecnología.

**Acción Del Mercado Chico:** un valor con un bajo volumen históricamente y una amplia difusión entre los precios ofrecidos y pedidos.

**Acción De Voto:** una clase de acciones que otorga el accionista con un derecho de voto sobre determinadas cuestiones de la empresa.

**Acción No Cíclica:** acción en una empresa cuyas ganancias son relativamente inmunes a los repuntes y caídas de la economía. Los fabricantes de bienes no duraderos como papel, de limpieza, suministros de oficina son ejemplos de acciones no cíclicas. Comparar con Acciones Cíclicas.

**Acción No Cotizada:** un valor que no se negocian en una bolsa. Las acciones del mercado de venta libre son acciones no cotizadas. Comparar con Acción Cotizada. Véase Empresa Cotizada; Operación no Cotizada.

**Acción Penny (Menor A Un Dólar):** un valor que se opera por menos de un dólar por acción. Las acciones penny no cumplen con los requisitos para la cotización de valores de los Estados Unidos y se negocian en el mercado de venta libre (OTC). Véase Empresa Cotizada; OTCBB; Hojas Rosas.

**Acción Preferente Convertible:** acción preferente que puede comercializarse por acciones comunes de acuerdo con el calendario y el ratio de conversión detallado en el prospecto de la compañía.

**Acciones:** Véase Recibos de Depósitos de Acciones.

**Acciones Agresivas (De Muy Alto Crecimiento):** un valor emitido por una empresa con ganancias que están creciendo a un ritmo más rápido que otras empresas de la misma industria o del mercado en su conjunto. Las acciones agresivas suelen utilizar sus ingresos para financiar la expansión de la empresa o el desarrollo de productos en lugar de pagar dividendos a sus accionistas. Comparar con Ingresos de Acciones. Véase Fondo Agresivo.

**Acciones De Depósito Americanas (ADS):** una acción de un valor que está respaldada por acciones de valores no americanos mantenidos en depósito en un banco de Estados Unidos. Véase Recibo de Depósito Americano (ADR).

**Acciones Preferentes:** una de varias clases de valores, que representa un interés de propiedad en una sociedad. Su nombre deriva del hecho de que poseen una mayor prioridad que las acciones comunes en el pago de dividendos y las reclamaciones contra los activos de la empresa en el caso de una quiebra.

**Acciones Restringidas:** una clase de valores con ciertas restricciones que los hace menos valiosos en el mercado libre. Las acciones restringidas son típicamente ofrecidas a los empleados de la empresa emisora y podrán limitar o excluir los derechos de voto del accionista y / o la participación de los dividendos.

**Amortización:** el proceso de revender acciones de acciones preferentes o acciones de fondos mutuos al emisor. Véase Tasa de Amortización.

**Asamblea De Accionistas:** una reunión de oficiales de la empresa, de la Junta de Directores (BOD), y de los accionistas. Una asamblea anual de accionistas se celebra después del cierre de cada año fiscal, cuando se revisa el rendimiento de la empresa del último año, los accionistas eligen la junta de directores y votan los asuntos que afectan a la operación de la empresa. La junta de directores también puede convocar asambleas especiales accionistas para hablar de negocios que no pueden postergarse hasta la próxima asamblea anual. Véase Declaración de Poder.

## UNA MIRADA CERCANA A LAS ASAMBLEAS ANUALES DE ACCIONISTAS

Los accionistas tienen la oportunidad cada año de cuestionar cara a cara a los principales encargados de adoptar decisiones de la empresa acerca de la operación de la misma.

La historia está plagada de historias de accionistas polémicos que se agrupan para demandar cambios que creen que mejorará el rendimiento de las acciones de la empresa y de su propia rentabilidad. Es también el lugar de celebración en que los accionistas presentes tienen la oportunidad de votar por sus acciones en la elección de la junta directiva, y forzar los cambios que no se pueden lograr de otra manera.

Antes de la reunión anual, a todos los accionistas se les envían por correo de una declaración de poder resumiendo las cuestiones que se debatirán y se presentarán a votación en la reunión.

**Canasta:** un grupo de acciones o productos comercializados o seguidos como un interés en una empresa que típicamente incluye elegibilidad para participar en distribuciones de dividendos, y confiere derechos de voto en ciertos asuntos pertinentes a una operación de la empresa, como por ejemplo fusiones y adquisiciones o un cambio en los estatutos sociales de la empresa. Comparar con Acciones Preferentes.

**Capital Accionario:** 1) El interés de propiedad en una empresa. 2) Otra palabra para Acción.

**Capital Social Autorizado:** el número máximo de acciones que una sociedad está autorizada a vender, como se estipula en sus artículos de incorporación.

**Capitales Accionarios:** instrumentos financieros que representan el interés de propiedad de una corporación.

**Capitales Accionarios:** instrumentos financieros que representan el interés de propiedad en una corporación. Véase el Capital Accionario; Acción.

**Certificado De Acción:** un documento impreso que certifica el interés de propiedad de una empresa. Véase Nombre de la Calle.

**Clase De Activo:** una categoría de inversión como acciones, bonos, fondos, opciones, futuros.

**Derechos De Voto:** un privilegio asignado a determinadas cuestiones de valores que le da al accionista una voz en ciertas decisiones empresariales, tales como la elección de la Junta Directiva (BOD) y la votación de una fusión, adquisición, o escisión. Los derechos de voto se detallan en el prospecto de la empresa. Véase Acciones de Clase A; Acciones de Clase B; Acciones Comunes; Prospecto; Acciones Restringidas; Acciones de Voto.

**Diamantes:** el nombre para un cambio de Fondo de Comercio (ETF) que refleja el Promedio industrial Dow Jones.

**División Inversa De Acciones:** una consolidación de las acciones en circulación tomadas por una empresa para reducir el número de acciones en el mercado. Por ejemplo, en un uno por dos división inversa (1:2), una empresa o inversionista que es propietario de 200 acciones de una empresa de valores en $ 20 antes de una esta división será propietario de 100 acciones a 40 dólares después de ella. Comparar con División de Acciones.

**Emisión:** otra palabra para un valor.

**Fideicomiso De Inversión Inmobiliaria (REIT):** una entidad empresarial que utiliza sus activos para comprar y gestionar bienes inmuebles. Una REIT puede ser tanto una sociedad con cotización oficial o privada.

**Folio:** una canasta personalizada de las inversiones que se opera como una sola cuestión, brindándoles a los inversores la facilidad de invertir en un fondo mutuo sin las sanciones de impuestos asociadas a ellos. Los folios pueden seleccionarse de una lista y personalizarse para satisfacer al inversor, o diseñarse de cero. En cualquiera de estos casos, las firmas de corretaje que ofrecen folios cargarán un honorario para crear la cuenta en la que el folio se mantendrá.

**Fondo Que Cotiza En La Bolsa (ETF):** un fondo basado en un índice que puede se comprado y vendido como acciones. Estos fondos son integrados por un representante de la cesta de los valores subyacentes.

## UNA MIRADA MÁS CERCANA A LOS FONDOS QUE COTIZAN EN LA BOLSA (ETFS)

Estos fondos son registrados en la Comisión Nacional de Valores (SEC) como única forma de abrir una empresa o Unidad de Inversión Fiduciaria (UIT). El primer fondo se introdujo en la Bolsa de Valores Americana, en 1993. El SPDR (pronunciado: spider –araña-), como se le llamó, hace un seguimiento del S&P 500 Índice Compuesto de Índice de Precios. Hoy hay casi 200 ETFs que hacen un seguimiento de los índices para acciones, bonos, y las industrias.

Algunos ETFs, al igual que el SPDR, compran todos los valores en el índice subyacente. Alternativamente, el fondo puede comprar una muestra representativa de acciones. En cualquier caso, el fondo típicamente presenta la posición en grandes bloques de acciones, llamada unidad de creación, que se vende a los inversores institucionales. El titular de una unidad de creación tiene las opciones para venderla de nuevo al fondo o dividirla en unidades más pequeñas, que luego son vendidas como acciones individuales en el mercado secundario a través de una Bolsa de Valores.

**Lista De Puerta Trasera:** la práctica de una empresa no cotizada en la bolsa asegurando una cotización de un intercambio mediante la fusión con una empresa que ya está registrada en el mercado. Las empresas a veces buscan una lista de puerta trasera cuando lo han intentado y no cumplen con los requisitos de cotización.

**Lista Doble:** un valor que se cotiza en más de un mercado se dice que es de doble lista. Véase Lista de Acciones; Acciones No Enumeradas.

**Mercado De Arriba:** una transacción de un valor en la que la venta de acciones de una lista de valores se negocia y ejecuta "arriba" dentro de las oficinas de una empresa de corretaje en lugar de hacerlo a través de un mercado.

**Nombre De La Calle:** las acciones que se celebran en el nombre de la sociedad de bolsa en lugar de en el nombre del inversor se dice que se celebran en el "nombre de la calle", suele ser el caso de la mayoría de acciones negociadas en una bolsa de valores, ya que hace la venta posterior de las acciones más rápida y más fácil. Los compradores que deseen recibir la entrega de un certificado de acciones lo pueden hacer, pero les va a costar cerca de $ 25 y demorará el proceso de reventa las acciones en una fecha posterior.

**Número Cusip:** un sistema de numeración de nueve dígitos que identifica acciones americanas y canadienses registradas, bonos municipales, y valores gubernamentales americanos por emisor y tipo. Es administrado por el Comité de Procedimientos de Identificación Uniforme de Valores.

**Oferta Secundaria:** la oferta de venta al público de un gran bloque de acciones propiedad de accionistas. Las ofertas secundarias están típicamente hechas por un inversor institucional, y no aumentan el número total de las acciones en circulación. La empresa cuyas acciones son ofrecidas no recibe los procedimientos de una oferta secundaria. Comparar con Oferta Pública Inicial (IPO); Distribución Posterior.

**Orden:** un certificado emitido por una empresa que da derecho al titular a comprar un determinado número de acciones a un precio determinado. El tiempo en el que la opción puede ejercerse puede ser limitado o puede ser concedido a perpetuidad. Las  pueden comprarse y venderse en las bolsas de valores de Estados Unidos.

**Poder:** un documento escrito en el que un accionista autoriza a otra persona, por lo general a otro accionista, o a la dirección de la empresa, a votar sus acciones en una asamblea de accionistas. Véase Lucha de Poder; Declaración de Poder.

**Precio De Conversión:** el precio base por acción para calcular la cantidad de acciones que el titular de un valor convertible va a recibir en el momento que se ejerce una opción de conversión. El precio de conversión incluido se estipula en el bono de resolución (documento que especifica los derechos y obligaciones, tanto del emisor como del poseedor de los bonos) o el prospecto  dependiendo de la naturaleza del valor. Véase Bono Convertible; Obligación Convertible; Acciones Preferentes Convertibles.

**Quid Pro Quo ("Algo Por Algo"):** una frase en latín que significa un favor por un favor, un acuerdo de reciprocidad entre las dos partes para intercambiar objetos tangibles o intangibles de valor similar. Los acuerdos Quid pro quo pueden ser éticos y legales o no, dependiendo de si las acciones implicadas constituye una violación de la confianza fiduciaria o de las normas y la legislación promulgada para garantizar la imparcialidad y evitar el fraude.

**Ratio De Conversión:** una estipulación en el prospecto de una empresa que especifica el número de acciones ordinarias que un tenedor de acciones preferentes convertibles recibirá al ejercicio de la prestación de conversión.

**Recibo De Depósito Americano (ADR):** un valor de Estados Unidos que está respaldado por acciones no americanas mantenidas en depósito en un banco de Estados Unidos. La ley federal prohíbe el comercio de acciones no americanas en una bolsa de valores de los Estados Unidos. Depositando las acciones no americanas en un banco estadounidense y el uso de las mismas como activos para respaldar un recibo de depósito americano, los inversores americanos pueden comprar y vender acciones no estadounidenses sin tratar directamente con una bolsa de valores extranjera.

**Recibo De Depósito Estándard Y Pobre (SPDR):** al igual que otros recibos de depósito, SPDRs son valores que están respaldados por acciones de la sociedad de valores mantenidos en depósito en un banco de Estados Unidos. Las acciones que aseguran un espejo SPDR aquellos en el que los se basa el S&P 500, y constituyen una propiedad beneficiosa en cada empresa.

**Recibo De Depósito:** un valor que está respaldado por acciones mantenidas en depósito en un banco americano. Véase HOLDRS; Recibos de Depósito de una Empresa Holding (Sociedad Matriz); Recibo de Depósito Americano (ADR).

**Recibos De Depósitos De Acciones (HOLDRs):** un valor compuesto por una canasta de acciones individuales que es mantenido en depósito en un banco de Estados Unidos y puede ser comprado o vendido en una sola transacción. A diferencia del Fondo Cotizado en Bolsa, las Acciones representan a los beneficiarios efectivos en los valores subyacentes, en el sentido de que los inversores que los poseen tienen derechos de voto y pueden participar en el reparto de dividendos. Las Acciones se comercializan sólo en la Bolsa de Valores Americana. Véase Recibo de Depósito.

**Título Respaldados Por Hipotecas:** un instrumento financiero que está garantizado por un conjunto de notas de hipoteca. Véase el Asociación de Hipoteca del Gobierno Nacional (Ginnie Mae).

**Unidad De Creación:** un gran bloque de acciones del Fondo que Cotiza en la Bolsa u otra Unidad de Inversión Fiduciaria (UIT), que se venden a inversores institucionales.

**Unidad De Equidad** De Inversión Fiduciaria: una sociedad de inversión formada con el único propósito de establecer cartera de acciones profesionalmente administrada que opera como un valor en una Bolsa. Las posiciones dentro de la cartera se fijan en el momento en que se establece la Unidad de Inversión Fiduciaria y no varían, excepto en raras circunstancias. Comparar con Unidad de Inversión de Renta Fija. Véase Unidad de Inversión Fiduciaria (UIT).

**Valor:** cualquier instrumento de inversión que está garantizado por un interés de propiedad (la equidad), la obligación de deuda (nota), o derecho contractual de comprar o vender (opción) un instrumento financiero o producto. Véase Bono; Derivada; Acción.

# Fondos: Permitiendo que las Decisiones sean Tomadas por un Profesional

FONDO MUTUAL: empresa de inversión que combina los fondos de inversores para comprar instrumentos financieros.

---

**Acciones Clase A:** acciones de fondo mutual que poseen una tarifa de entrada. A veces conocidas simplemente como Acciones A. Véase: Tarifa. Comparar con Acciones Clase B; Acciones Clase C.

**Acciones Clase B:** acciones de fondo mutual que poseen una tarifa de salida. A veces conocidas simplemente como Acciones B. Comparar con Acciones Clase A; Acciones Clase C.

**Acciones Clase C:** acciones de fondo mutual a las que se les cobra una tarifa de salida si se las vende dentro del año y comisiones anuales más elevadas por la vida de la inversión que las acciones Clase A, a menudo en forma de tarifas de funcionamiento marketing y distribución. A veces simplemente conocidas como Acciones C. Véase: Tarifa de Entrada; Tarifa 12b-1.

**Caja de Estilo:** sistema de clasificación utilizado por "Monitoring Star" para brindarle ayuda a los inversores sobre decisiones de locación de bienes. La caja de estilo le asigna una clasificación relativa a los fondos mutuales basada en la capitalización de mercado, además de las características de valor y crecimiento del fondo.

**Carga Nivelada:** tarifa anual asociada con las Acciones de Clase C de un fondo mutual.

**Carga:** tarifa de ventas cobrada en el momento de la compra de ciertas acciones de fondo mutual. Las comisiones de venta pueden ser clasificadas de acuerdo a cuando son pagadas, Carga de Entrada, Carga de Salida o Carga Nivelada. Comparar con Sin Carga.

| CUADRO 3: UNA MIRADA MÁS CERCANA DE LAS CARGAS DE FONDOS MUTUALES | |
| --- | --- |
| Carga de Entrada | Tarifa de ventas cobrada en el momento de la compra. |
| Carga de Salida | Tarifa de ventas deferida hasta el reembolso. |
| Carga Nivelada | Tarifa de ventas cobrada anualmente siempre y cuando se posean acciones de fondo mutual de Clase C. |
| Opción de Expansión de Carga | Tarifa de ventas dividida en una serie de pagos más que en una gran suma. |

**Cobro de Ventas:** véase: Tarifa de Ventas.

**Consorcio de Bienes Tangibles:** empresa formada para administrar un consorcio de bienes tangibles futuros.

**Consorcio:** activos colectivos que se combinan para fundar inversiones, clubes de inversión, consorcios de mercadería, y fondos de ingresos combinados.

**Custodio de Fondo Mutual:** empresa que tiene los valores y otros instrumentos financieros como propiedad de un fondo mutual. Debido a la donación por muerte, su porción de ganancias pasa a un a organización caritativa.

**Declaración de Información Adicional (SAI):** agregado de los prospectos de fondos mutuales que brinda información útil acerca de la operación del fondo por encima de lo que requiere la Comisión Nacional de Valores.

**Derechos de Acumulación (ROA):** provisión ofrecida por algunos fondos mutuales que otorga una reducción en la comisión de ventas cuando un inversor aumenta sus valores más allá del límite especificado. También llamado: Punto de Ventaja.

**Documento de Divulgación:** documento que explica la estructura de la tarifa, los riesgos potenciales, y el estilo de comercialización para un fondo. La Comisión de Valores y Comercio requiere que todos los fondos otorguen documentos de divulgación a presuntos inversores. Véase: Comisiones 12b; Comisión; Comisión de Manejo; Acciones A; Acciones B, Acciones C.

**Empresa Abierta:** véase: fondo mutual.

**Familia de Fondos:** empresa de fondo mutual que ofrece una variedad de fondos, cada uno diseñado para satisfacer un objetivo de inversión.

**Fondo Abierto:** otro nombre para fondo mutual. UN fondo abierto tiene la libertad de agregar nueva acciones de acuerdo al aumento de demanda y de remover las acciones a medida que disminuye la demanda. El valor de mercado de un fondo abierto está determinado al dividir el valor total del fondo por el número de acciones y sumándole cualquier tarifa de ventas cobrado en cualquier momento de la compra. Comparar con Fondo Cerrado.

**Fondo Administrado:** fondo mutual que emplea un gerente de fondo que toma decisiones de inversión. Comparar con Fondo de Índice; Estrategia de Inversión Pasiva.

**Fondo Cerrado:** fondo que emite un número fijo de acciones en una Oferta Pública Inicial (IPO) las cuales son luego comercializadas como un valor en la bolsa de comercio. El precio de un fondo cerrado está determinado por la demanda del mercado y por el Valor Neto de Activos (NEV). Por el contrario de lo que comúnmente se cree, un fondo cerrado no es un fondo mutual en el que la Comisión Nacional de Valores (SEC) define como empresa abierta. Véase: Fondo Abierto.

**Fondo de Acciones:** fondo mutual que invierte en acciones.

**Fondo de Apreciación de Capital:** fondo mutual que busca una tasa máxima de rentabilidad invirtiendo en valores de alto crecimiento. Comparar con Fondo Equilibrado.

**Fondo de Base Amplia:** fondo mutual que invierte en valores emitidos por empresas muy grandes con una capitalización de mercado, comúnmente de por lo menos $5 billones. Comparar con Fondo de Mega Base; Fondo de Micro Base; Fondo de Base Media; Fondo de Base pequeña.

**Fondo de Base Media:** fondo mutual que invierte en valores con una capitalización de mercado comúnmente de más de $2 billones y menos de $10 billones. Comparar con Fondo de Base Amplia; Fondo de Base Mega; Fondo de Base Micro; Fondo de Base Pequeña.

**Fondo de Base Micro:** fondo mutual que invierte en valores con una capitalización de mercado a menudo menor de $300 millones. Las acciones de Base Micro comúnmente tienen bajo precio, acciones escasamente comercializadas. Comparar con Fondo de Base Amplia; Fondo de Base Mega; Fondo de Base Media; Fondo de Base Pequeña.

**Fondo de Base Pequeña:** fondo mutual que invierta en empresas con una capitalización de mercado comúnmente mayor a $300 y menos de $2 billones. Comparar con Fondo de Base Amplia; Fondo de Base Mega; Fondo de Base Micro; Fondo de Base Media.

**Fondo de Bono:** fondo mutual que invierte principalmente en una combinación de bonos de una sociedad, bonos municipales, y valores del gobierno estadounidense.

**Fondo de Cobertura:** fondo al que se le permite emplear estrategias de inversión fuertes, como por ejemplo, venta en corto, opciones y comercialización programada, las cuales están prohibidas en los fondos mutuales. Los fondos de cobertura comúnmente requieren una inversión mínima de varios miles de dólares, limitándoles la participación a invasores individuales de alto valor neto y a las instituciones. Véase: Fondo Privado de Inversión.

**Fondo de Crecimiento e Ingresos:** fondo mutual que equilibra el riesgo invirtiendo en ambas acciones de crecimiento y acciones de ingresos.

**Fondo de Crecimiento:** fondo mutual que invierte en acciones que se encuentran en la etapa de crecimiento de su ciclo económico. Se considera que las acciones de crecimiento generalmente ocasionan más riesgo que las acciones de ingresos.

**Fondo de Ingresos Combinados:** fondo de inversiones donadas administrado por una organización caritativa. El fondo obtiene sus bienes a través de contribuciones caritativas de valores de inversores individuales. Las donaciones se combinan para formar un consorcio de inversiones que son administradas por el fondo con las ganancias anuales netas fijas, compartidas por los donantes durante toda su vida.

**Fondo de Ingresos:** fondo mutual que posee una cartera de acciones que combinan muy bien con un índice de base ancha como el S&P 500 o el NASDAQ 100. El Índice de Fondo emplea una estrategia de administración de inversión pasiva. Comparar con Fondo Administrado.

**Fondo de Inversión (UIT):** empresa de inversión establecida con el único propósito de establecer una cartera de inversión administrada profesionalmente que comercializa como un valor en la bolsa de comercio. Los valores dentro de la cartera de valores se fijan en el momento en que se establece la UIT y no varía excepto en circunstancias extrañas.

**Fondo de Inversión Privado:** fondo compuesto de un consorcio de bienes de un número limitado de inversores, comúnmente aquellos con un valor neto muy alto. Véase: Fondo de Cobertura.

**Fondo de Mercado de Dinero:** fondo mutual que invierte en instrumentos de deuda a corto plazo, como por ejemplo Letras del tesorero y CDs. Ya que los fondos de mercado de dinero son extremadamente líquidos, las instituciones financieras los utilizan como lugar para guardar el dinero no utilizado en forma temporaria. Véase Cuenta Continua.

**Fondo de Mercado Emergente:** fondo mutual que principalmente posee inversiones en países en desarrollo y en empresas que derivan una gran porción de sus ganancias de la venta de productos y servicios a aquellos países.

**Fondo de Oro:** fondo mutual que invierte en acciones de oro, y en algunos casos en metal.

**Fondo de Reembolso:** véase: Fondo en Hundimiento.

**Fondo de Repartición de Bienes:** fondo que intenta lograr la diversificación al dividir sus valores en un amplio rango de inversiones. El prospecto de cada fondo publicará las especificaciones de una política de inversiones, pero en general, un fondo de repartición de bienes, es probable que tenga los bienes en diversas acciones, bonos, y valores del gobierno estadounidense, metales preciosos, e instrumentas de dinero.

**Fondo de Sector:** fondo mutual que limita su portfolio a valores dentro de un sector específico en una industria.

**Fondo Diversificado:** fondo mutual que administra el riesgo de mercado al poseer valores en diversas áreas de negocios. Comparar con Fondo Focalizado.

**Fondo Equilibrado:** fondo que compra una combinación de acciones y bonos para lograr un balance entre las inversiones de crecimiento (riesgo más alto) y las de ingresos (riego más bajo).

**Fondo Focalizado:** fondo mutual que posee grandes ubicaciones en menos de 30 acciones o en menos de tres sectores. Comparar con Fondo Diversificado.

**Fondo Global:** fondo mutual que invierte en empresas estadounidenses además de en aquellas situadas en otras partes del mundo. Comparar con Fondo Internacional.

**Fondo Institucional:** fondo mutual altamente diversificado diseñado para inversores de alto valor neto, como los fondos de pensión. Los fondos institucionales tienen una inversión más alta que la mínima normal.

**Fondo Internacional:** fondo mutual que invierte en acciones y bonos solo en empresas que no sean estadounidenses.

**Fondo Mutual 12b-1:** fondo que cobra una comisión sobre el funcionamiento de marketing y la distribución basado en el valor de los bienes guardados en el fondo. Véase: Tarifa 12b-1.

**Fondo Mutual Socialmente Consciente:** cualquiera de los fondos mutuales que excluyen la inversión en empresas cuyos productos o prácticas comerciales podrían ser consideradas moral o éticamente problemáticas.

**Fondo Mutual:** empresa de inversión, legalmente conocida como empresa abierta, lo que significa que los bienes del fondo son divididos de forma igualitaria y son propiedad de los inversores del fondo y el fondo puede emitir y rembolsar acciones del fondo en cualquier momento, Las ganancias, las pérdidas, y los gastos de un fondo mutual son compartidos en forma igualitaria por todos los inversores. Comparar con Fondo Cerrado.

**Fondo Sin Tarifa:** fondo que no cobra comisión para comprar o vender la inversión. Compara con Tarifa de Salida; Tarifa de Entrada; Tarifa Nivelada.

**Fondo Verde:** fondo mutual que limita sus valores a empresas a favor del medio ambiente.

**Fondo:** empresa de inversión que combina fondos de inversores para comprar instrumentos financieros. Véase: Fondo Mutual; Fondo de Bono; Fondo de Acciones.

**Gastos Contingentes Deferidos de Venta (CDSL):** tarifa de salida que es calculada y cobrado por un fondo mutuo en base a cuanto tiempo el fondo le pertenezca antes del reembolso. El programa de reducción de CDSL es publicado en los prospectos del fondo, pero en general, el CDSL se elimina por completo si se posee el fondo lo suficiente. Comparar con Tarifa de Entrada. Véase: Tarifa 12b-1.

**Etapa de Mayor Éxito:** nivel más alto de dinero que un inversor ha obtenido dentro del fondo de cobertura. Ciertos fondos estipulan que cuando los bienes de un inversor caen por debajo de la Etapa de Mayor Éxito, el gerente de fondo no puede recolector las comisiones de desempeño hasta que los bienes hayan subido nuevamente a un nivel por encima de la etapa de mayor éxito anterior.

**Opción de Margen de Carga:** alternativa para no pagar las comisiones de los fondos mutuales de una sola vez. Elegir la Opción de Margen de Carga le permite al inversor que realiza contribuciones periódicas a una cuenta de fondo mutual expandir los pagos de comisiones a una seria de pagos menores. También conocido como Plan Contractual de Margen de Tarifa.

**Plan Contractual de Margen de Comisión:** véase: Opción de Margen de Tarifa.

**Plan de Acumulación:** acuerdo con un fondo mutual en el cual un inversor adquiere acciones adicionales en el fondo de forma regular y periódica. Un plan de acumulación puede posibilitar la expansión de un valor en un fondo mutual particular con el tiempo y evitar un gran gasto de efectivo en una sola vez.

**Precio Promedio:** véase: Valor Neto de Activos.

**Punto de Ventaja:** cantidad acumulativa invertida en un fondo mutual que califica a un inversor para un descuento en las comisiones de venta. También conocido como Derechos de Acumulación (ROA) Véase: tarifa.

**Tarifa 12b-1:** tarifa cobrada por ciertos fondos mutuales sobre el funcionamiento de marketing y la distribución.

**Tarifa de Administración:** tarifas que se deducen de los bienes de un fondo mutual para pagarle al gerente de fondo y cubrir otros costos administrativos.

**Tarifa de Compra:** tarifa que cobran algunos fondos mutuales en el momento en que se compran las acciones. A diferencia del Fondo de Entrada que cobran algunos fondos mutuales, la tarifa de compra es utilizada para cubrir los costos operativos, y no se le paga al accionista.

**Tarifa Contable:** tarifa de mantenimiento cobrado por algunos fondos mutuales por sobre las comisiones de manejo y las comisiones de distribución.

**Tarifa de Distribución: Véase:** Tarifa 12b-1.

**Tarifa de Entrada:** comisión que se cobra cuando un inversor compra Acciones de Clase A en un fondo mutual. Comparar con Tarifa de Salida; Tarifa Nivelada; Sin Tarifa.

**Tarifa de Inmovilización de Activos:** tarifa que le paga un fondo mutual a un consejero de inversión. Algunos inversores creen que las comisiones de inmovilización de activos pueden ocasionar un conflicto de interés al motivar al consejero a recomendar un fondo de acuerdo a sus ganancias personales más que de acuerdo a lo que es más conveniente para el inversor.

**Tarifa de Mercado:** tarifa que cobran algunos fondos mutuales cuando un accionista realiza una transferencia de un fondo a otro dentro de la misma familia de fondos.

**Tarifa de Salida (al vender):** tarifa cobrada por un fondo cuando se vende la inversión. Comparar con Gastos Contingentes Deferidos de Venta (CDSL); Tarifa de Entrada (al invertir); Tarifa Nivelada, Sin Tarifa.

**Tarifa de Ventas:** véase: Tarifa de Salida; Tarifa de Entrada; Tarifa.

**Valor Neto de Activos (NAV):** valor de una sola acción de un fondo mutual u otra empresa de inversión calculado al restar el total del pasivo de un fondo del total del activo. Véase: Valor Neto de Activos por Acción.

**Valor Neto de Activos por Acción (NAVPS):** valor de una sola acción de un fondo mutual. Calculado al restar el total del Pasivo del fondo del Activo total del fondo y dividiendo el resultado por las acciones en circulación. También conocido como Precio Promedio.

## UNA MIRADA MÁS CERCANA DEL CÁLCULO DE VALOR NETO DE ACTIVO POR ACCIÓN

Valor de Mercado de los Activos de Fondo  - total de pasivo   Total de número de Acciones

**Vencimiento Promedio:** periodo promedio de vencimiento de todos los instrumentos de deuda de tasa fija de un portafolio. Un fondo de bono o fondo mutual con un vencimiento promedio corto, es más sensible a las fluctuaciones de la tasa de interés actual que uno con vencimiento promedio largo.

# Bonos: Sociedades Prestamistas y Dinero de los Gobiernos

**BONO:** obligación de deuda emitida por una sociedad o gobierno que incluye una promesa de pagar el principal y el interés en una tasa fija.

---

**Bono a Largo Plazo:** bono con fecha de vencimiento de 10 años o más. El bono de Tesorería a 30 años es el bono más largo emitido por el gobierno estadounidense y comúnmente paga el rendimiento más alto porque el dinero del inversor se ve restringido a largo plazo y de esta forma está expuesto a un riesgo de una tasa de interés fluctuante.

**Bono al Portador:** bono que no está registrado al propietario. Un bono al portador es pagado por el emisor a quien sea que presente su reembolso.

**Bono Auto Liquidador:** otro término par bono de ingresos. También llamado Deuda de Auto Sustentación.

**Bono Basura:** instrumento de deuda de alto riesgo. El término es utilizado como una clasificación amplia para cualquier bono con una clasificación menor a BBB. Comparar con Grado de Inversión.

**Bono de Cupón:** instrumento de deuda emitido con cupones adjuntos que pueden ser reembolsados en intervalos determinados (usualmente semi-anuales) por el vencimiento del interés. Comparar con Bono de Cupón Cero.

**Bono Convertible:** instrumento de deuda emitido por una provisión que le permite al portador del bono intercambiarlo por otro bien, comúnmente acciones. Los términos de la conversión están explicados en el certificado de bono/ o en el Contrato de Emisión de Bonos. Comparar con Acciones Preferidas Convertibles; Obligación Convertible.

**Bono de Acumulación:** véase Bono de Cupón Cero.

**Bono de Arbitraje:** bono emitido por una municipalidad para sacar ventaja de la disparidad en las tasas de intereses entre dos instrumentos de deuda diferentes. Por ejemplo, una municipalidad emite un bono de arbitraje a una tasa de interés más baja y a un plazo más corto que uno de sus propios ya existentes valores de deuda. Entonces podría utilizar los bienes incrementados por la emisión de arbitraje para comprar valores de Tesorería que pagan una tasa de interés más elevada que la de su propia emisión. Previamente al vencimiento de la emisión de la tasa más elevada, la municipalidad venderá los valores de Tesorería y pagará la deuda del bono de arbitraje, obteniendo ganancia de la diferencia.

**Bono de Cupón Cero:** obligación de deuda que acumula interés que se paga solo en la fecha de vencimiento del bono. Los bonos de Ahorro estadounidenses son de cupón cero. Comparar con Bono de Cupón. Véase: Bono de Acumulación.

**Bono de Hipoteca General:** bono que utiliza una hipoteca sobre varias propiedades de algunas o todas las propiedades como garantía para asegurar la deuda. La hipoteca que asegura un bono de hipoteca general puede ser secundaria a un bono más preferente, aumentando el riesgo de inversión.

**Bono de Impuesto Ilimitado:** bono municipal que está respaldado por una promesa para aumentar los impuestos tanto como sea necesario para pagar la deuda.

**Bono Municipal:** bono municipal que es emitido por un otorgarle fondos a un proyecto especifico generador de ingresos. Un bono de ingresos está respaldado por los ingresos generados por el proyecto, el cual teóricamente retirará la deuda cuando el proyecto se haya pagado por sí mismo. Los estadios de fútbol son generalmente fundados con bonos de ingresos.

**Bono de Obligación General:** bono municipal que está respaldado por la buena fe y el crédito de una autoridad tributaria. En el caso de incumplimiento, los inversores que poseen bonos de obligación general pueden obligar a una exacción tributaria a ejecutar el pago.

**Bono de Valuación Especial:** bono municipal emitido para fundar un proyecto específico de desarrollo. A los inversores que poseen bonos de valuación especial se les paga interés de un impuesto especial cargado sobre los beneficiarios del proyecto.

## UNA MIRADA MÁS CERCANA EN LOS BONOS DE VALUACIÓN ESPECIAL

Un ejemplo típico de un bono de valuación especial es la instalación de un sistema de aguas residuales en el área rural, previamente bajo el servicio de un sistema individual séptico. Las viviendas y los negocios que se benefician del nuevo sistema pagan un impuesto especial que cubre todo o parte del costo de la instalación más el interés que se les devuelve a los inversores que compraron los bonos de valuación especial que fundaron el proyecto.

**Bono I:** bono de Ahorro estadounidense emitido en papel y en forma electrónica. Un bono I es un bono de acumulación y es emitido en valor nominal, lo que significa que un bono de $50 cuesta $50, y obtiene una tasa fija de rentabilidad de hasta 30 años.

**Bono Pequeño:** pagaré que posee prioridad secundaria para el re pago en caso de bancarrota. Comparar con Bono Preferencial.

**Bono Municipal:** bono emitido por el estado o gobierno local. Los bonos municipales están exentos de los impuestos federales y pueden estar exento impuestos locales y del estado también. También denominado Muni. Véase: Doble Exención.

**Bono Negociable:** instrumento de deuda emitido por una sociedad con el objetivo de recaudar efectivo. Comparar con Bono Municipal; Muni.

**Bono Pequeño:** bono con un valor menor a $ 1,000.

**Bono Registrado:** bono que está registrado a un portador de bono específico. Comparar con Bono al Portador.

**Bono Rescatable:** instrumento de deuda que es emitido co una estipulación que le permite al emisor volver a comprarlo en una fecha y en un precio establecido.

**Bono Rescatado/Amortizado:** bono que ha sido rescatado/amortizado por el emisor. Véase: Bono Rescatable.

**Bono:** obligación de deuda emitida por una sociedad o gobierno que incluye una promesa de pagar el principal y el interés en una tasa fija.

**Bonos de Ahorro Serie E:** bono de Ahorros estadounidense que fue emitido con un descuento del 75 % del valor nominal. Los bonos serie E fueron remplazados por los bonos serie EE el 30 de junio de 1980.

**Bonos de Ahorro Serie EE:** bono de Ahorro estadounidense emitido en papel y en forma electrónica. El bono en papel se compra con un descuento del 50% del valor nominal, mientras que el bono electrónico se compra al valor nominal. Ambos son bonos de acumulación.

**Bonos de Ahorros Estadounidenses:** bono de acumulación emitido por el Departamento de Tesorería estadounidense. Algunos bonos de ahorro son emitidos con un descuento del valor nominal; otros son emitidos al valor nominal. En cada uno, el interés se acumula mensualmente y se incrementa semi anualmente. Los bonos de ahorro estadounidenses s pueden compara a través de un banco o directamente el Departamento de Tesorería en **www. treasury.gov**. Véase: Bonos de Ahorro Serie EE.

## UNA MIRAD MÁS CERCANA DE LOS BONOS DE AHORRO SERIE EE Y LOS BONOS I

Bonos de Papel Serie EE

Vendidos a 50 por ciento de descuento del valor nominal.

Usted paga $25 por un bono de $50

Denominaciones Disponibles

    $25
    $50
    $75

    *$30.000 compra máxima en un año calendario.

Los Bonos Serie EE y los Bonos I son bonos de acumulación, lo que significa que el interés se paga con el reembolso más que cuotas periódicas. El interés aumenta semi-anualmente.

Hay un periodo de un año de posesión antes de que cualquiera pueda ser reembolsado y ambos bonos los Series EE y los I con posesión de menos de 5 años están sujetas a una multa de interés de tres meses.

## UNA MIRADA MÁS CERCAN DE LOS BONOS SERIE EE Y LOS BONOS I

**Tasas de Interés de los Serie EE**

(en papel y electrónicos) Determinados por la fecha de compra:

- Bonos Serie EE comprados entre mayo 1997 y el 30 de abril de 2005 obtienen la tasa de interés actual de hasta 30 años.

- Los bonos adquiridos luego de aquella fecha obtienen una tasa fija de ingreso de hasta 30 años. La tasa de interés para nuevas emisiones de los bonos serie EE se ajusta cada mayo y noviembre y permanece en efecto para todos los bonos serie EE emitidos hasta la fecha de un nuevo ajuste.

**Tasas de Interés de los Bonos I**

Paga una tasa de interés compuesta de hasta 30 años, basada en:

Tasa fija durante la vida del bono y una tasa de inflación que se ajusta cada mayo y noviembre.

**Bonos Seriales:** bonos emitidos en la misma fecha pero con fechas de vencimiento escalonados .Los bonos seriales son utilizados para fundar proyectos asociados con gastos periódicos y predecibles.

**Calificación de Bonos:** sistema de calificación utilizado por compañías de investigación de inversiones como por ejemplo "Fitch Ratings", "Moody's Investors Service", y "Standard & Poor's" para reflejar una opinión sobre el valor de crédito de una empresa que emite un instrumento de deuda. Cada servicio de calificación ha desarrollado su propia variación del sistema de designación basado en letras, sin embargo en general siguen un mismo factor en el cual AAA significa menos riesgo de debilitamiento sobre la deuda y una clasificación C o menor significa el riesgo más alto. Véase: Grado de Inversión; Bono Basura.

## UNA MIRADA MÁS CERCANA DE LAS CLASIFICACIONES DE BONOS

Las clasificaciones de bonos son una opinión del valor de crédito del emisor. En general, están divididos en dos grandes categorías: grado de inversión y especulativo, a menudo conocido como bono basura.

Al igual que con cualquier inversión, hay un negociación entre el rendimiento y la seguridad al invertir en instrumentos de deuda. A medida que el riesgo aumenta, también aumenta la tasa de interés adjudicada al bono. A continuación presentamos un resumen de alto nivel de las clasificaciones de bonos de.

## UNA MIRADA MÁS CERCANA DE LAS CLASIFICACIONES DE BONOS

"Standard & Poor's" y de "Moody's Investors Service."

| Grado de Inversión | | Especulativo/Basura | |
|---|---|---|---|
| Standard & Poor's | Moody's Ratings** | Standard & Poor's | Moody's Ratings |
| AAA | Aaa | BB | Ba |
| AA | Aa | B | B |
| A | A | C | Caa |
| BBB | Ba | | Ca |
| | | | C |

- *Fuente: Standard & Poor's, wwwstandarpoors.com

- ** Fuente: Moody's Investors Service, **www.moodys.com**

**Certificado de Depósito (CD):** instrumento de deuda que posee interés, y plazo obligatorio emitido por un banco o ahorros y préstamos. Los CDs comúnmente ganas una tasa de interés más elevada que las caja de ahorro regulares a cambio del la predisposición del depositante de restringir los fondos por el período de tiempo estipulado. Los CDs son emitidos por períodos que van desde tres meses a varios años. Un CD puede ser amortizado en cualquier momento, pero se aplicará una pena de retiro temprano se lo retira con anticipación a la fecha de vencimiento.

**Certificado de Depósito Ligado al Mercado:** véase: Depósito de Índice de Mercado (MID).

**Complejo Activo Financiero:** instrumento de deuda que está asegurado por una agrupación de bienes, como por ejemplo las cuentas a cobrar de las tarjetas de crédito de una empresa u otras instituciones prestamistas.

**Contrato de Emisión de Bonos:** contrato entre el emisor de un bono y el portador de un bono que registra los términos de la obligación de deuda, incluyendo la tasa de interés, derechos de conversión, y los términos bajo los cuales un emisor de bonos puede retirar la deuda con anticipación. Véase: Bono Rescatable.

**Cupón a Largo Plazo:** 1) otra término para bono a largo plazo. 2) pago de interés que cubre un período más largo que el de otros cupones de un bono. Los cupones a largo plazo son comúnmente asociados con la primera cuota de interés.

**Cupón:** papel adjunto a un bono cupón que el portador del bono subscribe al emisor para rembolsar un pago de interés periódico.

**Depósito a Plazo Fijo:** fondos que se encuentran en un certificado de depósito o cuenta de ahorro por un periodo de tiempo fijo y con una tasa de interés fija. Los depósitos a plazo fijo comúnmente pagan una tasa de interés más elevada que los depósitos a al demanda, pero se aplican multas si se sacan los fondos antes de la fecha de vencimiento.

**Depósito de Índice de Mercado (MID):** certificado de depósito que paga una retribución basada en el desempeño de un índice de mercado más amplio como el S$P 500, más que en una tasa de interés fija. También conocido como Certificado de Depósito Ligado al Mercado

**Deuda de Auto Sustentación:** véase Bono de Ingresos.

**Euro Bono:** bono que está denominado en la moneda de un país y que se vende a inversores que utilizan una moneda diferente. Los Euro bonos de sociedades multinacionales y gobiernos extranjeros comúnmente son vendidos por sindicatos bancarios.

**Euro CD:** véase: Euro Certificado de Depósito.

**Fecha de Vencimiento:** fecha en la cual una deuda, como por ejemplo un bono, fondo de mercado de dinero, o certificado de depósito se vence y debe ser pagada.

**Instrumento de Deuda de Grado de Inversión:** clasificación de bonos asignada a los instrumentos de deuda que llevan BBB o mejor clasificación por "Fitch Ratings", "Moody's Investors Service", o "Standard & Poor's". Los instrumentos de deuda de grado de inversión están generalmente aprobados para ser comprados por los bancos.

**Instrumento de Deuda Especulativo:** bono u otro billete de un emisor con una clasificación de bono menor a BBB. Un instrumento de deuda especulativo está visto como generador de alto riesgo para el principal de inversión. Comparar con Instrumento de Deuda de Grado de Inversión. Véase: Fitch Ratings; Bono Basura; Moody's Investors Service; Standard & Poor's.

**Instrumento de Deuda:** garantía escrita para pagar una deuda. En los mercados financieros, los instrumentos de deuda como los bonos negociables y los de gobierno se compran y se venden como valores.

**Instrumento Financiero:** documento que tiene valor monetario.

**Inversión de Ingresos Fijos:** instrumento financiero que produce ingresos constantes, predecibles del pago de interés en una tasa fija.

**Inversión que Posee Interés:** cualquier instrumento financiero que obtiene interés, como por ejemplo un bono, certificado de depósito, o fondo de mercado de dinero. Comparar con Derivados; Futuros; Opciones; Acciones.

**Muni:** apodo para bono municipal.

**Obligación Convertible:** instrumento de deuda no colateral que posee una provisión que le otorga al acreedor el derecho a intercambiar la deuda por acciones de acuerdo con los términos del pacto. Véase: Obligación; Contrato entre el Emisor y el Suscriptor; Obligación Subordinada.

**Obligaciones a Largo Plazo Estadounidenses:** instrumentos de deuda a largo plazo emitidos por el gobierno de los Estados Unidos. Los bonos a largo plazo obtienen interés en intervalos de seis meses y pueden tener una fecha de vencimiento como de 30 años. Se pueden comprar a través de una empresa de corretaje o directamente del Departamento de Tesorería en **www.treasury.gov.**

**Obligaciones a Corto Plazo Estadounidenses:** valores del gobierno de los Estados Unidos a corto plazo. Las Obligaciones T como se las conoce a veces, se venden con un descuento de l valor nominal y tienen fechas de vencimiento que van desde unos pocos días a seis meses. Se pueden comprar a través de una empresa de corretaje o directamente del Departamento de Tesorería en **www. treasury.gov**.

**Obligaciones A Mediado Plazo Estadounidenses:** valor del gobierno estadounidense con fecha de vencimiento de dos, tres, cinco, o diez años. Las obligaciones a mediado plazo obtienen interés cada seis meses. Se pueden comprar a través de una empresa de corretaje o directamente del Departamento de Tesorería en **www.treasury.gov.**

**Obligaciones Garantizadas con Bonos Privados (CBO):** instrumento de deuda de un grado de inversión que está respaldado por una cartera bonos riesgosos, de alta cotización. Los bonos que respaldan un CBO pueden variar en calidad pero comúnmente tienen un bono con clasificación menor a BBB, calificando a los bienes subyacentes como bonos basura. Tomados individualmente, las posesiones de una cartera de valores están clasificadas de alto riesgo, pero la profundidad y la diversificación de la mezcla de bienes mitiga riesgo suficiente para aumentar la clasificación del bono de un CBO a grado de inversión.

**Obligación Negociable:** bono que obliga a la empresa a pagar interés de sus ganancias.

**Obligaciones:** instrumento de deuda no garantizado emitido por una sociedad y respaldado solamente por el valor de crédito del emisor. Los términos de la deuda están explicados en un contrato llamado Contrato entre el Emisor y el Subscriptor. A causa del aumento el riesgo asociado con un una deuda no garantizada, comúnmente paga una tasa de interés más alta que una asegurada por un garante. Véase: Obligación Convertible; Obligación Subordinada.

**Papel:** término utilizado para referirse a instrumentos de deuda a corto plazo.

**Par:** valor nominal de un bono. Véase Sobre la Par.

**Reembolso:** re pago del principal de un bono por el emisor. Véase: Comisión de Reembolso.

**Rendimiento:** tasa de interés neta sobre un bono.

**Rescatable:** véase: Bono Rescatable.

**Sociedad de Inversión de Capital Mobiliario Fijo:** empresa de inversión formado con el único propósito de establecer una cartera de valores administrada profesionalmente compuesto principalmente por bonos negociables y/o municipales y otras inversiones de capitales fijos.

**Título de Deuda a Corto Plazo (BAN):** pequeño bono a corto plazo que se espera que sea pagado con la emisión subsiguiente de una bono mayor.

**Títulos Ligados al Capital:** valor que está respaldado por un instrumento de deuda que no paga una tasa de interés fija. Por el contrario, el rendimiento sobre la inversión de un titulo ligado al capital no está atado al desempeño de un solo valor; una canasta de valores, o un índice de mercado más amplio. Algunos títulos ligados al capital tienen un valor de reembolso mínimo que protege el principal.

**Valores de Tesorería Estadounidense Protegidos contra la Inflación (TIPS):** valor del gobierno de los Estados Unidos cuyo principal aumenta con la inflación y disminuye con la deflación, de acuerdo a la medición del Índice de Precios de Consumo (CPI. Se pueden comprar a través de una empresa de corretaje o directamente del Departamento de Tesorería en **www.treasury.gov.**

**Valores del Gobierno Estadounidense:** obligaciones de deuda del gobierno de los Estados Unidos que se comercializan sobre los valores del mercado. Ellos incluyen: Obligaciones a Mediano Plazo, Obligaciones a Largo Plazo, y Obligaciones a Corto Plazo, Valores Protegidos contra la Inflación (TIPS): todos los cuales pueden comprarse a través de un banco, empresa de corretaje de bolsa, o directamente de l Departamento de Tesorería en **www.treasury. gov.**

# Opciones y Futuros: Obteniendo las Mejores Oportunidades

**DERIVADO:** inversión a base de contrato. Los contratos de futuros y opciones derivan el valor de los bienes subyacentes representados en el contrato.

---

**Autoridad Informante del Precio de Opciones (OPRA):** brinda cotizaciones de precios de opciones e información de la última venta de los mercados participantes. La información de la OPRA se transmite a vendedores de información que la diseminan a los participantes de mercado.

**Bienes Subyacentes:** valor específico, instrumento financiero o mercadería representada en un derivado. Un portador de opciones asegura el derecho a comprar o vender los bienes subyacentes cuando se compra un contrato de opciones. De la misma manera, un comerciante de futuros compra y vende contratos prometiendo tomar o realizar entregas de los bienes subyacentes en una fecha futura.

**Calendario de Vencimiento de Opciones:** calendario de fechas vencimiento de opciones. El calendario de opciones se publica en varios sitios Web de información financiera. Véase: Semana de Doble Vencimiento, Semana de Triple Vencimiento; Semana de Cuádruple Vencimiento.

**Cambio de una Opción por otra de Menor Precio ("roll down"):** para remplazar un contrato de una opción por uno de la misma clase (de venta o de compra), la misma fecha de caducidad, y un precio de ejercicio más bajo. Comparar con Cambio de una Opción por otra con Mayor Vencimiento ("roll forward"); Cambio de una Opción por otra de Mayor Precio ("roll up").

**Cambio de una Opción por otra con Mayor Vencimiento ("roll forward"):** para remplazar un contrato de opciones por uno de la misma clase (de venta o compra), una fecha de caducidad más tarde, y el mismo precio de ejercicio.

**Cambio de una Opción por otra de Mayor Precio ("roll up"):** remplazar un contrato de opciones por uno de la misma clase (de venta o compra), la misma fecha de caducidad, y un precio de ejercicio más alto. Comparar con Cambio de una Opción por otra de Menor Precio ("roll down"); Cambio de una Opción por otra con Mayor Vencimiento ("roll forward"):

**Calendario de Opciones:** semana de vencimiento del mismo día de los contratos.

**Compra cubierta:** contrato para una opción de compra que está escrito por el inversor quien tiene una posición en los bienes subyacentes con el propósito de cerrar el costo de entrega de las acciones si el portador de la acción elige emplear esa opción. Comparar con Venta Cubierta. Véase Opción al Descubierto. Véase Otorgador.

## UNA MIRADA MÁS CERCANA EN LAS COMPRAS CUBIERTAS Y EN LAS VENTAS CUBIERTAS

Uno podría preguntar razonablemente por qué un inversor que tiene una posición a largo o a corto plazo en un valor u otro producto financiero elegiría escribir una compra cubierta o una opción cubierta. La respuesta es simple. Es una forma relativamente segura de generar dinero de una inversión.

Normalmente, si usted tiene una posición a largo plazo y el precio aumenta, usted genera dinero. Lo mismo sucede si usted tiene una posición a corto plazo y el precio baja. Pero no si el mercado se mueve en su contra – a menos que usted haya utilizado su posición para escribir una compra cubierta o una venta cubierta.

Eso es porque el comprador (portador de la opción) le paga al otorgador (inversor que escribe la opción) una premia por el privilegio de retener el derecho de comprar o vender el valor subyacente si se vuelve una oportunidad beneficiosa y el derecho de alejarse de una inversión si esto no sucede. Por lo tanto, si el portador de la opción elige emplear la opción o permite que ésta se caduque sin valor, usted ha sacado una ganancia de la premia.

El riesgo más grande de un otorgador al escribir un contrato de opciones es que él o ella acepten una obligación contractual para entregar los bienes subyacentes si el portador de la opción elige emplear la opción. Al comprar (o vender a corto plazo) los bienes subyacentes antes de la escritura del contrato de opción, sin embargo, el otorgador cubre el riesgo cerrando el precio de los bienes – de ahí el nombre, Venta Cubierta o Compra Cubierta.

**Contrato de Opción:** acuerdo contractual que le transmite al comprador el derecho, pero no la obligación para comprar (opción de compra) o vender (opción de venta) los bienes subyacentes a un precio especificado y dentro de un tiempo establecido. Véase Fecha de Vencimiento.

**Cubierta:** Véase Compra Cubierta. Venta Cubierta.

**Derivado:** inversión a base de contrato. Los contratos de futuros y opciones derivan el valor de los bienes subyacentes representados en el contrato. Véase Opción de Compra; Mercadería; Unidad de Contrato; Opción de Venta.

**Documento de Publicación de Opciones:** Véase declaración de Publicación de Riesgo.

**Ejecución:** acción tomada por un portador de la opción con el objetivo de sacar ventaja de un derecho contractual de vender o comprar el valor, la mercadería, o instrumento financiero subyacente. Específicamente un inversor que posee una opción de compra comprará los bienes subyacentes, un inversor que posee una opción de venta los venderá. Las opciones no empleadas para la fecha de caducidad caducan sin valor y provocan una pérdida para el portador de la opción.

**En Dinero:** contrato de opción que ha obtenido una ganancia en un documento negociable. Para una opción de compra en el dinero significa que el valor subyacente está comercializando por debajo del precio de ejercicio. Para opción de venta, el término indica que el valor se está comercializando por encima de él. Comparar con Precio de Ejercicio de una Opción superior al Precio de Mercado.

**Fecha de Caducidad:** último día en el que el portador de un contrato de opción puede hacer uso del derecho de comprar o vender los bienes subyacentes de un contrato de opción para obtener ganancias en la posición. Los contratos de opciones que no son utilizados caducan sin valor. Véase Semana de Doble Vencimiento; Dolor Máximo; Calendario de Opciones; Semana de Cuádruplo Vencimiento; Semana de Triple Vencimiento

**Mes de Vencimiento:** 1) mes en el que una opción de compra o de venta caduca sin valor a menos que el portador de la opción la emplee para comprar o vender los bienes subyacentes. 2) otra forma de referirse a la fecha de entrega más cercana de un contrato de futuros, de mercadería o de un instrumento financiero.

**Opción al descubierto:** venta o compra que es escrita por un inversor que no tiene una posición en los bienes subyacentes que cierra el costo de entrega de las acciones si el portador de la opción elige emplear la opción. Comercializar opciones al descubierto puede ser un negocio altamente arriesgado porque si el portador de la opción elige emplear su derecho contractual de comprar o vender los bienes subyacentes al precio especificado, el otorgador será obligado a adquirirlos en el mercado libre y al precio predominante. Comparar con Compra Cubierta; Venta Cubierta.

**Opción de compra:** contrato de opción que transmite el derecho, pero no la obligación, para el portador de la opción de comprar un número especificado de acciones de un valor o un contrato de futuros a un precio especificado, y dentro de un período de tiempo establecido. Los comerciantes de opciones compran de opciones de compra cuando creen que el precio de un valor va a aumentar porque se les permite mantenerse en el predio de compra, en el nivel más bajo, actual. Si el precio en vez de subir baja, la pérdida del comerciante se ve limitada al costo del contrato de la opción. A veces simplemente conocido como Compra. Comparar con Opción de Venta. Véase Fecha de Caducidad.

**Opción de Índice:** contrato de una opción que se escribe sobre un índice, como por ejemplo el S&P500 y el Promedio Industrial de Dow Jones (DJIA).

**Opción de Venta (venta):** contrato de opción que transmite el derecho, pero no la obligación, al portador de la opción de vender a corto plazo un número específico de acciones de un valor o un contrato de futuro a un precio especificado, dentro de un período de tiempo establecido. Los comerciantes de opciones comprarán una opción de venta cuando crean que el precio de un valor va a bajar porque se cierra el precio de venta para los bienes subyacentes al nivel actual más alto, garantizando una ganancia si el precio baja antes de la fecha de caducidad. Si el precio sube en lugar de bajar, la pérdida del comerciante está limitada al costo del contrato de opción. A menudo conocido simplemente como "Venta". Comparar con opción recompra. Véase Fecha de Caducidad.

**Opción Europea:** contrato de opción que solo se puede emplear cuando caduca. Comprar con Opción Norteamericana.

**Opción Norteamericana:** contrato de opción que puede ser empleado en cualquier momento durante la vida del contrato. Comparar con opción europea. Véase: Ejercicio.

**Precio de Ejercicio de una Opción superior al Precio de Mercado:** contrato de opción que aún no ha obtenido ganancias de papel. Para una opción de compra, Fuera de Dinero significa que los bienes subyacentes están comercializando por encima del precio de ejercicio. Para una opción de venta, el término indica que se está comercializando por debajo de él. Comparar con En Dinero.

**Precio de Ejercicio:** precio en el cual un portador de opciones puede utilizar el derecho a comprar o vender los bienes subyacentes en un contrato de opciones. También conocido como Precio Pactado. Véase: Opción de Compra; En el Dinero; Opción de Venta.

**Semana de Cierre Simultáneo Trimestral:** esta semana que comienza el lunes previo a la caducidad del sábado de cualquiera de las cuatro clases de contratos de futuros. La semana que conduce ala caducidad de las opciones puede ser particularmente volátil porque como los portadores de opciones se amontonan para utilizar sus opciones para comprar o vender los bienes subyacentes previos a la campana de cierre del viernes a la tarde. La s opciones no utilizadas para dicha fecha caducan sin valor, provocando una pérdida para el portador de la opción. Véase: Semana de Doble Vencimiento.

**Semana de Doble Vencimiento:** semana que comienza el lunes previo a la caducidad del sábado de cualquiera de las dos clases de los contratos de opciones. La semana que conduce a la caducidad de las opciones puede ser particularmente volátil ya que los portadores de opciones amontonándose para emplear sus opciones antes de la campana de cierre del viernes a la tarde. Las opciones no empleadas par dicha fecha caducarán sin valor ocasionando una pérdida para el portador de la acción. Véase Dolor Max; Semana de Triple Vencimiento; Calendario de Opciones; Semana de Cuádruplo vencimiento.

**Semana de Vencimiento el Mismo Día de los Contratos:** la semana que comienza el lunes previo a la caducidad del sábado de cualquiera de las tres clases de contratos de opciones. La semana que conduce a la caducidad de las opciones puede ser particularmente volátil ya que los portadores de opciones se amontonan para utilizar sus opciones para comprar o vender los bienes subyacentes antes de la campana de cierre del viernes a la tarde. Las opciones que no se utilizan para esa fecha expiran sin valor, ocasionando una pérdida para el portador de las opciones. Véase Semana de Doble Vencimiento; Calendario de Opciones; Cierre Simultáneo Trimestral.

**Valor de Anticipación de Capital a Largo Plazo (LEAP):** contrato de opción con una fecha de caducidad de más de 9 meses.

**Valor del Tiempo:** en la comercialización de opciones, el valor del tiempo es la cantidad que un comprador de opciones está dispuesto a pagar por encima del valor intrínseco de los bienes subyacentes.

**Futuros Agregación:** contabilidad de todas las posiciones de futuros que le pertenecen o que controla un inversor o grupo de inversionistas. La agregación es utilizada para determinar los requerimientos de informaciones aplicables. Las posiciones que exceden un cierto nivel deben ser informadas a la Comisión de Comercialización de Mercadería de Futuros (CFTC). Véase: Compromiso de l Informe de Comerciantes; Interés Público; Posiciones Referibles; Límites de Posición Especulativos.

**Aluminio:** metal industrial comercializado en el mercado de futuros. Una unidad de contrato de aluminio iguala las 44.000 toneladas. Los precios de contratos de aluminio se mueven en incrementos mínimos de $0,0005, o $o0,5 por libra, lo que significa que un movimiento de $0,1 en el precio iguala $440 por contrato. En general, la fluctuación máxima diaria por precio tiene un tope de $.20 por libra del cierre del día previo.

**Arrinconar:** práctica ilegal de intentar adquirir suficientes valores en una mercadería para controlar su precio.

**Bases:** diferencia de precio entre el precio de contado y el precio de futuros de la misma mercadería.

**Cobre (Símbolo de Comercialización HG):** metal industrial comercializado como mercadería en los mercados de contado y de futuros. En COMEX, una unidad de contrato de cobre iguala las 25.000 libras. Los precios de contrato para el cobre se mueven en incrementos mínimos de $.0005, o $.0.5, por libra lo que significa que un movimiento en el precio de $.0.1 iguala $250 por contrato. Hay excepciones, pero el intercambio afectará la comercialización si el precio del cobre fluctúa más de $.20 por libra ($5.000 por contrato) por encima o por debajo del cierre del día anterior. Véase: Movimiento Mínimo de Precio.

**Contango:** condición de mercado en la cual un contrato de futuros u opciones está comercializando progresivamente más alto cada mes de contrato. Comparar con Mercado Invertido; Mercado Reverso.

**Continuar Comprando en un Mercado Alcista:** utilizando ganancias en papel como margen para comprar o vender en corto. Contratos de futuros adicionales de la misma mercadería. Véase: Margen Inicial; Margen de Mantenimiento.

**Contrato de Futuros:** contrato escrito para comprar o vender mercadería física o un instrumento financiero en una fecha futura, y a un precio acordado. Con la excepción del precio, todos los otros términos de un contrato de futuros están estandarizados para cada producto por el mercado en el cual se comercializan (CFTC). Véase: Derivados.

**Contrato Anticipado:** contrato en efectivo para comprar y recibir entrega de mercadería física. Los contratos forward están escritos y son ejecutados separados del tipo de cambio. Comparar con Contrato de Futuros.

**Contrato:** vehículo de transacción de futuros y opciones. Cada contrato para mercadería u opción está estandarizado por el mercado en el cual es comercializado. Véase: Derivados.

## UNA MIRADA MÁS CERCANA DE LOS CONTRATOS DE FUTUROS ESTANDARIZADOS

| | Unidad de Contrato | Movimiento de Precio Mínimo | Fluctuación de Precio Diario Máxima (por encima o por Debajo del cierre del día anterior) |
|---|---|---|---|
| Alumino: NYMEX símbolo de comercialización | 44,000 ton | $0005 por libra o $0.5 per contrato | $.20 por libra o $8.880 por contrato |
| Cobre: COMEX Símbolo de comercialización HG | 25.000 libras | $.0005 por libra o $0.5 por contrato | $.20 por libra o $5.000 por contrato |
| Oro: NYMEX Símbolo de comercialización GC | 100 onza de oro fíno | $.10 por onza de oro fíno o $.10 por contrato | $75 por onza de oro fíno o $5.000 por contrato |
| Paladio: NYMEX Símbolo de Comercialización PA | 100 onza de oro fíno | $0.5 por onza o $5 por contrato | Ninguno |
| Platino: NYMEX Símbolo de Comercialización PL | 50 onza de oro fíno | $.10 por onza o $5 por contrato | $50 por onza o $2.500 por contrato |

## UNA MIRADA MÁS CERCANA DE LOS CONTRATOS DE FUTUROS ESTANDARIZADOS

| Plata: COMEX Símbolo de Comercialización SI | 5.000 onza de oro fíno | $0.005 por onza o $25 por contrato | $1.50 por onza o $7.500 por contrato |
|---|---|---|---|

**Cuenta Combinada:** cuenta que lleva un Comerciante de la Comisión de Futuros (FCM) que combina las transacciones de dos o más individuos y se lleva a cabo en nombre de otro FCM. Comparar con Cuenta Completamente Publicada.

**Cuenta Completamente Publicada:** cuenta llevada por un Comisión Comercial de Futuros (FCM) en nombre del titular de la cuenta, más que en nombre de un FCM. Comparar con Cuenta.

**Descuento:** referencia a la relación entre el precio de los futuros de una mercadería en dos meses diferentes. Ejemplo: "la panceta de cerdo de mayo se está comercializando con un descuento con respecto a abril", significa que el contrato de mayo para la mercadería se está vendiendo por menos del contrato de abril.

**Día de Aviso:** día en el cual una cámara de compensaciones anuncia una entrega pendiente de un contrato de futuros.

**Entrega:** el vendedor de un contrato de mercadería física o de un instrumento financiero le transmite el producto físico al comprador. La mayoría de los contratos de futuros se compran y se venden con la intención de liquidar la posición antes de que sea necesario entregar o tomar la entrega de los bienes subyacentes.

**Futuros de Gasolina:** contrato de futuros al precio minorista de la gasolina. Los contratos de futuros de gasolina se comercializan en el Mercado de Futuros CBOE (CFE).

**Futuros de Índice:** inversión en la cual los compradores y vendedores acuerdan pagar o recibir un pago en el futuro por el valor en efectivo del índice de una acción subyacente. Véase: Derivados; Contrato de Futuros; Liquidación en Efectivo.

**Futuros de una Sola Acción (SSF):** contrato de futuros en el cual los bienes subyacentes son un solo valor más que el índice más común, Fondo de Mercado Comercializado (ETF) o la canasta de 100. Véase Chicago Uno LLC:

**Futuros:** mercado en el que los contratos de cambio comercializados comprometen a los compradores y a los vendedores al cambio real de mercaderías físicas o instrumentos financieros en una fecha futura y en un precio acordado. Los negocios que utilizan las mercaderías en la producción de sus productos a menudo utilizan el mercado de futuros como una cobertura contra los futuros cambios de precio adversos. La mayoría de los comerciantes de futuros, sin embargo, emplean los contratos de futuros para inversiones especulativas. Cualquiera sea el caso, un contrato que se vende de nuevo antes del vencimiento del contrato advierte la obligación de tomar o realizar entregas de los bienes subyacentes. El mercado de futuros está regulado y es examinado por la Comisión de Comercialización de Mercaderías de Futuros (CFTC). Véase: Derivados.

**Incumplimiento:** fracaso para desempeñarse de acuerdo con los términos de un contrato de derivados dentro del término margen o para recibir la entrega al contado.

**Informe de Compromiso de los Comerciantes (COT):** informe de la Comisión de Comercialización de Mercaderías de Futuros (CFTC) que examina el interés público del mercado de 20 o más posiciones comerciantes referibles. La COT se publica cada viernes a las 3:30 de la tarde (hora oriental) para posiciones referibles sostenidas al cierre de la sesión de comercialización del martes de la misma semana. Véase: Agregación; Interés Público.

**Informe de Depósito:** declaración que garantiza la existencia de mercadería física y verifica su disponibilidad y su calidad. El informe de depósito comúnmente se utiliza para transferir propiedad.

**Interés Público:** número total de contratos y futuros que no han vencido y no han sido ejecutada. La Comisión de Comercialización de Mercaderías de Futuros (CFTC) utiliza la información de interés público para generar el Informe de Compromiso de Comerciantes (COT) semanal.

**Límite Cerrado en Alza:** frase utilizada para indicar que el pedido más bajo para un contrato de futuros está por encima del nivel de fluctuación del precio máximo. Véase: Movimiento Límite.

**Límite Cerrado en Baja:** frase utilizad para indicar que la oferta actual más alta sobre un contrato de futuros está por debajo del nivel de fluctuación del precio máximo. Véase: Movimiento Límite.

**Límite Variable:** excepción a las limitaciones de variación máxima de precio que evocan algunos mercados en ciertas circunstancias como por ejemplo en períodos de alta volatilidad.

**Liquidación en Efectivo:** proceso en el cual un contrato de futuros u opciones se establece con intercambio de dinero más que con la entrega de la mercadería física. Los instrumentos financieros utilizan un proceso liquidación en efectivo.

**Margen de Mantenimiento:** valor de cuenta mínimo que se le requiere que mantenga aun inversor para continuar manteniendo uno o más contratos de futuros. El valor del dólar para el margen de mantenimiento varía de acuerdo a la mercadería específica o al instrumento financiero. Una cuenta que cae por debajo del margen de mantenimiento combinado para todas las posiciones de la cuenta recibirá un llamado de reposición margen y estará sujeta a la liquidación total o parcial.

**Margen Inicial:** balance de cuenta mínimo requerido antes de que un inversor sea aprobado para comprar o vender un contrato de futuros. Comparar con: Margen de Mantenimiento. Véase: Margen.

**Margen:** en el comercio de futuros y de opciones, los fondos que se tomaron prestados y fueron utilizados como bono de desempeño asegurando que el inversor cumpla con los términos de cualquier contrato de derivados comparado o vendido en la cuenta. Véase: Préstamo de Compra; Tasa de Préstamo de Compra; Dinero de Compra; Margen Inicial; Cuenta de Margen; Demanda para Margen Adicional; Margen de Mantenimiento. Reposición Margen.

**Mercadería:** producto tangible ampliamente utilizada como el petróleo, los metales preciosos e industriales, y los productos agrícolas que se comercializan en el mercado de efectivo o intercambio de futuros.

**Mercado al Contado:** mercado en el cual una mercadería se compra en entrega inmediata. También llamado mercado en efectivo. Comparar con Mercado de Futuros.

**Mercado de Cambio Extranjero:** mercado de contado, opciones, y futuros para monedas mundiales. Véase: Tasa de Cambio Extranjero.

**Mercado de Efectivo:** véase: Mercado de Contado.

**Mercado Invertido:** véase: Mercado Reverso; Contango.

**Mercado Reverso:** condición en el mercado de futuros en la cual el contrato para el mes actual se está comercializando a un precio más elevado que el de un mes futuro. También conocido como Mercado Invertido. Comparar con Contango. Véase: Futuros; Derivados; Opciones.

**Mes al Contado:** véase: Mes de Entrega Próximo.

**Mes de Entrega Próximo:** Mes de calendario que está más cerca de la fecha de vencimiento de un derivado. Véase: Mes al Contado.

**Mes de Entrega:** véase: Mes de Vencimiento de un Contrato.

**Mes de Vencimiento de un Contrato:** 1)n mes en el cual un contrato de futuros comienza a comercializar en el mercado en efectivo. Los comerciantes de futuros quienes no logran compensar sus posiciones a largo o corto plazo previo a la fecha de caducidad enfrentan el prospecto de tener que tomar o realizar entrega de la mercadería o del instrumento financiero. 2) mes en que un contrato de opciones finalizará sin valor si el portador de la opción no ejerce la opción de comprar o vender los bienes subyacentes. Véase: Incumplimiento.

**Metales Preciosos:** metales, que incluyen el oro, la plata, el platino y el paladio, que se comercializan en los mercados al contado y de futuros.

**Moneda de Cambio Flotante:** sistema monetario en el cual el valor de la moneda está determinado por la oferta y la demanda. El Dólar Estadounidense, La Libra Esterlina, el Euro, el Yen japonés son ejemplos de monedas de cambio flotantes. Comparar con Moneda Fija. Véase: Mercado de Cambio Extranjero; Tasa de Mercado Extranjero.

**Moneda Exótica:** moneda que rara vez se comercializa en el mercado extranjero o por consecuente tiene poca liquidez. Véase: Moneda Dura; Moneda Blanda.

**Movimiento Límite:** en el mercado de futuros, precio máximo de fluctuación para un contrato dado. Un movimiento límite está medido de acuerdo al cierre del día previo y comúnmente provoca una detención comercial. Véase: límite Cerrado Bajo, Límite Cerrado Alto.

## UNA MIRADA MÁS CERCANA DE LOS MOVIMIENTOS LÍMITES Y DETENCIONES COMERCIALES

Las fluctuaciones de precio máximas y las detenciones comerciales provocan una variación por la mercadería individual o instrumento financiero y por el mercado. Algunas detenciones son provocadas cuando el comercio está sustentado en un

## UNA MIRADA MÁS CERCANA DE LOS MOVIMIENTOS LÍMITES Y DETENCIONES COMERCIALES

cierto nivel por un período específico de tiempo. Otras son provocadas cuando la mejor oferta cae fuera del rango de fluctuación máximo de un precio. De la misma forma, la duración de la detención puede ir de unos pocos minutos a todo un día comercial. Más allá de la causa, la lógica detrás de una detención comercial es siempre la misma: darle a los comerciantes un periodo de enfriamiento, después del cual se puede retomar la comercialización normal con el pedido por sobre la emoción.

En algunas ocasiones, el comercio vuelve a abrir con un límite en baja o en alza y sobreviene otra detención comercial. Varios comerciantes de futuros se han encontrado atrapados en una posición de perdida durante una serie de sesiones comerciales de límite cerrado. Cuando el comercio finalmente fue retomado, los afortunados aún tenían suficiente dinero para comprarse una taza de café.

**Oro (símbolo de comercialización GC):** metal precioso que se comercializa al contado y en el mercado de futuros. EN el NYMEX una unidad de contrato de oro equivale a 100 onzas de oro. Un tick en el precio del oro es $.10 por onza de oro, o $10 por contrato. Hay excepciones, pero en general, el mercado se verá afectado si el precio del oro fluctúa en más de $75 por onza de oro ($7.500 por contrato) por encima o por debajo del cierre de precio del día anterior. Las fluctuaciones máximas diarias de precio se levantan durante los últimos 20 minutos del día comercial. Véase: Movimiento Mínimo de Precio.

**Paladio (Símbolo de comercialización PA):** uno de los seis metales que comprende el grupo de metales de platino. A causa de las propiedades catalíticas únicas del paladio, la gran parte de la demanda de este proviene de la industria automotriz. También se utiliza en aplicaciones electrónicas, ligamientos dentales, y joyas. En el NYMEX, la unidad de contrato de Paladio es de cien onzas de oro. Los contratos de paladio se mueven en incrementos mínimos de $.05, o $5 por contrato. A diferencia del oro, la plata, el cobre, y el aluminio, no hay límites en las variaciones de precio diario del paladio.

**Plata (Símbolo de comercialización SI):** metal precioso comercializado en el mercado al contado y de futuros. En COMEX, un contrato de futuros de plata equivale a 5000 onzas de oro. Los precios de los contratos de plata se mueven en incrementos mínimos de $.005 por onza de oro o $25 por contrato. Con algunas excepciones, el mercado producirá una detención en el comercio de la plata si el precio varía más de $1.50 ($7.500 por contrato) por encima o por debajo del cierre del día anterior.

**Platino (Símbolo de comercialización PL):** el más conocido de un grupo de seis metales que lleva su nombre y el más crudo de los tres metales preciosos primarios (oro, plata, y platino). Las joyas y el oro o plata en lingotes son la razón de la gran demanda, pero todos los seis metales del grupo de platino poseen propiedades catalíticas y conductivas que los hacen apropiados para aplicaciones especializadas en las industrias automotrices, químicas, petroleras y de computación. En el NYMEX, una unidad de contrato de platino equivale a cincuenta onzas de oro. Los contratos de platino se mueven en incrementos mínimos de \$.10 por onza de oro, o \$5 por contrato excepto el mes de contrato, el cual no tiene variación máxima de precio, el mercado provocara una detención comercial del platino si el precio varia mas de \$50 por onza de oro (\$2.500 por contrato) por encima o por debajo del cierre del día anterior.

**Posiciones Referibles:** número de posiciones abiertas en el mercado de futuros por encima del límite que requiere una contabilidad de posiciones de largo y corto a la Comisión de Comercio de Mercadería de Futuros (CFTC). Véase: Informe de Compromiso de Comerciantes.

**Precio de Contado:** precio en efectivo por la entrega inmediata de una mercadería. También llamado Precio en Efectivo. Comparar con Futuros. Véase: Mercado al Contado.

**Unidad de Contrato:** cantidad de los bienes subyacentes representados por un contrato de derivados. Por ejemplo, una unidad de contrato de oro representa 100 onzas de metal. También llamado Unidad de Comercio.

**Variación Máxima de Precio:** cantidad más grande de un contrato en que un futuros puede moverse en una sola sesión comercial antes de provocar una detención comercial. La fluctuación máxima de precio varía de acuerdo a la mercadería individual o al instrumento financiero y se mide de acuerdo al cierre del día anterior. Las fluctuaciones máxima s de precio comúnmente no se aplican a al mes de entrega cercano. También conocido como movimiento límite. Véase: Interruptor.

**Variación Mínima de Precio:** incremento de cambio de precio más pequeño de un contrato de futuros. También conocido como cambio de precio (tick), el movimiento mínimo de precio para un cierto contrato está establecido por el mercado y está estandarizado por el producto subyacente. Por ejemplo, un cambio de precios (tick) en futuros de oro representa \$.10 por onza de oro o \$10 por contrato, mientras que un cambio de precios (tick) en futuros de plata representa \$.005 por onza de oro o \$25 por contrato.

Capítulo

# 16

# Ofertas Públicas Iniciales:
# Los Grandiosos Años 90

IPO: proceso por el cual se ofrecen las acciones de una empresa a la venta al público inversionista por primera vez. También conocido como Nueva Emisión.

---

**Acción que se Vende en su Primer Día Comercial:** Oferta Pública Inicial (IPO) en la cual la demanda excede la oferta. Son muy comunes en empresas de alto perfil.

**Alcance de la Oferta:** estimaciones más altas y más bajas en las cuales una empresa espera que el suscriptor fije el precio de la oferta. El alcance de la oferta está incluido en los prospectos, pero no es obligatorio, ya que la demanda finalmente determinará el precio final de la oferta.

**Asignación:** número de acciones para ofrecer al público por el suscriptor en una IPO. El suscriptor asigna acciones a los clientes, a menudo basado en el volumen de comercialización previo. Véase: Oferta Pública Inicial; Mejor Esfuerzo; Suscripción.

**Cierre del Primer Día:** precio de cierre en una Oferta Pública Inicial (IPO) en el primer día de comercialización en la bolsa.

**Comparables:** estudio de empresas que cotizan en la bolsa realizado por un banco de inversión con el propósito de establecer el precio de la oferta en la Oferta Pública Inicial.

**Compromiso Firme:** véase: Pacto de compra.

**Concurso de Belleza:** los ejecutivos de una empresa que está comenzando el proceso de la  Oferta Pública Inicial (IPO) invitan a presuntos suscriptores de los bancos de inversiones para que recorran la empresa. La empresa tiene dos objetivos al someterse en un concurso de belleza: cuasar interés en los suscriptores al provocar una buena impresión e identificar que el suscriptor realice su mejor trabajo en la IPO.

**Co-Suscriptor:** cualquiera de los suscriptores secundarios involucrados en la Oferta pública Inicial (IPO). También conocido como Co- Gerente. Comparar con Suscriptor Principal.

**Detención de la IPO:** proceso de ruptura del circuito para suspender la comercialización temporaria en una Oferta Pública Inicial (IPO) para prevenir las apuestas. Véase: Detención Comercial.

**Día a Día (DTS):** Oferta Pública Inicial (IPO) sin una fecha de publicación programada en el calendario IPO. Una designación día a día significa que parte de las acciones ofrecidas aún no ha sido suscripta y probablemente esté retrasada.

**Documentos Informativos:** prospectos preliminares distribuidos con anterioridad a la Oferta Pública Inicial (IPO) utilizados para solicitar interés en los valores de una empresa. También conocido como Prospecto PRE IPO. Comparar con Prospectos Finales.

**Esfuerzo Mayor:** acuerdo de suscripción en el cual el banco de inversión se compromete a hacer su mejor esfuerzo para vender las acciones en la Oferta Pública Inicial (IPO). Los acuerdos de esfuerzo mayor a menudo contienen una disposición que le otorga al suscriptor el derecho de cancelar la IPO si su mayor esfuerza no cumple con las expectativas. Comparar con  Pacto de Compra. Véase: Venta a Todo o Nada.

**Estabilización:** compromiso del suscriptor principal en el que el gremio de suscripciones continuará apoyando el precio de las acciones luego de la Oferta Pública Inicial (IPO) para evitar que baje el precio de la oferta.

**Formulario S-1:** archivo de la Comisión Nacional de Valores (SEC) en el cual una empresa privada declara su intención de vender sus acciones al público. Véase: Oferta Pública Inicial (IPO).

**Ganancias:** dinero obtenido de una Oferta Pública Inicial. Los prospectos de una empresa publicarán como se pretenden utilizar las ganancias.

**Gerente de Suscripciones:** suscriptor que tiene el control elemental y la responsabilidad en la oferta pública inicial. También conocido como Suscriptor Principal. Véase: Co-Suscriptor.

**Indicador de Interés:** medida de la demanda de un inversor de una Oferta Pública Inicial (IPO). El indicador de interés es uno de los varios factores que utilizara el suscriptor para establecer el precio de la oferta en la IPO.

**Libro de Pedido:** lista de inversores que se han suscripto para comprar acciones de una Oferta Pública Inicial (IPO).

**Margen Bruto:** ganancia del suscriptor en una Oferta Pública Inicial (IPO). El margen bruto es la diferencia entre el precio de la oferta y la cantidad en dólar que el suscriptor acuerda pagar a la empresa emisora.

**Mercado Primario:** mercado en el cual el comprador adquiere un bien directamente del dueño original. En la bolsa de comercio, las acciones vendidas por una empresa a un suscriptor en una Oferta Pública Inicial (IPO) son intercambiadas en el mercado principal. Comparar con Mercado Secundario.

**Negociaciones Finales:** proceso por el cual una empresa y los suscriptores establecen un precio de oferta y el tamaño de la oferta para una Oferta Pública Inicial (IPO).

**Nueva Emisión:** véase: Oferta Pública Inicial.

**Oferta Pública Directa (DPO):** Oferta Pública Inicial (IPO) en la cual una empresa pasa por alto al suscriptor y vende sus acciones directamente al público.

**Oferta Pública Inicial (IPO):** proceso por el cual se ofrecen las acciones de una empresa a la venta al público inversionista por primera vez. También conocido como Nueva Emisión.

## UNA MIRADA MÁS CERCANA EN LA OFERTA PÚBLICA INICIAL

El procesa de "cotizar en la bolsa" es largo y complejo, pero se puede resumir en cuatro etapas ampliamente agrupadas, cada una de las cuales está compuesta por docenas de pasos individuales.

1) La empresa declara su intención de vender sus acciones al publico y obtiene las regulaciones a través del archivo del formulario S1 con la Comisión Nacional de Valores (SEC).

2) La empresa firma un acuerdo con un banco de inversión quien se transforman en los suscriptores principales para la IPO. En otras palabras, la empresa emisora acuerda vender parte de sus acciones a un suscriptor (quien puede encabezar un grupo de suscriptores conocido como gremio.

3) La Comisión Nacional de Valores emite una aprobación del registro para la emisión.

4) El suscriptor ofrece las acciones para la venta en la bolsa de comercio (mercado secundario) en donde inversores individuales y profesionales comienzan a comprar y vender acciones.

**Omisión de Detalles en una IPO:** archivo de una declaración de registro con cierta información acerca de la Oferta Pública Inicial (IPO) omitida deliberadamente. Un a empresa podría elegir una archivo tranquilo si la gerencia quiere que comience el proceso pero aún no ha resuelto algunos temas. Véase: Formulario S1.

**Opción de Sobre Adjudicaciones:** disposición en un acuerdo de suscripción en la Oferta Pública Inicial (IPO) en el cual una empresa acuerda vender acciones adicionales al suscriptor al precio de la oferta por un período de tiempo estipulado.

**Pacto de Compra:** firme compromiso de un suscriptor para comprar todas las acciones que ofrecerá una empresa en la Oferta Pública Inicial (IPO). Comparar con Esfuerzo Mayor; Todo o Nada.

**Periodo Cerrado:** periodo de tiempo consecuente a la Oferta Pública Inicial (IPO) en el cual se les prohíbe a los miembros de una empresa vender sus acciones. El periodo cerrado está establecido por un acuerdo contractual entre la empresa y los suscriptores.

**Período de Cotización Solamente:** período de tiempo previo a la comercialización en una Oferta Pública Inicial (IPO) en la cual NASDAQ acepta comprar y vender pedidos para la IPO. Los pedidos pueden cancelarse durante el período de cotización solamente.

**Periodo de Suscripción:** periodo de tiempo en el cual los inversores pueden comprometerse a comprar acciones de un valor que se va a emitir enana Oferta Pública Inicial (IPO). Véase: Oferta pública Inicial, Distribución Subsiguiente. Véase: Sobre Suscrición; Suscribir.

**Precio de la Oferta:** precio en el que el suscriptor de una Oferta Pública Inicial ofrece vender la nueva emisión al público.

**Presentaciones:** serie de reuniones con inversores, analistas, y empresas de inversión llevada a cabo por el personal ejecutivo de una empresa ( a menudo el CEO y el CFO) previas a la Oferta Pública Inicial.

**Propuesta de Multa:** comisiones que cobran algunas empresas de corretaje cuando un cliente vende acciones en la Oferta Pública Inicial (IPO) inmediatamente después de comprarlas. La propuesta de multa es la obligación del cliente del corredor de bolsa y tiene la intención de prevenir que haya acciones disponibles para inversores cuyo único interés es obtener ganancias rápidas en una IPO:

**Prospectos Finales:** documento oficial que incluye una oferta formal para vender un valor, describe a la empresa, su gerencia, y detalles acerca del producto que se está ofreciendo como los derechos de voto asignados al valor, y publica el estado financiero de la empresa y los riesgos asociados con la misma. Comparar con Documento Informativo.

**Prospectos PRE IPO:** véase: Documentos Informativos.

**Reunión General:** una de las varias planificaciones de reuniones previas al IPO entre los gerentes de una empresa, el coordinador de la suscripción, contadores fuera de la empresa, y un asesor legal para ambos el coordinador de la subscrición y para la empresa. Véase: Oferta Pública Inicial; Declaración de Registro.

**Ruptura de IPO:** una Oferta Pública Inicial (IPO) en la que el valor se vende por debajo del precio IPO luego de que empieza a comercializarse en el mercado secundario. También conocido como Ruptura de Emisión. Véase: Estabilización.

**Ruptura de Emisión:** véase: Ruptura de IPO.

**Sobre Suscripción:** situación en la cual la demanda de suscripciones para una Oferta Pública Inicial (IPO) excede el tamaño de la oferta. Una sobre suscripción IPO a menudo comercializará por encima del precio de la oferta cuando comience a comercializar en la bolsa de comercio.

**Solicitud Ilegal:** solicitud deliberada de interés en una Oferta Pública Inicial (IPO) previa a la declaración de registro en los archivos. Es ilegal puede ocasionar multas importantes.

**Suscribir:** comprometerse a comprar acciones emitidas en una Oferta Pública Inicial (IPO). Véase: Suscripción: Periodo de Suscripción.

**Suscripción:** compromiso para comprar acciones emitidas en una Oferta Pública Inicial (IPO). Véase: Sobre Suscrición; Suscripto.

**Tamaño de la Oferta:** número de acciones que se emiten en una Oferta Pública Inicial (IPO).

**Terminación:** declaración de una Oferta Pública Inicial finalizada. La terminación a menudo se lleva a cabo varios días después del comienzo de la comercialización del valor.

**Todo o Nada:** acuerdo de la Oferta pública Inicial que puede cancelarse por el principal coordinador de la suscripción si no están subscriptas todas las acciones. Véase: Suscripción.

# Parte V

# Estrategias de Análisis: Identificar una buena inversión cuando la vea

# Análisis Fundamental:
# ¿Baratos o Subestimados?

ANÁLISIS FUNDAMENTAL: la evaluación de un valor del mercado valores que toma en consideración las operaciones de la empresa y el rendimiento financiero.

---

**Acción De Control:** las acciones suficientes propiedad de un accionista o una empresa para llevar a cabo un control de interés en una empresa. Véase Empresa Controlante; Incursión Corporativa; Empresa Controlante Diversificada;Empresa Controlante; Toma de Control; Oferta Pública de Dos Niveles.

**Acción De Primera Línea:** un valor emitido por una empresa que es en general considerada como financieramente sólida, estable, fiable y con unas ganancias confiables y un registro de seguimiento de los dividendos.

**Acción Líder:** un valor que es ampliamente aceptado como representante del mercado en su conjunto o de una industria. En un momento, el mercado vio a AT&T, IBM, y General Motors. Hoy son ejemplos Microsoft, GE, e Intel.

**Acciones Autorizadas:** el número de acciones aprobadas para su concesión, como fueron autorizadas por la carta de la compañía o votación de sus accionistas.

**Acciones En Circulación:** el número total de acciones propiedad de los inversores de un valor particular, incluyendo tanto las acciones restringidas y como aquellas que están disponibles para la compra por parte del público. Las acciones que han sido de recompra por parte de la empresa no se incluyen cuando se calculan las acciones en circulación.

**Acciones Sin Dividendos:** acciones que se compraron durante el período de sin dividendos. Estas acciones no participan en la distribución de los dividendos recientemente declarados, que se pagan únicamente al titular del registro en la fecha de registro.

**Actividades Ultra Vires:** actividades empresariales que están en contradicción con su carta. Estas actividades pueden exponer a la empresa a responsabilizarse si los accionistas creen que éstas han afectado negativamente a la empresa y al rendimiento de las acciones.

**Activos Ilíquidos:** propiedades y otras acciones que no pueden ser convertidas a dinero en efectivo fácilmente. También conocidos como Activos de Capital. Comparar con Activos Líquidos.

**Actualización:** un aumento en una recomendación de un analista para un valor sobre la base de un cambio en las estimaciones de ingresos y / o el rendimiento de las acciones.

**Adquisición:** Véase Toma de Control.

**Análisis Fundamental:** la evaluación de la valuación de un valor del mercado que tiene en cuenta las operaciones de la empresa y su desempeño financiero.

**Ángel Caído:** una empresa financieramente sólida cuyas acciones son negociadas por debajo del precio de su Oferta Pública Inicial (IPO).

**Anuncio De Ganancias:** el anuncio público del rendimiento financiero de una empresa para el trimestre fiscal más reciente. Este anuncio es, por lo general realizado con un comunicado de prensa publicado por la empresa y seguido de una llamada de conferencia entre los ejecutivos de empresa y los analistas poco después.

**Artículos De Incorporación:** un documento que establece una corporación e incluye información como el nombre de la empresa, su finalidad, el número y el tipo de acciones que la corporación emitirá, los nombres y direcciones de los directores y fundadores de la primera junta, y la dirección de la empresa. A veces se refiere como una Carta. Véase Estatutos Empresariales.

**Auditoría:** la inspección y verificación de los registros y/o procedimientos de una organización. Una auditoría puede ser interna o externa. La auditoría externa del estado financiero de una empresa pública tiene la obligación de ser realizada por una firma de contabilidad pública.

**Aumentar:** una evaluación de un analista que refleja una opinión que el precio de un valor aumentará más rápido que el mercado en su conjunto, como lo medido por el índice del mercado más amplio.

**Bajo Rendimiento:** una calificación de un analista de un valor reflejando una opinión de que su precio se van a la zaga del mercado en su conjunto.

**Bancarrota:** una declaración de insolvencia particular, de una empresa o corporativa en virtud de las disposiciones del Código de Quiebra de los Estados Unidos. Los diversos capítulos del código de quiebra especifican las protecciones otorgadas a los deudores calificados. Las cortes federales tienen jurisdicción exclusiva sobre los procedimientos de quiebra. Al igual que con otras presentaciones de quiebra, una empresa puede elegir liquidar sus activos y utilizar lo recaudado para pagar a sus acreedores o reorganizarse y continuar haciendo negocios. En algunos casos en virtud de una reorganización, parte de la deuda de una sociedad puede ser perdonada. La reorganización será supervisada por un administrador judicial hasta que la empresa se desprenda de la quiebra.

| UNA MIRADA MÁS CERCANA A LA BANCARROTA | |
|---|---|
| ¿Qué significa? | ¿Quién puede presentarla? |
| Capítulo 7 La liquidación total de Activos | Empresa o Individual |
| Capítulo 9 Reorganización: activos retenidos, y las deudas pagadas y ajustadas en el tiemppo | Municipal (ciudades, pueblos, aldeas, condados, distritos de impuestos, servicios públicos municipales, y los distritos escolares) |
| Capítulo 11 Reorganización: activos retenidos, y las deudas pagadas y ajustadas en el tiempo. | Empresa o Individual |
| Capítulo 12 Ajuste de la deuda: familia de pescadores ajustadas y pagadas en el tiempo | Familia de agricultores o activos retenidos, deudas |
| Capítulo 13: Ajuste de Deuda (el Peticionario puede mantener el hogar y otros activos y pagar por toda o parte de su deuda en el tiempo) | Individual |
| Capítulo 15: Casos de facilitadores auxiliares en el que la presentación ha tenido lugar en otro país | Empresa |

**Calendario De Ganancias:** un calendario de los anuncios de ingresos de la empresa. Estos calendarios están enumerados en una serie de sitios web como **www.finance.yahoo.com**, y **www.marketwatch.com**.

**Calificación Baja:** una reducción en una recomendación de un analista por un valor basado en un cambio en las estimaciones de los analistas de las ganancias de la empresa y / o el rendimiento de las acciones. Comparar con Calificación Alta. Véase Analista; Analista de Punta Comparadora; Analista de Punta Vendedora.

**Carta:** Véase Artículos de Incorporación.

**Circulación De Acciones:** Véase Acciones en Circulación.

**Cobertura De Analistas:** tener uno o más analistas haciendo un seguimiento activamente y publicando opiniones sobre una empresa y sus acciones. Algunos inversores creen que una empresa con la cobertura de analistas se beneficia de más actividad de inversión que una empresa sin cobertura de analistas. Véase Cobertura Inicial; Cobertura Suspendida.

**Cobertura Iniciada:** para comenzar la cobertura de analista de una empresa particular y de sus acciones. Algunos inversores creen que el número de analistas que hacen el seguimiento y el ofrecen estimaciones sobre una acción pueden correlacionar con el aumento del interés de los inversores. Comparar con Cobertura Suspendida.

**Cobertura Suspendida:** finalizar la cobertura de analista sobre un determinado valor. Algunos inversores creen que el número de analistas que hacen un seguimiento y ofrecen estimaciones sobre un valor puede correlacionar con el aumento de la actividad comercial y que la cobertura suspendida puede causar el efecto opuesto. Comparar con Cobertura Inicial.

**Compra Apalancada:** el uso de capital prestado para la compra de otra empresa. Una compra apalancada permite la compra de una empresa para evitar la inmovilización de sus propios activos de dinero en efectivo para la adquisición, normalmente mediante el uso de acciones en la sociedad afectada como garantía para asegurar el préstamo.

**Consenso De Analistas:** un promedio de las opiniones de los analistas de acerca del rendimiento financiero futuro estimado o de los precios de las acciones de una empresa. Véase Analista de Punta Compradora; Analista de Punta Vendedora.

**Control De Interés:** la posesión de un número suficiente de acciones de en una empresa para influir en las decisiones de la Junta e directores (BOD). Véase el

Acción de Control; Incursión Corporativa; Empresa de posición Diversificada; Empresa Controlante; Toma de Control; Oferta Pública de Dos Niveles.

**Deuda A Largo Plazo:** obligaciones de deuda (préstamos, arrendamientos, bonos, obligaciones) con una fecha de vencimiento de por lo menos 12 meses o más. Comparar con Deuda a Corto Plazo.

**Diligencia Debida (DD):** un descubrimiento y análisis de los riesgos asociados a una inversión. La realización de la diligencia debida incluye obtener una comprensión de la condición financiera de la empresa, ya sea que las personas vinculadas a la empresa estén comprando o vendiendo las acciones que poseen en la misma, los productos actuales y los que están en desarrollo, los competidores de la empresa, y los factores que aumentan o disminuyen el riesgo dentro del sector.

**Distribución Posterior:** una oferta de una empresa para vender más acciones en algún momento después de una Oferta Inicial Pública(IPO). Una distribución posterior aumenta el número de las acciones en circulación. Compare con Oferta Secundaria. Véase Disposición de Anti- Dilución; Dilución.

**Dividendo Especial:** una distribución de las ganancias de la empresa a los accionistas que se hace ya sea completando o en una tasa más alta que sus distribuciones de dividendo regular.

**Ejecución De Pares:** la opinión de un analista de que el precio de un valor aumentará o disminuirá en aproximadamente la misma tasa que el mercado como en su conjunto, tal como lo mide un índice de base amplia.

**Escisión:** el proceso de establecimiento de una filial o división de una empresa como una entidad separada mediante la emisión de acciones en la nueva empresa a los accionistas en la empresa matriz.

**Estatutos Empresariales:** reglas de operación para una entidad corporativa. Estas leyes asignan responsabilidades a los funcionarios de las empresas, establecen procedimientos para la realización de las reuniones de la junta, y detallan cómo, cuándo y dónde los accionistas votarán sobre la actividad empresarial. Véase Artículos de Incorporación; Gobierno Corporativo.

**Evaluación De Acciones:** una designación de un analista que refleja una opinión sobre las perspectivas de ingresos de la empresa o rendimiento de las acciones.

**Fecha De Registro:** una fecha instantánea utilizada para determinar la fecha en la que los accionistas califican para las distribuciones de dividendos. Un inversor debe poseer acciones en la fecha de registro para poder participar. Véase Sin Dividendo; Acción Sin Dividendo.

**Fiduciaria:** 1) Una persona o institución con una relación especial de confianza o responsabilidad financiera que obliga a la fiduciaria a cumplir determinadas funciones en el mejor interés de los demás. 2) Una relación especial de confianza o responsabilidad financiera. Véase Artículos de Incorporación; Estatutos Empresariales; Gobierno Corporativo; Cuenta Discrecional; Cuenta Gestionada; Regla del Hombre Prudente.

**Flota:** el número total de acciones de acciones de una determinada empresa que están a disposición del comercio público. La flota se calcula restando acciones restringidas de las acciones en circulación.

**Formulario 10K:** el informe financiero anual auditado que las empresas que cotizan en la Bolsa públicamente están obligadas a presentar ante la Comisión Nacional de Valores (SEC) dentro de los 90 días del cierre del año fiscal de la empresa. El 10K es el más completo de las presentaciones requeridas por la SEC e incluye información detallada sobre el rendimiento financiero de la empresa del año anterior. Véase EDGAR.

**Formulario 10Q:** un estado financiero auditado cada trimestre que las empresas que cotizan en la bolsa públicamente están obligadas a presentar ante la Comisión Nacional de Valores dentro de los 45 días de cada trimestre fiscal. Comparar con Formulario 10K. Véase EDGAR.

**Formulario 8Q:** un formulario de la Comisión Nacional de Valores (SEC) que informa acerca de los cambios materiales en las operaciones de una empresa que cotiza públicamente en la bolsa. Comparar con Formulario 10K; Formulario 10Q. Véase EDGAR.

**Formulario S4:** un formulario de la Comisión Nacional de Valores (SEC) que declara que una empresa quiere emitir acciones adicionales. Véase Distribución Posterior. Comparar con Formulario S1.

**Fusión:** la unión de dos empresas mediante la adquisición o consolidación de los activos.

**Fusiones Y Adquisiciones:** un departamento o división una empresa de servicios financieros que facilita fusiones de empresas y tomas de control. Véase Fusión; Adquisición.

**Gobierno Corporativo:** las políticas y procedimientos que rigen la forma en que una empresa lleva a cabo actividades comerciales, incluyendo a la responsabilidad fiduciaria de la junta de directores(BOD)y a los oficiales de empresas de actuar en el mejor interés de los accionistas. Véase Estatutos Empresariales.

**Incentivo De Opciones Sobre Acciones (ISO):** un plan de opciones sobre acciones patrocinado por el empleador en los que la carga fiscal de la concesión de opciones recae en el empleado y no en la empresa. A diferencia de la opción sobre acciones no calificadas en la que el empleador se grava cuando la opción es concedida o ejercida, con un ISO el empleado está gravado sobre la ganancia de capital (o la pérdida) en el momento en que se vende una acción.

**Industria:** una clasificación de las operaciones comerciales basada en el tipo de bienes o servicios producidos: Minería y Minerales Industriales, los fabricantes de automóviles, los conglomerados. Los inversores suelen analizar el precio de una acción de una empresa y sus resultados financieros comparándolo con cada una de las empresas dentro de la industria o de la industria en su conjunto. Comparar con Sector.

**Información Material:** toda información sobre una empresa o sus productos que es probable que cambie el valor percibido de un valor cuando se revela al público. La presentación de solicitudes de quiebra, un cambio en la Junta de Directores (BOD), los oficiales empresariales o una empresa de contabilidad pública, los cambios en el año fiscal de la empresa, y las revisiones de declaraciones financieras son ejemplos de este tipo de información. Véase Abuso de Información Privilegiada; Información de Material Privilegiado; Regla FD.

**Interés Corto:** el porcentaje de acciones mantenidas en posiciones cortas para un determinado valor, calculado dividiendo el número de acciones mantenidas cortas por el número de acciones en circulación. Véase Ratio de Interés Corto.

**Lucha De Poder:** una competencia entre una empresa específica en una oferta pública de adquisición y de la sociedad absorbente, en la que ambas partes compiten por el control sobre el objetivo de las declaraciones de poder. El objetivo detrás de una lucha de poder es el que una de las partes emitirá en última instancia una participación mayoritaria de los votos cuando los accionistas deciden por una oferta para comprar la empresa. Véase Toma de Control Amistosa; Toma de Control Hostil.

**Llamada De Analistas:** Véase Llamada de Conferencia.

**Llamada De Conferencia:** una teleconferencia o reunión virtual en vivo entre los ejecutivos de una empresa, los analistas y los inversores. El formato exacto de una llamada de conferencia puede variar de una empresa a otra pero generalmente incluye una declaración preparada, ya sea por el Director Ejecutivo Oficial y / o Financiero anunciando el desempeño operativo de la empresa para el trimestre fiscal, seguido de un período de preguntas y respuestas. También se la conoce como Llamada de Analistas.

**Medida Para Evitar Toma De Control:** toda acción que toma una sociedad para disuadir o prevenir una toma de control hostil, como el escalonamiento de términos para la junta de directores y diluir el valor de las acciones. Véase Píldora de Veneno, Toma de Control.

**Número No Oficial:** una opinión no publicada dentro de una comunidad de inversión acerca de las ganancias de una empresa próxima. Este tipo de números pueden reflejar o contrastar sustancialmente con las estimaciones publicadas de analistas.

**Obligación Subordinada:** un instrumento de deuda no garantizada que se paga sólo una vez que una deuda más alta ha sido satisfecha. Por el riesgo en aumento asociado a una obligación subordinada, normalmente se gana la tasa de interés más alta que una nota alta o una deuda garantizada. Ver Obligación.

**Oferta Favorable:** una oferta para comprar una empresa a un precio que es tan atractivo la Junta de Directores (BOD) no puede rechazarla sin violar su responsabilidad fiduciaria con los accionistas.

**Oferta Pública De Dos Niveles:** estrategia de adquirir la totalidad de las acciones en circulación de una empresa ofreciendo adquirir un interés de control en una empresa a un precio y, posteriormente, reduciendo el precio de cada oferta de una acción para el balance. Ver Precio Mezclado; Toma de Control Amistosa; Toma de Control Hostil; Oferta Pública.

**Opción Sobre Acciones No Estatutarias:** Véase Opciones sobre Acciones No Calificadas.

**Opciones Sobre Acciones No Calificadas:** un plan de opciones sobre acciones de un empleado patrocinado que es relativamente fácil de comenzar y administrar, pero que carece de las ventajas fiscales de un plan de incentivo de opciones sobre acciones. También se lo conoce como Opciones sobre Acciones No Estatutarias.

**Partición Accionaria:** una medida tomada por una empresa de aumentar el número de sus acciones en circulación sin modificar su capitalización en el mercado o de la propiedad de apuestas para cada accionista. Una partición accionaria se logra dividiendo cada acción por un ratio estipulado. En una partición de dos para uno (2:1), por ejemplo, cada acción se divide en dos acciones. Por lo tanto, un inversor que es titular de 100 acciones de un valor que se cotiza a $ 80 antes de la partición, obtendrá 200 acciones del mismo valor después de ella, cada una con un precio de $ 40. Una empresa normalmente una partición de acciones cuando el precio de las acciones se eleva a un nivel que desalienta el interés de los inversores. Comparar con Partición Accionaria Inversa.

**Pesca Inferior:** una estrategia de selección acciones que se centra en acciones baratas.

### UNA MIRADA MÁS CERCANA A LA PESCA INFERIOR

Los pescadores conocen que el fondo de un lago o del mar está habitado por peces de segunda y tercera clase y unas pocas capturas a elección. Lo mismo puede decirse acerca de las acciones. Cuando se trata de la pesca inferior de acciones de calidad, la diferencia entre invertir y especular está en el análisis fundamental revelador de si una acción está subvaluada o simplemente barata.

**Píldora De Veneno:** una provisión en contra de una toma de control empleada por algunas empresas que permite que los accionistas de una sociedad específica a adquirir acciones adicionales a un precio con un gran descuento, rebajando efectivamente el valor de la empresa. Véase Medida en contra de la Toma de Control; Toma de Control Hostil.

**Precio:** el último precio en el que se comercia un valor, contrato de opciones, o producto durante el período de sesiones. El precio es un componente en una serie de análisis técnicos y fundamentales de las estrategias. Véase Cierre; Último.

**Precio Justificado:** Véase Valor del Mercado.

**Precio Mezclado:** un cálculo del precio promedio ponderado por acción en una oferta de dos niveles.

**Precio Objetivo:** la opinión de un analista o inversor acerca del precio futuro de un valor. Los analistas se caracterizan por ofrecer opiniones del precio objetivo para los próximos 12 meses.

**Provisión De Antidilución:** un crédito en una escritura corporativa que da a los accionistas el derecho a adquirir acciones adicionales de acciones comunes si su porcentaje de propiedad de la empresa se reduce a través de un aumento de las acciones en circulación. Véase Ingresos Diluidos por Acción; Distribución Posterior.

**Q1 (2,3,4):** la sigla que designa a una información trimestral dentro de un período de ejercicio fiscal de la empresa. Véase Trimestre Fiscal.

**Recompra De Acciones:** una estrategia utilizada por las empresas que vuelven a comprar sus acciones en el mercado abierto. Una recompra de acciones puede insertar la presión al alza sobre el precio de un valor ya que reduce la oferta de acciones. Véase Acciones en Circulación.

**Sector:** una subcategoría de una empresa dentro de una industria.

**Sin Dividendo:** el período de tiempo después de que una empresa declara un dividendo y el tiempo en que se hace efectivo a los accionistas. Véase Acciones Sin Dividendos; Titular del Registro; Fecha de registro.

**Sleeper:** una acción que es operada muy por debajo de su valor intrínseco, pero que no ha atraído una amplia atención de los inversores.

**Sobrevaluada:** una acción cuyo precio se espera que disminuya debido a que es operada por encima de un precio que puede justificarse por sus ingresos actuales o estimados, según la medición de su precio en proporción al ratio de ingresos. Comparar con Subvaluada.

**Subvaluada:** un valor cuyo precio se espera que aumente porque está por debajo de un nivel de comercio que puede justificarse por sus ingresos actuales o estimados, según la medición de su precio en relación al ratio de ingresos (P/E). Véase Pesca Inferior; Valor de la Inversión.

**Toma De Control:** la compra de una empresa por otra empresa. En el caso de una empresa con cotización pública una toma de control se logra adquiriendo un interés de control en la empresa afectada. También se la llama Adquisición. Véase Oferta Favorable; Incursión Empresarial; Toma de Control Amistosa: Toma de Control Hostil.

**Toma De Control Amistosa:** una adquisición corporativa en la que la junta de directores (DBO) de la sociedad afectada celebra e invita a los avances de la sociedad adquiriente.

**Toma De Control Hostil:** la adquisición corporativa en la que la junta de directores (DBO) de la sociedad afectada se resiste a los avances de la sociedad adquiriente.

**Toma De Control Poco Amistosa:** Véase Toma de Control Hostil.

**Toma De Control Privada:** un movimiento en el que una empresa o un grupo de inversores compran todas las acciones en circulación de una empresa de valores, devolviéndoselas a una empresa privada. A veces una sociedad toma a una empresa privada a costa de eliminar el cumplimiento de las normas, o cambia la empresa de una manera que hace que sea poco atractivo para los inversores.

---

### UNA MIRADA MÁS CERCANA A LA TOMA DE CONTROL

Una toma de control puede ser bien amistosa u hostil. En el caso de una amistosa, las Juntas de Directores (BOD) de ambas empresas acuerdan un precio de venta y cooperan en la transferencia ordenada de la propiedad. En una toma de control hostil, la sociedad absorbente compra acciones en el mercado público. Una vez que un interés de control ha sido asegurado, el adquirente tiene la libertad de sustituir a la junta de directores opositora por una de su elección, completando el proceso de toma de control.

---

**Último Año Fiscal:** una referencia al tiempo en el que se miden los ingresos u otros resultados financieros de una empresa. Comparar con Trimestre Más Reciente (MRQ); Colgante 12 meses (TTM); Año tras año (YOY).

**Valor De Inversiones:** una estrategia de selección de acciones en la que un inversor busca valores subvaluados. Comparar con Análisis Técnico. Véase Pesca Inferior; Precio a Ratio de Ingresos (P / E).

**Valor Intrínseco:** el valor de los activos de una inversión. Comparar con Valor del Mercado. Véase Libro de Valor; Opciones.

**Valor Del Mercado:** el precio en un activo que puede ser comprado o vendido en el mercado libre.

# Capítulo 18

# Decodificando los Estados Financieros: Viendo Más allá de los Números

**CALIDAD DE GANANCIAS:** un término que se usa para distinguir entre los ingresos asociados con las principales operaciones de la empresa a la frente a aquellas generadas de la financiación y la inversión. Véase Ingresos Básicos; S&P Ingresos Básicos; Estado de Flujo de Caja.

---

**Actividades De Financiación:** los ingresos y gastos de una sociedad de actividades como la venta de acciones y bonos, préstamos, el pago de un préstamo bancario. Véase Declaración de Flujos de Efectivo.

**Actividades De Inversiones:** los ingresos y gastos de una empresa de las actividades asociadas con inversiones, tales como la compra o venta de bienes y activos financieros. Véase la Declaración de Flujo de Efectivo.

**Actividades De Operación:** los ingresos y los gastos de las actividades que están directamente relacionadas con el negocio principal de una empresa. Véase Declaración de Flujo de Caja; Ganancias Principales.

**Activo:** cualquier cosa que sea pertenezca a una empresa que tiene dinero o valor económico, como los bienes raíces, equipos, gastos, cuentas por cobrar, inventario, y la buena voluntad.

**Activo En Circulación:** efectivo y otros activos que la empresa espera convertir a efectivo dentro de un año, incluyendo cuentas por cobrar y el inventario. Los activos en circulación es una línea de crédito en el balance general.

**Activos Líquidos:** propiedades y otras acciones que puedan ser fácilmente convertido en efectivo. Comparar con Ilíquidos. Véase Capital.

**Amortización:** la reducción de la deuda a través de una serie de pagos durante un período determinado de tiempo. La amortización se realiza como un gasto en libros de una empresa.

**Año Fiscal (FY):** un período de ejercicio contable de 12 meses para el Gobierno, empresas, y otras organizaciones. El año fiscal se divide en cuatro períodos de tres meses de trimestres fiscales que pueden o no coincidir con el año calendario. El año fiscal para el gobierno de los Estados Unidos se extiende desde 1º de octubre al 30 de septiembre. Las sociedades públicas con cotización deben presentar un formulario 10-K en la Comisión Nacional de Valores revelando de su condición financiera dentro de los 90 días del cierre del su año fiscal. Uso común: FY06 representa un año fiscal de una compañía para el 2006. Véase Informe Anual; Trimestre Fiscal.

**Beneficio:** ingreso en concepto de ventas de bienes y servicios, los dividendos, el interés y la renta.

**Bienes De Capital:** materias primas, los bienes y el equipo que se utilizan para generar ingresos.

**Calidad De Ganancias:** un término que se utiliza para distinguir entre los ingresos relacionados con las operaciones principales de una empresa frente a aquellas generadas a partir de la financiación y la inversión. Véase Ingresos Principales; S&P Ingresos Principales; Declaración de Flujo de Efectivo.

**Capex:** Véase Gasto de Capital.

**Capital Accionario De Accionistas:** Véase Capital de Accionistas.

**Capital Accionario:** la cantidad de dinero que se deja si más de un activo se convierte en efectivo y todos los pasivos que pagó. Véase Capital de un Accionista.

**Capital De Activo:** un activo que no puede ser fácilmente convertido en dinero en efectivo. También se denominan Activos Ilíquidos. Comparar con Activos Líquidos.

**Capital De Los Accionistas:** un cálculo de la cantidad de dinero que se deja si más de todos los activos de la empresa se liquidan y se pagan todos los pasivos. También llamado patrimonio neto o patrimonio capital de una empresa. Véase Rentabilidad de los Fondos.

**Capital:** activos que se pueden utilizar para generar ingresos.

**Cargos Fijos:** gastos que no varían en relación al volumen de negocios realizados.

**Contabilidad De Valores Devengados:** un método de contabilidad en que los ingresos y los gastos se contabilizan en el libro mayor en el momento en que se adeudan, y no cuando son en realidad recibidos, como es el caso de la contabilidad de caja.

**Costo De Productos Vendidos (COGS):** el gasto de las materias primas y de los costos de producción para crear un producto terminado. El costo de los productos vendidos es una línea de crédito en una Declaración de Ingresos de una Empresa.

| UNA MIRADA MÁS CERCANA A LOS COSTOS DE PRODUCTOS VENDIDOS | |
|---|---|
| + Inventario de Apertura | +$225,000 |
| + Materiales / productos adquiridos | +$350,000 |
| - Inventario final | -$200,000 |
| Costo de los productos vendidos | =$375,000 |

**Costo De Ventas:** Véase el Costo de Productos Vendidos.

**Crédito:** una entrada del diario registrando un aumento de los activos. Con una base de contabilidad en efectivo, los créditos se registran en el momento que se recibe el ingreso. Con contabilidad de valores devengados, los créditos se registran y reconocen cuando se obtienen los ingresos. Comparar con Débito.

**Cuentas A Pagar:** dineros adeudados por una empresa para la compra de bienes o servicios. Las cuentas por pagar son un componente de los pasivos circulantes. Comparar con Activos Circulantes.

**Cuentas Por Cobrar:** dineros de una empresa para la venta de productos o servicios. Las cuentas por cobrar es un componente de los activos circulantes. Comparar con Cuentas por Pagar.

**Débito:** una entrada del diario registrando una resta de los activos. Con la contabilidad de caja, los débitos se registran en el momento de que se paga una deuda u otro tipo obligación. Con la contabilidad de valores devengados, los débitos se registran y reconocen cuando una deuda u otra obligación se convierte en adeudadas. Comparar con Crédito.

**Declaración De Ingreso:** uno de los cuatro informes que componen el estado financiero de una empresa. Ésta es una declaración de ingresos para el período de informes, los gastos asociados con lo que gana. Esta declaración es también donde la empresa informa de sus ganancias por acción (EPS) y las ganancias diluidas por acción. También conocido como de Pérdidas y Ganancias.

**Declaración De Pérdidas Y Ganancias (P & L):** Véase Declaración de Ingreso.

**Declaración De Retención De Ganancias:** uno de los cuatro informes que comprenden el estado financiero de una empresa. Véase Hoja de Balance; Declaración de Flujo en Efectivo; Declaración de Ingresos.

**Declaración Del Flujo De Efectivo:** uno de los cuatro informes que comprenden una declaración financiera de la empresa. Las cuentas del estado de flujo de efectivo de la empresa para las entradas y salidas de dinero de la misma durante el período de presentación de informes, desglosándolo en actividades de operación, actividades de inversión y actividades de financiación. Los inversores prestan especial atención cuánto del flujo de efectivo se genera por operaciones contra fuentes de no operaciones, como las inversiones y la acumulación de la deuda.

**Declaración Financiera:** documentos auditados que revelan la condición financiera de una empresa. Hay cuatro informes separados incluidos en una declaración financiera de la empresa: La Hoja de Balance, Estado de Retención de Ganancias y Declaración de Flujo de Caja.

**Depósitos Pagados:** fondos pagados por una empresa como una manifestación de su intención de completar una transacción. Los depósitos pagados son un componente de los Activos en Circulación.

**Depreciación:** un gasto no monetario que representa la disminución del valor de un activo debido a su desgaste natural o por la edad. La depreciación es una línea de crédito sobre la declaración de ingresos de una empresa.

**Deuda A Corto Plazo:** una obligación de una deuda (préstamos, arrendamientos, bonos, obligaciones) que se vence a los 12 meses. Comparar con Deuda a Largo Plazo.

**Deuda Financiada:** las obligaciones de deuda de una empresa, tales como préstamos bancarios, bonos, y obligaciones con un vencimiento de más de un año.

**Dividendo:** una distribución periódica de una parte de los ingresos de una empresa a sus accionistas. Las empresas que pagan dividendos son típicamente empresas maduras que ya no están creciendo a un ritmo que proporciona incentivos a los inversores en forma de aumentos significativos en el precio de sus acciones. En lugar de ello, tratan de hacer a las acciones más atractivas para los inversionistas a través del pago de dividendos. Véase Crecimiento de Acciones, Ingreso de Acciones, Fecha de Registro; Sin Dividendo.

**Efectivo Total:** la suma del efectivo total que una empresa tiene en sus libros, incluida la caja chica y los fondos en depósito de un banco. El efectivo total es parte de los Activos en Circulación.

**Entrada Al Diario:** un registro de una operación de crédito o débito que entró en los libros de contabilidad de una empresa u organización.

**Flujo De Efectivo (CF):** una medida de la condición financiera de una empresa calculada restando los gastos en efectivo de los ingresos en efectivo. El flujo de dinero se puede generar de las actividades de operación, inversión y financiación. Véase Estado de Flujos de Efectivo.

| UNA MIRADA MÁS CERCANA A LA FORMA DE EVALUAR EL FLUJO DE EFECTIVO | |
|---|---|
| Flujo de Efectivo de Operaciones | Flujo generado por las principales operaciones comerciales de una empresa. No incluye los ingresos o los gastos relacionados con las inversiones o la financiación. |
| Flujo de Efectivo de Finanzas | Flujo generado por la obtención de préstamos bancarios y la emisión de instrumentos de deuda, como los bonos y obligaciones. |
| Flujo de Efectivo de Inversiones | Flujo generado de diversas inversiones, como ingresos por rentas, el interés recibido, y el reparto de dividendos. |
| Retorno del Flujo de Efectivo sobre Inversiones (CFRI) | Flujo generado por las inversiones, expresado como un porcentaje del capital invertido. |

## UNA MIRADA MÁS CERCANA A LA FORMA DE EVALUAR EL FLUJO DE EFECTIVO

| | |
|---|---|
| Descuento de Flujo de Efectivo (DCF) | Una estimación del flujo de efectivo de futuro sobre una inversión después de restar los gastos, incluido el valor temporal del dinero. |
| El Flujo de Efectivo Luego de Impuestos (CFAT) | Flujo de todas las fuentes calculado luego de restar las cantidades pagadas en concepto de impuestos. |
| El Flujo de Efectivo por Acción (CFPS) | Flujo de caja neto dividido por las acciones en circulación. |

**Ganancia Bruta:** un cálculo de los ingresos de una empresa antes de restar el Costo de los Productos Vendidos.

**Ganancia Neta:** Véase Ingreso Neto.

**Ganancias:** Véase Ganancias por Acción (BPA); EBIDTA; Ganancia Neta.

**Gasto:** una transacción en la que un activo se reduce ya sea en efectivo o no. La renta, la nómina de sueldos, impuestos y la amortización son todos ejemplos de un gasto. El gasto es lo contrario del ingreso.

**Gastos De Capital (CAPEX):** un gasto relacionado con la compra o mejora de la propiedad de negocios, los edificios, o equipos. Los inversionistas y los economistas observan las tasas de los gastos de capital de las empresas como una indicación de una expansión económica.

**Gasto No En Efectivo:** un gasto en una declaración de ingreso que implica una verdadera transacción en efectivo. La depreciación y la amortización son ejemplos de un gasto no en efectivo.

**Gastos Prepagos:** fondos pagados por una empresa como el prepago de bienes o servicios. Los gastos prepagos son un componente de los Activos en Circulación.

**Hoja De Balance:** una declaración instantánea de una empresa o la lista de activos, pasivos, y patrimonio neto de la condición financiera de una organización en el momento del informe.

**Hoja De Balance Consolidado:** una declaración instantánea de la condición financiera de una empresa y de todas sus filiales, lista de Activos, el pasivo y el patrimonio neto en el momento del informe.

**Impuesto De Propiedad General:** un impuesto sobre bienes inmuebles y personales.

**Informe Anual:** un amplio informe de auditoría sobre la condición financiera de una empresa pública que se ofrece a los accionistas una vez al año. El informe anual también incluye elementos como un resumen de las actividades comerciales de los últimos 12 meses y la divulgación de los factores de riesgo, los procedimientos judiciales pendientes, los cambios de gestión, y declaraciones con visión de futuro. Un informe llamado 10-K es una versión electrónica más detallada del informe anual que se presenta a la Comisión Nacional de Valores (SEC).

**Ingreso:** una transacción contable que aumenta los activos de la empresa. Los ingresos recibidos de la venta de bienes y servicios, los dividendos, el interés y la renta son todos ejemplos de ingresos. Ingresos es lo contrario de Gastos, lo que disminuye los activos de una empresa. Véase Ingreso Neto.

**Ingreso Bruto:** un cálculo de los ingresos de operaciones comerciales de una empresa antes de la deducción de los gastos asociados.

**Ingreso De Operación:** los ingresos generados por el negocio principal de la empresa (hacer las tablas de circuitos o desarrollar los dispositivos médicos). Véase Ingresos Principales.

**Ingreso Neto:** la ganancia de una empresa después de deducir todos los gastos e impuestos. La ganancia neta se utiliza para calcular una serie de rentabilidad e indicadores de resultados. También se la conoce como ganancia neta, línea inferior, neto, o beneficio neto.

**Interés:** una tasa de interés que se paga a un prestamista por el privilegio de prestar dinero. El interés se calcula multiplicando el principal por la Tarifa (porcentaje). Véase Tipo de Interés.

**Inventario:** una contabilidad de las existencias disponibles, incluidos los materiales brutos necesarios para producir los productos terminados.

**Libro:** un registro contable de los débitos y créditos por cuenta.

**Libro Mayor:** el registro oficial contable de una empresa u organización en la que los saldos deudores y acreedores se registran para cada cuenta. A veces se denomina simplemente como los libros de la empresa.

**Libros:** un término comúnmente usado para referirse a los registros de contabilidad de una empresa. Véase el Libro Mayor.

**Liquidez:** la facilidad con que un activo puede ser convertido en efectivo. Véase Activos líquidos; Ratio Rápido.

**Obligaciones De Deuda:** préstamos, obligaciones, arrendamientos, y otros instrumentos de deuda adeudados por una sociedad. Las obligaciones de deuda se llevan en los libros de una empresa como pasivos.

**Pasivos:** Véase Pasivos en Circulación.

**Pasivos En Circulación:** deudas y demás obligaciones que una empresa espera para pagar en el plazo de un año. Una línea de crédito en el balance general.

**Patrimonio Neto:** una medida del valor intrínseco de una empresa, que se mide restando el total de las obligaciones de los activos totales. Véase Declaración de Balance; Capital de Accionistas.

**Principios De Contabilidad Generalmente Aceptados (GAAP):** un conjunto de normas que define cómo una empresa debe mantener sus registros financieros, los procedimientos de cómo se llevan a cabo las auditorías, y la manera en la que se preparan los estados financieros. Cada país tiene sus GAAP propios. La Junta de Normas de Contabilidad Financiera (FASB) establece los principios contables generalmente aceptados que se aplican a las empresas de Estados Unidos.

**Pro Forma:** una declaración financiera o una estimación de los ingresos que se basa en el supuesto de acontecimientos futuros. [Del latín pro forma se traduce literalmente como forma, pero se utiliza para indicar algo que se llevará a cabo de una manera en particular.] Los informes financieros pro forma a veces se utilizan para presentar la imagen de la condición financiera de una empresa en caso de una fusión o de otras reestructuras importantes de una compañía que iban a tener lugar y puede variar mucho de los números informados utilizando los procedimientos de contabilidad generalmente aceptados (GAAP).

**Total De Activos En Circulación:** la suma del efectivo total de una empresa, las cuentas por cobrar, los inventarios, los depósitos pagados, y los gastos prepagos. Comparar con Total de Pasivos en Circulación. Véase también Ratio Actual.

**Total De Pasivos En Circulación:** la suma de las cuentas por pagar de una empresa, los sueldos devengados por pagar, los impuestos sobre la nómina por pagar, las deudas a largo plazo, y otros pasivos acumulados.

**Trimestre Fiscal:** uno de los cuatro períodos de tres meses de ejercicios que comprenden un año fiscal para el gobierno, las empresas, y otras organizaciones. Las sociedades anónimas están obligadas a presentar en la Comisión Nacional de Valores un formulario 10-Q revelando así su condición financiera dentro de los 45 días siguientes al cierre de cada trimestre fiscal.

**Valor De Desguace:** una valoración de una empresa que considera la combinación de la capitalización del mercado de cada una de las divisiones que funcionar como entidades separadas con cotización.

**Ventas Brutas:** las ventas totales de ingresos antes de deducir los descuentos en efectivo, retornos y fletes.

**Ventas Netas:** ingresos procedentes de la venta de bienes y servicios después de deducir los descuentos en efectivo, las devoluciones, y el transporte de mercancías de las ventas brutas.

**Ventas Y Administración General (SG&A):** un ítem de un gasto en la Declaración de Ingresos detallando el costo de venta y la comercialización de los productos de la empresa y para el pago de sueldos, comisiones, alquiler y otros gastos administrativos.

# Capítulo 19

# La equidad de Valoraciones: Todo es Relativo

**GANANCIAS BÁSICAS POR ACCIÓN (EPS):** medida del desempeño de una empresa calculada al dividir sus ganancias netas por el número total de acciones en circulación.

**Advertencia de Ganancias:** declaración publicada por una empresa que espera que sus próximos anuncios caigan por debajo de las proyecciones anteriores. Véase: Sorpresa de Ganancia.

**Año a Año (YOY):** comparación de las ganancias actuales de una empresa u otro desempeño financiero con la misma información del año anterior. Comparar con Ultimo Año Fiscal (LFY); Trimestre mas Reciente (MRQ); Últimos 12 mese (TTM).

**Apalancamiento Financiero:** cantidad de deuda utilizada por un negocio (o inversor) para controlar una gran posición financiera con una cantidad relativamente pequeña de capital. Las empresas a menudo utilizan préstamos bancarios, bonos, y otros instrumentos de deuda para aumentar su habilidad para expandirse o desarrollar nuevos productos. Los inversores utilizan la deuda de margen como apalancamiento financiero para tomar posiciones más grandes de lo que sería posible con financiamiento en efectivo. Las empresas con un alto grado de apalancamiento financiero (y los inversores) enfrentan un riesgo en aumento de eventos imprevistos.

**Capital Promedio de los Accionistas:** un promedio de cinco meses del Capital Promedio de los Accionistas de una empresa. Véase: Rendimiento sobre Capital.

**Capitalización del Mercado:** valor de una empresas en términos de el precio de sus acciones. La capitalización se computa al multiplicar el precio de las acciones por el número de acciones en circulación.

**Coeficiente de Liquidez:** medida del a liquidez de una empresa y por extensión su habilidad para cumplir con las obligaciones actuales. El coeficiente de liquidez se calcula al dividir el total de activos líquidos de una empresa por el total del pasivo. También conocido como Proporción Rápida.

**Crecimiento de Ganancias Trimestral:** medida de la tasa en la que las ganancias netas de una empresa han aumentado durante el trimestre fiscal previo. Mientras que cualquier aumento en las ganancias podría ser algo positivo para una empresa, los inversores trimestrales están preocupados principalmente por si la empresa publica crecimiento de ganancias que combinen con lo que la empresa y los analistas han previsto para el trimestre.

**Crecimiento de Ingresos Trimestral:** medida de la tasa en la que los ingresos de una empresa han aumentado durante el trimestre fiscal anterior. Mientras que cualquier aumento en los ingresos podría ser positivo para una empresa, los inversores trimestrales están principalmente preocupados por si la empresa publica el crecimiento de ingresos que combine con lo que la empresa y las analistas han previsto para el trimestre.

**Cuota de Mercado:** porcentaje de los ingresos totales o unidades de venta para un sector o industria capturado por una empresa.

**Deuda de Proporción de Capital:** medición de la fortaleza financiera relativa de una empresa, de acuerdo a la medición del grado de endeudamiento. La deuda de proporción de capital se calcula al dividir el total de la deuda a largo plazo del capital de los accionistas de la empresa. Cuanto más alta la proporción resultante, más baja la capacidad de la empresa de tomar dinero prestado y mayor el riesgo de que la empresa tenga dificultad para cumplir con sus obligaciones durante una baja comercial.

**Dilución Total de las Ganancias:** véase Ganancias por Acción luego de su disolución.

**Dilución:** cualquier factor que disminuya el capital de acción proporcional de un accionista en una empresa, como por ejemplo la emisión de garantías y obligaciones convertibles o un aumento en la flota a través de una distribución subsiguiente. Véase Ganancias por Acción luego de sus Disolución.

**Equivalente de Caja en Caja:** medida de valuación a menudo utilizada para evaluar el desempeño de las entidades de inversión en bienes raíces (REITs). El equivalente de caja en caja calcula el rendimiento en dinero invertido y se calcula al dividir las ganancias netas anuales por el capital invertido.

**Flujo de Capital Libre (FCF):** medición de la fortaleza financiera de una empresa, de a cuerdo a la mediación de la cantidad de dinero que quedó luego de pagar las cuentas. Se calcula al restar los gastos de capital y dividendos de las operaciones de flujo de capital. Una empresa puede tener un flujo de capital negativo si está re invirtiendo su exceso de dinero, por lo tanto necesita revisión, ya sea si un bajo (negativo) flujo de capital es causado por un crecimiento o una debilidad financiera subyacente. Véase: Flujo de Capitales; Declaración de Flujo de Capitales.

**Ganancias Actuales por Acción (EPS actuales):** estimación de las ganancias básicas por acción de una empresa para el año actual.

**Ganancias antes del Interés, los Impuestos, la devaluación, y la amortización (EBITDA):** medición útil del desempeño de una empresa con grandes gastos no en efectivo como la devaluación, o amortización. A menudo utilizada como un indicador de la capacidad de la empresa para pagar sus obligaciones actuales de deuda y adquirir financiación adicional para financiar su crecimiento. Calculado como: Ingresos menos Gastos (excluyendo impuestos, interés, devaluación, y amortización).

## UNA MIRADA MÁS CERCANA DE LAS GANANCIAS

| | Interés | Impuestos | Devaluación | Amortización | Exploración de Gastos |
|---|---|---|---|---|---|
| NET | Incluido | Incluido | Incluido | Incluido | Incluido |
| EBITDA | Excluido | Excluido | Excluido | Excluido | Incluido |
| EBITD | Excluido | Excluido | Excluido | Excluido | Incluido |
| EBIT | Excluido | Excluido | Incluido | Incluido | Incluido |
| EBT | | Excluido | Incluido | Incluido | Incluido |
| BI | Excluido | Incluido | Incluido | Incluido | Incluido |
| EBITDAX | Excluido | Excluido | Excluido | Excluido | Excluido |

**Ganancias Básicas por Acción (EPS):** medida del desempeño de una empresa calculada al dividir sus ganancias netas por el número total de acciones en circulación. También conocido como Ganancias por Acción (EOÇPS).

Comparar con Beneficios por Acción después de su Disolución; EBITDA.

**Ganancias por Acción (EPS):** ganancia neta de los últimos doce meses dividido por las acciones en circulación. Comparar con EBITDA.

**Ganancias por Acción luego de su Disolución:** medición utilizada para evaluar el capital de las ganancias por acción de una empresa. Las ganancias luego de la disolución se calcular al sumar los valores convertibles a las acciones en circulación y al dividir el número por las ganancias netas de la empresa. Tiene el propósito de transmitir el peor escenario si cada inversor y empleado con garantía, obligaciones convertibles, y opciones de acción ejecutaran la opción para convertirlas en acciones en circulación. Comparar con Ganancias Básicas por Acción.

**Ganancias Primarias por Acción:** método obsoleto de publicar las ganancias que ya no están mas reconocidos por estándares contables. Fue remplazado por las ganancias básicas por acción y ganancias por acción luego de su disolución.

**Ganancias Principales:** ganancias de una empresa de sus operaciones comerciales principales. SE calcula al sumar el total de rendimiento de su negocio principal (programa en desarrollo) y restando los gastos relacionados con esas operaciones. Véase: Ganancias Netas; Ganancias Principales S&P.

## UNA MIRADA MÁS CERCANA EN LAS GANANCIAS PRINCIPALES

Las empresas derivan sus ingresos de varias fuentes no directamente relacionadas al producto principal o servicio. Por ejemplo, una empresa de desarrollo de programas informáticos podría alquilar una porción de espacio del bien raíz que no se utilice, generando ingresos no relaciones con su negocio principal. Una examinación de las ganancias principales de una empresa puede mostrarle a un inversor cuan exitosa ha sido la empresa al desempeñar sus negocios además de mostrar su desempeño en comparación con sus competidores.

## UNA MIRADA MÁS CERCANA DE LAS GANANCIAS PRINCIPALES DE S&P

| Objeto | Incluido | Excluido |
|---|---|---|
| Ajustes para el cambio reverso de años anteriores de cobros y provisiones | | X |
| Cargas asociados con el deterioro de buena voluntad | | X |

LA JERGA DE WALL STREET

| UNA MIRADA MÁS CERCANA DE LAS GANANCIAS PRINCIPALES DE S&P | | |
|---|---|---|
| Objeto | Incluido | Excluido |
| Cargas de reestructuración de operaciones en desarrollo | X | |
| Cargas de escritura, devaluación y amortización De activos en operación | X | |
| Gatos de investigación Y compras de desarrollo | X | |
| Gastos relacionados con Fusiones y adquisiciones | X | |
| Gastos relacionados con De entregas de opciones de acción | X | |
| Ganancias y pérdidas generadas por La venta de activos | | X |
| Gastos de pensiones | limitadas a ciertos Ingresos de interés | |
| Ganancias de pensiones | | X |
| Ingresos o gastos de Balances de seguro o litigación | | X |
| Ganancias no realizadas y pérdidas De actividades de cobertura | X | |

**Ingresos de Activos (ROA):** medida para administrar la efectividad, calculada al dividir los ingresos luego de los impuestos por el promedio total de activos.

**Ingresos de Capital (ROE):** medida de la rentabilidad de una empresa, calculada al dividir los ingresos netos por el capital de los accionistas. Tomado por si solo, ROE puede no ser tan útil como cuando se lo comparar con el ROE de otras empresas dentro de la misma industria.

**Margen de Ganancia:** véase Margen de Ganancias Brutas; Margen de Ganancias Netas.

**Margen de Ganancias Brutas:** medición de la rentabilidad de una empresa que se expresa como un porcentaje de las ganancias brutas. Se calcula al dividir las ganancias brutas por los ingresos.

**Margen de Ganancias Netas:** medición de la rentabilidad de una empresa, calculado al dividir las ganancias netas por las ventas netas.

**Margen Operativo:** medición de la rentabilidad de una empresa, calculado al dividir las ganancias operativas por los ingresos.

**Porcentaje de Ganancia Neta Destinada al Pago de Dividendos:** medición de que porción de las ganancias de una empresa se les devuelve a los inversores en forma de dividendos. Se calcula al dividir el pago de dividendos anual de la empresa por sus ingresos netos. La tendencia de porcentaje de ganancia neta destinada al pago de dividendos del una empresa durante varios años es más significativa que el porcentaje de un solo año.

**Porcentaje de Interés Corto:** medida de cuantos días llevaría a las acciones en posiciones a corto de un cierto valor ser liquidadas. El porcentaje de interés corto se calcula al dividir el interés corto por el volumen comercial promedio del valor. Un alto porcentaje de interés corto puede insertar presión en baja en el precio del valor porque indica una inclinación negativa en el mercado. Cuando el porcentaje aumenta a un nivel extremo, sin embargo, puede indicar que el valor esta alcanzando una condición sobrevenida.

**Porcentaje de Precio de Ventas:** medición del desempeño de una empresa, calculado al dividir el precio por acción por las ventas por acción para los últimos 12 meses (TTM). El porcentaje de precio de ventas es particularmente útil cuando se evalúa una empresa sin ganancias, especialmente cuando se la compara con otras empresas dentro de la misma industria. También puede calcularse por empresa al dividir la capitalización del mercado por los ingresos. Véase Inversión en Valor.

**Porcentaje del Precio de las Ganancias (P/E):** medida del valor de mercado relativo de una empresa, calculada al dividir el precio por acción por las ganancias netas. Un P/E más bajo en comparación con otras empresas en la misma industria puede indicar que el valor puede estar actualmente desapreciado en el mercado. Véase Inversión en Valor.

**Precio del Porcentaje de Flujo de Capitales:** medida de la rentabilidad proyectada de una empresa, calculada al dividir el precio por acción por el flujo de capitales por acción (capitalización del mercado por flujo de capitales). Como el precio del porcentaje de las ganancias (P/E), comparar el precio del porcentaje del flujo de capitales de una empresa con otras empresas dentro de su sector puede mostrar como se desempeña una empresa relativa a sus competidores. Un porcentaje más bajo representa en expectativa de una mayor rentabilidad. Véase Declaración de Flujo de Capitales.

**Precio/Ganancia en los Últimos 12 meses (P/E):** precio de una empresa del porcentaje de ganancias para los próximos 12 meses (TTM).

**Predicción a Futuro (P/E):** estimación del precio de una empresa de la proporción de ganancias para los próximos 12 meses (P/E).

**Promedio de Activos Totales:** promedio cada cinco meses del Capital Promedio de Accionistas de una empresa. Véase: Rendimiento sobre Capital.

**Proporción Actual:** medición de la fortaleza financiera de una empresa, calculada al dividir el total de activos actuales por el total de pasivo actual.

**Proporción de Bono:** método para medir las deudas de una empresa debido a la emisión de bonos. La proporción de bono se calcula al dividir el total de bonos por la capitalización total del mercado. Un promedio de bono más bajo representaría una empresa con una compra apalancada (con dinero prestado) menor que una con un promedio de bono más elevado.

**Proporción de Registro de Facturas:** proporción del valor de dólar de las nuevas órdenes de una empresa registradas de acuerdo a la cantidad que se ha embarcado y facturado. Una proporción de 1 significa que la empresa puede ejecutar y embarcar órdenes ni bien lleguen. Una proporción mayor de 1 significa que tiene más órdenes de las que realmente puede ejecutar y una proporción menor a 1 significa que tienen exceso de capacidad para ejecutar órdenes. La proporción de registro de facturas se registra en una base industrial y se utiliza ampliamente como indicador del estado semiconductor de una empresa.

**Relación Precio/Valor de Libro (P/B):** medida utilizada para identificar las oportunidades de valor de inversiones de acciones. La relación precio/valor de libro de una empresa se calcula al dividir el total de la capitalización del mercado por su valor de libro. Tomado por sí solo, la relación de precio/valor libro puede ser significativa o no. Comparado con sus competidores o el promedio para la industria o sector, la relación precio/valor de libro puede identificar una empresa que está desapreciada y que podría presentar una oportunidad de inversión. Alternativamente, el P/B puede calcularse por acción, aunque el porcentaje resultante será el mismo del de la empresa como un todo.

**Rendimiento de Capital:** medición de la efectividad de administración calculada al dividir las ganancias netas por el capital promedio del accionista.

**Sorpresa de Ganancias:** anuncio de ganancias que varía en gran medida por encima o por debajo de las estimaciones de los analistas o del pronóstico de una empresa.

**Trimestre más Reciente (MRQ):** referencia al período en el que se mide las ganancias u otro desempeño financiero de una empresa. Comparar con último Año Fiscal **(LFY)**; últimos 12 Meses (TTM); Año a Año (YOY).

**Últimos 12 Meses (TTM):** referencia al periodo en el que las ganancias u otro desempeño financiero de una empresa está siendo medido, en referencia a los 12 meses previos. Comparar con Último Año Fiscal (LFY); Trimestre más Reciente (MRQ); Año a Año (YOY).

**Valor de Acciones en Libros:** término contable que mide el valor intrínsico de una sola acción de una empresa. Este se calcula sumando el total de activos de una empresa, restando todas las deudas, el pasivo, y el precio de la liquidación de acciones preferidas, luego dividiendo el resultado por el número de acciones en circulación.

**Valor de Empresa (EV):** medición del valor de mercado de una empresa del punto de vista de una toma de poder o adquisición. A diferencia de la capitalización de mercado, los valores de la empresa tienen en cuenta la deuda actual de la misma. El EV se calcula al sumar la capitalización del mercado y la deuda, las cuales juntas equivalen al gasto total para la adquisición, y luego restar el total de efectivo y los equivalentes en efectivo, los que compensan algunos de los gastos de adquisición.

**Valor de Empresa para EBITDA (EV/EBITDA):** medición del valor intrínseco de un valor, calculado al dividir el valor de toma de mando de una empresa por sus Ganancias Antes del Interés, Devaluación, Impuestos, y Amortización (EBITDA) para los últimos 12 meses (TTM).

**Valor de Empresa para el Rendimiento:** medición del desempeño de una empresa, calculad al dividir su valor de toma de mando por su rendimiento de los últimos 12 meses (TTM).

**Valor Neto Contable:** valor de un activo de acuerdo a como está registrado en los libros de la empresa. El valor neto contable se calcula al restar la devaluación acumulada del costo original del activo.

**Venta de una División Subsidiaria de la Compra:** venta o desecho de un activo. Cuando una empresa vende una división o subsidiaria, se dice que se ha despojado de el activo.

**Ventas del Porcentaje de Flujo de Capitales**: medición de la eficacia de marketing de una empresa, calculada al dividir las ventas por acción por el flujo de capitales por acción.

**Ventas por Acción:** calculo de los ingresos de los últimos 12 meses (TTM) dividido por las acciones en circulación.

# Valoraciones de Bonos: Toda Deuda No se Crea de Igual Manera

PRIMA DE BONO: cantidad por encima del valor nominal (PAR) que traerá un bono al mercado abierto. La prima de bono a menudo se ve expresada como porcentaje y se calcula al dividir el valor nominal del bono por su valor de mercado. Véase: Descuento de Bono.

**Ángel Caído:** bono que fue previamente calificado con grado de inversión pero que ha caído al estatus de bono basura. Véase: Clasificación de Bono.

**Base Posterior al Impuesto:** medida de ingresos de una inversión para bonos sujetos a impuestos que calcula la base del costo al restar los impuestos pagados del rendimiento del bono.

**Bono de Calidad Óptima:** instrumento de deuda de grado de inversión emitido por financieras de gran solvencia. Comparar con Acciones Líderes en Rentabilidad.

**Bono de Grado Bajo:** bono con gran riesgo de incumplimiento. Un bono de grado bajo a menudo es emitido por una empresa atravesando dificultades financieras o una que no posee historial suficiente para probar que es redituable. Véase: Grado de Inversión; Bono Basura.

**Bono de Impuesto Limitado:** bono municipal respaldado por un impuesto específico.

**Bono Superior:** bono promisorio que tiene prioridad de re pago sobre otras deudas en caso de quiebra. También conocido como Deuda Superior. Comparar con Bono Menor; Bono de Deuda Subordinado.

**Calendario de Bono:** programa de emisiones de bono futuras.

**Certificado de Bono:** documento impreso que certifica que se debe una deuda. Un certificado de bono a menudo incluye el nombre del emisor, el valor nominal, la tasa de interés, fecha de vencimiento, y el programa de pago del interés.

**Clasificación Crédito Medio Ponderado:** método de evaluación del nivel de riesgo de un fondo de bonos basado en clasificaciones de crédito de los valores dentro de la cartera del bono.

**Clasificación A:** clasificación de bono asignada a un instrumento de deuda de un grado de inversión. Una clasificación A refleja una opinión de que el emisor tiene la capacidad actual para cumplir con las obligaciones y enfrenta un riesgo de solvencia mínimamente mas elevado de los cambios en los negocios, condiciones financieras o económicas que un instrumento clasificado AA. Los inversores de bonos confían en las clasificaciones de bonos de organizaciones como Standard & Poors's, Moody's Investors Service, y Fitch Ratings para evaluar el riego de incumplimiento asociado con los bonos de sociedad de empresas y los bonos municipales. Comparar con Clasificación AA; Clasificación AAA; Clasificación BBB; Bono Basura.

**Clasificación AA:** clasificación de bono signada a un instrumento de deuda de un grado de inversión. Una clasificación AA refleja una opinión de que el emisor tiene la capacidad actual de cumplir con los instrumentos deuda y enfrenta un riesgo de solvencia mínimamente más elevado de los cambios en los negocios, las condiciones financieras y económicas que un instrumento clasificado como AAA. Los inversores de bonos confían en las clasificaciones de bonos de organizaciones como Standard & Poors's, Moody's Investors Service, y Fitch Ratings para evaluar el riego de incumplimiento asociado con los bonos de sociedad de empresas y los bonos municipales. Comparar con Clasificación A; Clasificación AA; Clasificación BBB; Bono Basura.

**Clasificación AAA:** Clasificación de bono asignada a un Instrumento de deuda de un grado de inversión. La clasificación AAA e la más alta posible y refleja una opinión de que el emisor tiene la capacidad actual de cumplir con los instrumentos deuda y enfrenta un riesgo de solvencia mínimamente más elevado de los cambios en los negocios, las condiciones financieras y económicas. Los inversores de bonos confían en las clasificaciones de bonos de organizaciones como Standard & Poors's, Moody's Investors Service, y Fitch

Ratings para evaluar el riego de incumplimiento asociado con los bonos de sociedad de empresas y los bonos municipales. Comparar con Clasificación A; Clasificación AA; Clasificación BBB; Bono Basura.

**Clasificación B:** clasificación asignada a un instrumento de deuda moderadamente especulativo. Una clasificación B refleja una opinión de que el emisor tiene la capacidad actual de cumplir con los instrumentos deuda y enfrenta un riesgo de solvencia que una emisión de clasificación BB y menos que una emisión de clasificación B si los negocios, las condiciones financieras y económicas cambian dramáticamente. Los inversores de bonos confían en las clasificaciones de bonos de organizaciones como Standard & Poors's, Moody's Investors Service, y Fitch Ratings para evaluar el riego de incumplimiento asociado con los bonos de sociedad de empresas y los bonos municipales. Comparar con Clasificación AAA; Clasificación BB, Clasificación B, Bono Basura.

**Clasificación BB:** clasificación de bono asignada un instrumento de deuda en cierta forma especulativo. Una clasificación BB refleja que el emisor tiene la capacidad actual para cumplir sus obligaciones de deuda pero enfrenta más riesgo de solvencia que una emisión de clasificación A y menos que una emisión de clasificación BBB si los negocios, las condiciones financieras y económicas cambian dramáticamente. . Los inversores de bonos confían en las clasificaciones de bonos de organizaciones como Standard & Poors's, Moody's Investors Service, y Fitch Ratings para evaluar el riego de incumplimiento asociado con los bonos de sociedad de empresas y los bonos municipales. Comparar con Clasificación AAA, Clasificación BBB, Clasificación B, Bono Basura.

**Clasificación BBB:** clasificación de bono asignada a un instrumento de deuda de un grado de inversión. Una clasificación BBB refleja una opinión de que el emisor tienen la capacidad actual para cumplir sus obligaciones de deuda pero enfrenta más riesgo de solvencia que una emisión de calificación A y menos que una emisión de clasificación BB si los negocios, las condiciones financieras y económicas cambian dramáticamente. Los inversores de bonos confían en las clasificaciones de bonos de organizaciones como Standard & Poors's, Moody's Investors Service, y Fitch Ratings para evaluar el riego de incumplimiento asociado con los bonos de sociedad de empresas y los bonos municipales. Comparar con Clasificación AAA, Clasificación BB, Clasificación B, Bono Basura.

**Clasificación C:** clasificación de bono basura asignado a instrumentos de deuda poco especulativos. Una clasificación C indica una opinión de que el emisor tiene la capacidad actual para cumplir con las obligaciones de deuda, pero los inversores enfrentan un notable riesgo si los negocios, as condiciones financieras o económicas cambian abruptamente. . Los inversores de bonos confían en las clasificaciones de bonos de organizaciones como Standard & Poors's, Moody's Investors Service, y Fitch Ratings para evaluar el riego de incumplimiento asociado con los bonos de sociedad de empresas y los bonos municipales. Comparar con Grado de Inversión.

**Clasificación CC:** clasificación de bono basura asignado a instrumentos de deuda escasamente especulativos. Una clasificación CC indica que el emisor esta en un riesgo mayor de incumplimiento que una emisión de clasificación CCC y menor que una C si los negocios, as condiciones financieras o económicas cambian abruptamente. . Los inversores de bonos confían en las clasificaciones de bonos de organizaciones como Standard & Poors's, Moody's Investors Service, y Fitch Ratings para evaluar el riego de incumplimiento asociado con los bonos de sociedad de empresas y los bonos municipales. Comparar con Grado de Inversión.

**Clasificación CCC:** clasificación de bono basura asignado a instrumentos de deuda escasamente especulativos. Una emisión de clasificación CCC indica que el emisor tiene un riesgo mayor de incumplimiento que una clasificación B y menor que una emisión CC si los negocios, as condiciones financieras o económicas cambian abruptamente. . Los inversores de bonos confían en las clasificaciones de bonos de organizaciones como Standard & Poors's, Moody's Investors Service, y Fitch Ratings para evaluar el riego de incumplimiento asociado con los bonos de sociedad de empresas y los bonos municipales. Comparar con Grado de Inversión.

**Cláusula de Rescate:** disposición en el contrato de emisión de bonos que establece los términos bajo los cuales un emisor de bonos puede retirar la deuda comprando el bono antes de la fecha de vencimiento. Véase: Bono Rescatable; Primera Fecha de Rescate.

**Comisión de Salida:** comisión cobrad cuando un bono, fondo mutual, acciones preferenciales caducan. A diferencia de la comisión cobrada por algunos fondos mutuales, la comisión de salida se utiliza para cubrir costos operacionales y no se le paga al corredor de bolsa.

**Conversión de Bono:** proceso de intercambio de un bono convertible por otro activo, a menudo acciones. Los términos de la conversión están explicados en el contrato de emisión de bonos.

**Costo de Interés Neto (NIC):** cálculo de interés neto de una deuda emitida. Es utilizada frecuentemente por emisores de bonos para elegir entre los suscriptores competentes.

**Curva de Rendimiento Invertida:** situación en la que instrumentos de deuda a largo plazo están obteniendo un rendimiento de ingresos más bajos que los de corto plazo, causando una curva re rendimiento descendente. Una curva de rendimiento invertida a menudo se entiende como un indicador de que los inversores prevén una baja económica. Comparar con Curva de Rendimiento Normal.

**Curva de Rendimiento Normal:** situación en la que instrumentos de deuda largo plazo están obteniendo un rendimiento mayor que los de corto plazo, causando una curva de rendimiento en alza. Comparar con Curva de Rendimiento Invertida.

**Curva de Rendimiento:** gráfico que muestra el rendimiento en varios instrumentos de deuda de ingresos fijos similares con fechas de vencimiento diferentes. Véase: Curva de Rendimiento Invertido; Curva de Rendimiento Normal.

**Descuento de Bono:** cantidad por debajo del valor nominal (PAR) que un bono traerá en el mercado abierto (valor de mercado). El descuento de bono a menudo está expresado como porcentaje y se calcula al dividir el valor del mercado por el valor nominal.

**Descuento de Emisión Original (OID):** descuento de una par emitida cuando se compra un bono. La OID es manejada como ingresos de interés para propósitos imponibles.

**Deuda No Garantizada:** obligación de deuda respaldada solo por la rentabilidad del emisor y no está asegurada por un activo específico. Véase: Obligación Convertible; Obligación; Obligación Subordinada.

**Deuda Superior:.** Obligación de deuda que tiene prioridad para el re pago sobre otras deudas en caso de quiebra. Véase Bono Menor; Bono Superior.

**Dividendo de Bono:** distribución de dividendo que s EPAGA a los accionistas en forma de bono en lugar de dinero.

**Fitch Ratings:** empresa comercial de investigación sobre créditos y clasificaciones. Fitch Ratings emite opiniones sobre valor de crédito para los bonos, Euro bonos, y mercados de fondos. Comparar con Moody's Investors Service y Standard & Poor's. Véase: Clasificación de Bono.

**Formulario de Asignación:** formulario para transferir la propiedad de un bono de un portador de bono a otro. El formulario de asignación a menudo está impreso en la parte trasera del certificado. Véase: poder de Bono.

**Garantía:** activo utilizados para asegurar un préstamo.

**Grado de Inversión de Moody's (MIG):** clasificación de bono asignada por Moody's Investors Service a los bonos de bajo riesgo a corto plazo. Las clasificaciones de grado de inversión de Moody's están clasificadas como MIG 1, MIG 2, o MIG 3, con MIG 1 reservada para emisores de bonos con mayor rentabilidad.

**Impuesto al valor agregado:** impuesto que se basa en el valor asignado de una propiedad real o personal. Los impuestos de bienes raíces y de ventas son ejemplos de impuestos al valor agregado. Los bonos municipales a veces se retiran por la asignación de impuestos al valor agregado. Comparar con impuesto de tasa fija.

**Impuesto de Tasa Fija:** impuesto establecido en cierta cantidad y que no varia de a cuerdo con el valor del objeto que está siendo imponible. Por ejemplo, los consumidores de EE UU pagan un impuesto federal en la gasolina que es imponible por galón. Comparar con Impuesto al Valor Agregado.

**Intercambio de Bono:** estrategia de inversión en la que el portador de un bono vende un bono y al mismo tiempo compra otro. Un intercambio de bono a menudo se utiliza para propósitos impositivos o para extender fechas de vencimiento.

**Poder de Bono:** formulario utilizado en lugar del formulario de asignación para transferir la propiedad de un bono de un portador a otro.

**Préstamo No Presupuestado:** Práctica gubernamental de emitir instrumentos de deuda sin la aprobación de votante, a menuda para evadir restricciones de deuda promulgadas legislativamente.

**Prima de Bono:** cantidad por encima del valor nominal (PAR) que traerá un bono en el mercado abierto. La prima de bono a menudo se expresa como porcentaje y se calcula al dividir el valor nominal del bono por el valor de mercado. Véase: Descuento de Bono.

**Prima de Riesgo de Bono:** tasa de interés aumentada que paga un emisor de bonos sobre un instrumento de deuda de mayor riesgo para atraer el interés del inversor. Véase: Clasificación de Bono; Bono Basura.

**Primera Fecha de Rescate:** fecha en la que el emisor de un bono rescatable puede retirar la deuda comprando el bono antes de la fecha de vencimiento. Véase: Documento entre el Inversor y el Suscriptor.

**Provisión de Fondo de Amortización:** requisito para algunos emisores de bonos para volver a comprar una porción de sus deudas en intervalos regulares. Los bonos pueden comprarse por el emisor o el mercado secundario o directamente de los portadores de bonos. Una provisión de fondos de amortización será publicada en el documento entre el emisor y el suscriptor. Véase: Riesgo de Refinanciamiento; Bono Rescatable.

**Riesgo de Incumplimiento:** posibilidad de que el emisor de un bono de una empresa o bono gubernamental fracase en pagar sus deudas. Las clasificaciones de bonos de servicios tales como Standard & Poor's, Moody's Investors Service, y Fitch Ratings le ofrecen a los inversores un medio para evaluar el valor de crédito y por ende el riesgo de incumplimiento para un cierto bono.

**Riesgo de Refinanciación:** riesgo de rendimiento que enfrenta un portador de bono si el emisor cancela una deuda antes del vencimiento y no puede asegurarse una tasa de interés similar en otra inversión. Véase: Bono Rescatable; Fecha de Cierre

**Sobre la Par:** condición en la cual un bono se comercializa por encima de su valor nominal. Un bono a menudo comercializa sobre la par cuando la demanda aumenta porque tiene un rendimiento que es más elevado que las tasas de intereses actuales.

**Subasta holandesa:** sistema de subasta en la que el precio de un producto ofrecido para la venta se reduce incrementalmente para establecer el precio más alto en el que el comprador lo obtendrá. La subasta holandesa se utiliza en las subastas de la Tesorería de EE.UU. y a veces para establecer el precio de oferta para un Oferta Publica Inicial (IPO).

**Tasa de Cupón:** tasa de interés que se paga sobre un bono. También llamada Tasa de Rendimiento.

**Tasa de Rendimiento:** véase Tasa de Cupón.

**Valor Nominal:** cantidad que recibirá un portador de bono del emisor en la amortización de la deuda. El valor nominal de un bono es solo un factor que determina el valor del bono en el mercado secundario. Los inversores a menudo pagarán más que el valor nominal para un bono ya existente con mayor rendimiento del que está disponible en una nueva emisión. Véase: Par.

# Análisis Técnico: Usando el Pasado para Predecir el Futuro

ANÁLISIS TÉCNICO: utilización de gráficos de precios y análisis estadístico para sacar conclusiones acerca de los movimientos de precio de futuros.

**Alto:** precio más alto en el que ocurrió una comercialización durante un período comercial.

**Análisis Técnico:** utilización de los gráficos de precios y análisis estadístico para realizar hipótesis acerca de futuros movimientos de precio.

**Apertura:** precio en el que se lleva a cabo la primera comercialización de un valor en una sesión comercial. Comparar con Cierre.

**Bajo:** precio más bajo en el que ocurrió una comercialización en una sesión comercial.

**BETA:** medida de la volatilidad de precio relativa al mercado más amplio. Un valor con una beta por encima de 1 indica que es más volátil que el S&P 500. Una beta por debajo de 1 indica que es menos volátil.

**Capitulación:** Punto mínimo del mercado originado cuando un período de precios en declive baja abruptamente acompañado por un alto volumen, seguido de un cambio rápido. Comparar con Disparador. Véase: Presión Alcista.

## UNA MIRADA MÁS CERCANA EN LA CAPITULACIÓN

Una capitulación a menudo es provocada por las noticias y es incentivada por un retroceso repentino en las ventas en pánico cuando los inversores "abandonan" su sentimiento alcista y aceptan que la tendencia de un mercado bajista está en marcha. Finaliza cuando la capitulación se topa con la compra creada por la obtención de ganancias en la posición acorto uniendo fuerzas con un nuevo impulso para comprar.

Una capitulación puede llevarse a cabo en un solo valor o en el mercado como un todo y es considerada por los técnicos como uno de los más confiables indicadores alcistas porque a menudo precede un cambio inverso.

**Ciclo en Baja:** Véase: Mercado Bajista.

**Cierre:** último precio en el que se lleva a cabo un negociación en una sesión comercial. Comparar con Apertura. Véase Movimiento Máximo de Precio.

**Comercio Dentro del Día:** comercio que se lleva a cabo luego de la campana de apertura y antes de la campana de cierre de un día comercial.

**Congestión:** período comercial que se lleva a cabo en una variedad relativamente estrecha, sin un aumento o una baja significativa en el precio de un valor o índice. Véase: Mercado Poco Activo; Variedad de Comercio.

**Convergencia:** movimiento de precio caracterizado por el estrechamiento de la diferencia entre el precio de los futuros y el precio de contado de una mercadería.

**Corrección de Mercado Alcista:** retroceso temporario en el precio en un mercado en alza. Comparar con Corrección Bajista. Véase Mercado Bajista; Mercado Alcista; Corrección; Ciclo de Mercado.

**Corrección de Mercado Bajista:** retroceso temporario de precios en un mercado en declive. Comparar con Corrección de Mercado Alcista. Véase: Oso, Toro; Corrección, Ciclo de Mercado.

**Disparador:** Pico en el mercado creado cuando un periodo generalmente de precios en alza de repente atraviesa un aumento rápido en el precio y el volumen seguido de un cambio opuesto de igual rapidez. Compara con Capitulación. Véase Presión a Corto.

## UNA MIRADA MÁS CERCANA DEL DISPARADOR

El disparador a menudo se genera por las noticias y es incentivado por una detención repentina en la compra cuando los vendedores a corto "abandonan" su sentimiento bajista y aceptan que el precio esté aumentando. Finaliza cuando los disparadores se topan con la venta creada por la obtención de ganancias a largo junto con una nueva motivación en la venta a corto. Un disparador puede suceder en un simple valor o en el mercado como un todo y es considerado por los técnicos como uno de los indicadores bajistas más confiables.

**Divergencia Alcista:** situación en un ciclo alcista cuando dos indicadores técnicos se mueven en direcciones opuestas y señalan un punto de cambio en la tendencia. Los técnicos a menudo observan una divergencia entre el precio de un valor y su índice de fortaleza relativo. Comparar con Divergencia Bajista.

**Divergencia Bajista:** situación en una ciclo bajista cuando dos indicadores técnicos se mueven en direcciones opuestas y señalan un nuevo punto de cambio en la tendencia. Los técnicos a menudo buscan la divergencia entre el precio de un valor y su índice de fuerza relativa. Comparar con Divergencia Alcista.

**Divergencia:** situación en la que dos indicadores técnicos se mueven en direcciones opuestas. Una divergencia puede señalar un cambio en la fortaleza del mercado y un gran cambio a la inversa. Véase: Divergencia Bajista; Divergencia Alcista; Índice de fortaleza Relativa.

**Dolor tm Max:** herramienta de análisis técnico de marca registrada que calcula el punto en el que la pérdida máxima de un contrato de opción ocurrirá. Se basa en la teoría de que 90 por ciento de todos los contratos de opciones caducan sin ser ejecutados lo cual provoca una pérdida para el portador de la acción.

**Emisiones en Avance:** número de valores que han aumento de precio durante un periodo específico de tiempo, a menudo un día o una semana. Los técnicos utilizan emisiones en avance para calcular la proporción de Avance/Declive y la línea de avance/declive. Véase: Indicador de Expansión de Mercado. Emisiones en Declive; Inclinación de Mercado.

**Emisiones en Declive:** número de valores que han disminuido el precio durante un período de tiempo específico, a menudo un día o una semana. Los técnicos utilizan las emisiones en declive para calcular la proporción la línea de avance/declive. Véase: Indicador de Extensión del Mercado, Emisiones en Avance; Inclinación de Mercado.

**Indicador "Trin":** indicador de la extensión del mercado basado en la relación entre el margen de avance/declive y el volumen de aquellas acciones. Se calcula al dividir la proporción de avance/declive por la proporción en alza o en baja. TRIN es una sigla para el Índice de comercio y también se la conoce como Índice Armas, denominada así por su fundador, Richard W. Arms, Junior.

---

### UNA MIRADA MÁS CERCAN DEL TRIN

El Trin mide la fortaleza interna de un mercado para un período de tiempo dado, a menudo el día comercial actual. Se re calcula minuto a minuto y se publica en el sitio Web de la bolsa de Nueva Cork y en varios sitios financieros. Para comprenderlo mejor es útil observar este cálculo.

Proporción de Avance/Declive    ÷    Proporción en Alza/en Baja

( Donde la Proporción de Avance/Declive 0 Las emisiones en avance divididas por las Emisiones en Declive y la Proporción en Alza/en Baja =Volumen en Avance dividido por volumen en Declive)

---

**Indicador de la Extensión del Mercado:** medida del numero de valores diferentes comercializados. Los técnicos observan varios indicadores técnicos que miden la extensión del mercado creyendo que cuando el mercado se mueve hacia arriba o abajo, es probable que la tendencia sea más substancial y sostenida si un gran número de emisiones participa en el movimiento.

**Indicador Técnico:** herramienta de análisis técnico para medir e interpretar el comportamiento del mercado. Los indicadores técnicos pueden medir cualquier número de factor, incluyendo el número de acciones comercializadas, la proporción de acciones en aumento de aquellas en baja, y el número de acciones con una baja o alta nueva.

**Índice de Tic:** indicador técnico que interpreta el sentimiento del mercado al restar el número de acciones que s e comercializan en un tic bajo del número de acciones que se comercializan de un tic alto. Un número positivo refleja un sentimiento alcista y un número negativo refleja un sentimiento bajista.

**Margen de Avance/Declive:** indicador de la expansión del mercado que se calcula al restar las emisiones en declive de las emisiones en avance. Véase: Linea de Avance/Declive; Proporción de Avance/Declive; TRIN.

**Mayoría de Activos**: indicador técnico que enlista los valores con la mayoría del número de acciones comercializadas en un período de tiempo dado. La mayoría de los activos a menudo se registran por día y semana.

**Media de Movimiento Exponencial (EMA):** media móvil de precios ponderados para el precio de un valor o un índice para un período de tiempo dado. Un EMA difiere de una media móvil simple ya que le adjunta más importancia a la información reciente, haciéndola más sensible a indicaciones tempranas de un cambio para de tendencia actual. A menudo un Una de 26 días o de 12 se utiliza para analizar tendencias a corto plazo y un EMA de 50 días o de 200 días se utiliza para tendencias a largo plazo. Las EMAS se utilizan en varias herramientas de análisis técnico, la MACD siendo la más común. Los programas de análisis técnico calculan EMA automáticamente basados en valores cargados por el usuario.

**Media móvil (MA):** precio promedio de un valor o índice para un período de tiempo dado, a menudo 50 o 200 días, aunque Bollinger Bands utiliza una media móvil de 20 días. El MA se puede calcular como una media móvil exponencial (EMA) o como una media móvil simple calculada al sumar el precio de cierre sobre períodos "n" y al dividir por "n". Cada vez que el período avanza, la calculación se actualiza para incluir información de los períodos "n" más recientes. Comúnmente, a menos que EMA esté especificada, se asume una media móvil simple.

**Mercado Poco Activo:** tendencia en la cual la variedad comercial para el mercado mayor no se mueve ni para arriba ni para abajo, sino que comercializa dentro de los límites de altas o bajas recientes. Un mercado poco activo señala interés del inversor débil a medida que los participantes del mercado esperan una indicación con respecto a la dirección del próximo movimiento. Véase: Cogestión.

**Mercado Ajustado:** mercado caracterizado por un alto volumen y un margen angosto. Un mercado ajustado es un signo de un mercado altamente competitivo con una fuerte participación de compradores y vendedores.

**Mercado Angosto:** mercado caracterizado por bajo volumen y un amplio margen entre la mejor demanda y la mejor oferta.

**Momento:** tasa de cambio en el precio o volumen de un valor o índice. Algunos técnicos creen que un movimiento acompañado por un momento de aumento continuará hasta que se quede sin compradores (a largo) o vendedores (a corto). Véase: Inversor del Momento.

**Presión Alcista:** situación que ocurre cuando los compradores están atrapados en un mercado en declive. Cuando la crece la presión debido a pérdidas en aumento, empiezan a vender para salir de la posición de perdida provocando un período de baja precios y más pánico en la venta a largo que aún está en el mercado. Un comerciante profesional a veces tratará de sacar provecho de una presión alcista vendiendo a corto en el precio en baja y comprando a largo cuando el período comience a debilitarse. Luego traerá el precio de nuevo al punto de corrección, sacará las ganancias, y entrará nuevamente en el merado como vendedor. Comparar con Presión Bajista. Véase Trampa de Mercado Bajista; Trampa de Mercado Alcista; Movimiento Repentino de Precios.

**Presión Bajista:** situación que ocurre cuando los vendedores están atrapados en un mercado en aumento. Cuando crece la presión de perdidas en aumento, empiezan a comprar para salir de su posición de perdida lo cual incentiva el momento de suba de precios y más pánico al comprar entre los cortos que todavía están en el mercado. Un comerciante profesional a veces tratara de sacar ventaja de una presión bajista comprando a largo en la presión del precio en alza y luego vende a corto cuando la situación comienza a debilitarse. Luego traerá de nuevo el precio al punto de corrección, sacará su ganancia, y re entrara al mercado como comprador. Comparar con Presión Alcista. Véase: Trampa de Mercado Bajista; Trampa de Mercado Alcista; Movimiento Repentino de Precios.

**Proporción de Avance/Declive (A/D):** indicador técnico que se utiliza con frecuencia y que mide la extensión del mercado. La proporción de Avance/Declive s e calcula al dividir el número de emisiones en avance por el número de emisiones en declive, con una proporción de 1 a 1 reflejando una inclinación neutral en el mercado más amplio. Los técnicos interpretan cualquier proporción que indica que los avances superan los declives (2 a 1) como prueba de un sentimiento alcista. Por el contrario, un técnico interpretaría un mercado en el que las emisiones en declive superan a las emisiones en avance como una inclinación bajista. Como la línea de avance/declive (A/D o AD), la periodicidad en la que un inversor calcula la proporción A/D puede variar de unos pocos minutos (dentro del día) a ser diario, semanal, o más largo.

**Proporción en Alza/en Baja:** indicador de la extensión del mercado que se calcula al dividir el volumen en avance por el volumen en declive.

**Punto de Partida:** espacio en blanco por encima o por debajo de las barras de precio en un gráfico de precios formado sobre una salida de un gráfico principal y es acompañado por un alto volumen. Los técnicos interpretan un punto de partida como un señalador de un movimiento mayor de precio. Véase: Hueco de Agotamiento; Apertura de Hueco; Hueco de Continuación.

**Punto Mínimo:** una clase de comercialización en o cerca del precio más bajo dentro de un ciclo de mercado antes de que cambie y comience una tendencia en alza. Véase. Corrección; Taza con Manija; Doble Punto Mínimo; Cabeza y Hombros; Inversión; Punto Mínimo Redondeado; Triple Punto Mínimo; Punto Mínimo V.

**Recuperación Bajista:** aumento de corto plazo en los precios de las acciones durante un mercado bajista. Véase: Corrección.

**Semana 52 Alta:** precio más alto en el que se comercializa un valor durante el año anterior. Comparar con Semana 52 Baja.

**Semana 52 Baja:** precio más bajo en el que se comercializa un valor en el año anterior.

**Sobrecomprado:** condición en la que el precio de un valor ha aumentado a un punto más alto de lo que puede ser sostenido de una perspectiva de análisis técnico. Un técnico a menudo esperará que una acción que está sobrecomprada entre en un ciclo de corrección. Comparar con Sobrevendida.

**Sobrevendida:** condición en laque el precio de un valor has caído por debajo un punto que puede ser sostenido desde una perspectiva de análisis técnico. Un técnico a menudo esperará que una acción que está sobre vendidita entre en un ciclo de corrección. Comparar con Sobre comprada.

**Tamaño de Caja:** cambio de precio específico del usuario que provoca la adición de una x o una o en una columna ya existente en un punto y un grafico de cifras.

**Teoría de Ola Elliot:** teoría de análisis técnico desarrollada por Ralph Nelson. Nelson creía que los precios de las acciones se mueven en un ciclo de cinco olas seguidas por un ciclo de corrección de tres olas. Sostenía que los movimientos de precio podían predecirse al identificar la característica de la ola en los gráficos sobre acciones.

**Trampa de Mercado Bajista:** situación en la que los inversores que vendieron a corto cerca del punto más bajo de un ciclo en baja se encuentran atrapados cuando el mercado da un giro inesperadamente. A medida que las posiciones a largo entran al mercado, las posiciones a corto empiezan a comprar para salir de sus posiciones de perdida, lo cual incentiva más la suba de precios y asusta a la compra para los vendedores a corto que quedan aun en el mercado. Cuando la cobertura a corto esta completa, el momento en alza disminuye y el mercado a menudo vuelva ala tendencia en baja. Comparar con Trampa de mercado Alcista. Véase: Movimiento Repentino de Precios.

**Valor Justo:** valor teórico de los futuros S&P 500 luego de restarle el costo tener el contrato de propiedad versus las acciones físicas (interés compuesto y dividendos perdidos). El valor justo se utiliza para predecir la dirección comercial en el mercado mayor durante los primeros minutos luego de la campana de apertura. Cuado los futuros de S&P 500 se comercializan por encima del valor justo, esto indica una inclinación inicial hacia un aumento en los precios de las acciones. De la misma forma, cuando se comercializan por debajo del valor justo, indica una inclinación inicial hacia un declive en los precios de las acciones. El valor justo se cotiza en la Bolsa de Valores Mercantil de Chicago (CME).

**Variedad de Apertura:** precios más altos y más bajos en el que se comercializa durante el mercado abierto.

**Variedad de Cierre:** precios más altos y más bajos en los que ocurre la negociación durante el cierre del merado.

**Volatilidad:** tendencia del precio de un valor para hacer movimientos grandes y frecuentes. Véase Beta.

**Volumen en Avance:** numero de acciones comercializadas en valores que subieron de precio durante un periodo dado (dentro del día, diario, o semanal). El volumen en avance es un indicador utilizado para medir la expansión del mercado y calcular la proporción en alza o en baja. Comparar con Volumen en Declive.

**Volumen en Declive:** número de acciones comercializadas en valores que bajaron de precio durante un período dado (dentro del día, diariamente, o semanalmente). El volumen en declive es un indicador técnico utilizado para medir la extensión del mercado y calcular la proporción en alza y en baja. Comparar con Volumen en declive.

**Volumen:** número de acciones comercializadas en un cierto mercado o en un solo valor o índice. El volumen alto generalmente es considerado como una indicación del entusiasmo del inversor y el volumen bajo es considerado como un signo de letargo del inversor. El volumen es un componente de muchas herramientas de análisis técnico.

## UNA MIRADA CERCANA DEL VOLUMEN

Tomado por si solo el volumen alto significa algo más que la presencia de un número saludable de compradores y vendedores queriendo entrar al mercado. El volumen bajo indica a escasez de uno o del otro, a veces ambos. Dividida en factores junto con el movimiento de precio, el volumen alto puede utilizarse para confirmar la dirección de una tendencia o detectar una tendencia en reversa. También puede seducir a los comerciantes a las peligrosas aguas del disparador, en la cual los precios suben rápidamente en alto volumen y solo para invertirse con la misma rapidez cuando el mercado se queda sin compradores.

# Trazando: Más que cuadros bonitos

**CUADRO:** un gráfico en el que se registran los precios del comercio para el índice de un valor o de un producto. Los técnicos utilizan cuadros para analizar el rendimiento histórico de un precio y hacen suposiciones acerca de los futuros movimientos de precios. Véase Gráfico de barras; Gráfico Candelabro; Gráfico de Punto y Figura.

---

**Apertura De La Brecha:** una situación en la que la primera operación de la jornada para un valor, índice, o producto tiene lugar por encima del alta del día anterior o por debajo de la baja del día anterior, dejando un vacío en el que comercio no tuvo lugar. Véase Brecha, Brecha de Escape; Brecha Agotada; Brecha Runaway.

**Apoyo:** un precio o rango de precio en el que los técnicos esperan que el precio de un valor rebote una o más veces antes de romper a través de la baja. El apoyo es por lo general causado por una abundancia de compradores y una escasez de vendedores en ese nivel de precios. Los técnicos creen que la fuerza de un área de apoyo está determinada por la importancia del comercio que lo crearon. Por ejemplo, el rango de comercialización que abarcó muchos meses creará más apoyo a los precios que el rango del día anterior.

**Bandas Bollinger:** una herramienta de análisis técnico, que está formada por tres puntos de datos que juntos crean un canal de comercio superior e inferior (banda) que son dos desviaciones estándar de la línea media, que mide la tendencia de mediano plazo. Las fluctuaciones de los precios entre las bandas superiores e inferiores miden la volatilidad y la desviación del movimiento promedio simple de 20 días.

**Bandera Alcista:** un cuadro patrón llamado así por el hecho de que su formación inicial (el poste de la bandera) tiene lugar en un mercado en rápido aumento. Una vez que el polo se forma, un breve período de consolidación resulta en una serie de las barras en las que los altos y bajos descienden a la misma velocidad, formando un canal paralelo en pendiente- descenso. Los técnicos ven a esta bandera alcista como un indicador neutral, por lo que hacen pedidos por encima y por debajo de las líneas de tendencia trazadas a lo largo de la parte superior e inferior de la bandera y juega aquella que se completa en la ruptura. Comparar con Bandera Bajista.

## FIGURA 2 BANDERA ALCISTA

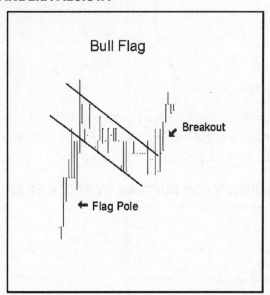

**Bandera Bajista:** un cuadro patrón llamado así por el hecho de que su inicial formación (el poste de la bandera) tiene lugar en un mercado en rápido declive. Una vez que se forma el poste, un breve período de consolidación resulta en una serie de barras en los que los altos y bajos se elevan a la misma velocidad, formando un canal paralelo en pendiente-alza. Los técnicos ven a la bandera bajista como un indicador neutral y hacen pedidos por encima y por debajo de las líneas de tendencia trazadas a lo largo de la parte superior e inferior de la bandera, entonces juega aquella que se completa en la ruptura. Comparar con Bandera Alcista.

**Bandera En Alza:** un cuadro caracterizado por una fuerte subida de los precios (poste de la bandera), seguido de un período de más gradual, pero constante aumento de altos más elevados y mínimos más elevados (la bandera). Muchos técnicos consideran que una bandera en alza es una indicación de alza ya que indica la fuerza del mercado.

## FIGURA 14 BANDERA EN ALZA

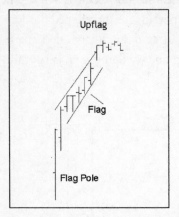

**Banderín:** un patrón gráfico caracterizado por altos bajos y bajas altas en aumento. Los técnicos ven al banderín como un indicador neutral y realizar los pedidos a ambos lados del banderín y juega aquel que complete la ruptura.

## FIGURA 8 BANDERÍN CON RUPTURA Y BRECHA DE APERTURA

**Barra De Precio:** las marcas verticales en un gráfico de barras que representan el campo comercial para un valor, índice, o productos dentro de una determinada periodicidad. Comparar con Gráfico de Punto y Figura. Véase Patrón Gráfico; Análisis Técnico.

# FIGURA 10 BARRA DE PRECIO

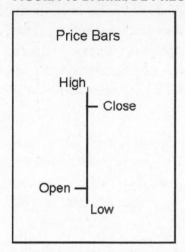

Price Bars

High

Close

Open

Low

**Brecha:** un espacio en blanco encima o por debajo de las barras de precios en un gráfico de la izquierda de acciones por un súbito repunte hacia arriba o hacia abajo en el comercio. Las brechas son creadas cuando el precio negociado de un valor, índice, o mercadería salta por encima del alto o cae por debajo de la baja, representado en la anterior barra de precio. Véase Brecha; Brecha Agotada, Brecha de Apertura; Brecha Runaway.

## UNA MIRADA MÁS CERCANA A LA BRECHA DE APERTURAS

Las brechas de aperturas a menudo ocurren como resultado de una respuesta visceral a un evento de noticias que causa que el precio de un valor o de un índice se abra por encima o por debajo de la fluctuación del comercio del día anterior. Cuando el temporal

frenesí provoca el salto de subvenciones, en general, prevalece la razón y se reanuda la negociación normal, pero no siempre regresa inmediatamente al anterior nivel de comercio. Los técnicos creen que los márgenes altos y bajos de la brecha actúan como resistencia y apoyo hasta que son penetrados en un retroceso posterior. La rapidez con que la toma de este retroceso acontece puede variar, en función de su causa y en todas las condiciones del mercado.

**Brecha Agotada:** un espacio en blanco encima o por debajo del precio de las barras en una tabla de precios que está formada por un súbito repunte de precios asociados con pánico de comprar o ventar ya que una tendencia se acerca a un punto de inversión. Una brecha agotada es por lo general creada por el pánico de compra o venta. Véase Brecha; Brecha de Escape; Brecha de Apertura; Brecha Runaway.

**Brecha Runaway:** un espacio en blanco por encima o por debajo de las barras de precios que está formado por un súbito repunte de precios asociados con el entusiasmo del mercado después de que se haya establecido una tendencia. Algunos técnicos consideran que la longitud total de una tendencia se puede estimar duplicando la distancia desde el inicio de la tendencia hacia el principio de la brecha. Véase Brecha, Brecha de Escape; Brecha Agotada; Brecha de apertura.

**Canal De Comercialización:** un patrón gráfico de comercio que se lleva a cabo dentro de las dos líneas de tendencia paralelas. Un canal puede ser horizontal o puede tener una pendiente hacia arriba o hacia abajo. Una operación, ya sea por encima o por debajo de línea de tendencia es considerada una ruptura. Véase Falsa Ruptura.

**Cantidad De Inversión:** un criterio especificado por el usuario en un gráfico de punto y figura que determina hasta qué punto un precio puede moverse n la dirección opuesta antes que una nueva columna sea agregada al gráfico.

**Consolidación:** un período de negociación en el que el precio de las barras se mantienen dentro de los límites de un patrón gráfico. Ésta continúa hasta que ocurre la ruptura. Véase Análisis Técnico.

## FIGURA 5 TRIPLE SUPERIOR, RESISTENCIA, CONSOLIDACIÓN, V INFERIOR, Y FONDO DOBLE

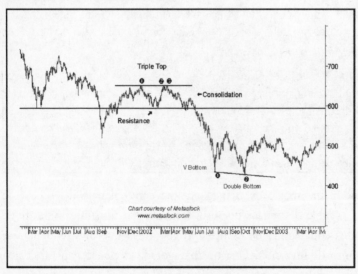

**Cuadro:** un gráfico en el que se registran los precios del comercio para un valor, índice, o producto. Los técnicos utilizan estos gráficos para el análisis del rendimiento histórico de un precio y para hacer hipótesis sobre los movimientos futuros de los precios. Véase Cuadro de Barras; Gráfico Candelabro; y Gráfico de Punto y Figura.

## FIGURA 3 GRÁFICO CANDELABRO

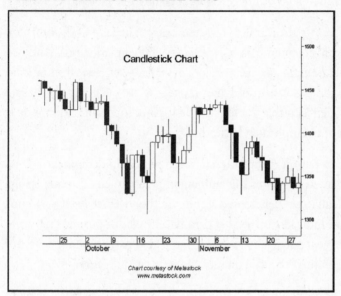

## FIGURA 4 ESTRUCTURA CANDELABRO

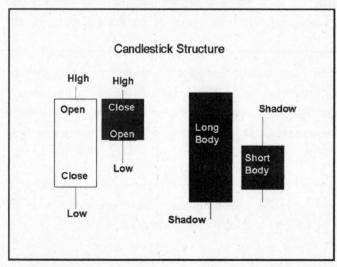

**Cuadro De Barra:** un gráfico utilizado por los técnicos para el análisis del rendimiento de las acciones y para hacer supuestos acerca del futuro comportamiento de los precios. Está compuesto por una serie de líneas verticales llamadas barras. La parte superior e inferior de la barra representan los altos y bajos de la periodicidad seleccionada. Un tilde del lado izquierdo de la barra indica el precio de apertura y un tilde del lado derecho de la barra indica el cierre. Un diagrama de barras usa el tiempo como el eje X y los precios como el eje Y. Comparar con Gráfico Candelabro; Gráfico de Punto y Figura.

**Cuña Descendente:** un patrón gráfico caracterizado por una rápida disminución de máximos que convergen en bajas decrecientes gradualmente, resultando en una formación de cuña inclinada hacia abajo. Los técnicos ven a esta disminución de cuña como un indicador neutral y hacen pedidos por encima y por debajo de las líneas de tendencia trazadas a lo largo de la parte superior e inferior de la cuña y juega la que se completa en la ruptura.

**Cuña Inclinada:** un patrón gráfico caracterizado por el rápido aumento de las bajas que convergen en más altos que aumentan gradualmente, lo que resulta en un patrón de cuña con pendiente ascendente. Los técnicos ven una cuña inclinada como un indicador neutral y para hacer pedidos por encima y por debajo de las líneas de tendencia trazadas a lo largo de la parte superior e inferior de la cuña y entra en juego aquella que se completa en la ruptura.

**Doble Superior:** un patrón gráfico de tendencia inversa que se forma cuando se eleva aproximadamente dos veces el mismo nivel de precios antes de invertir la dirección y comenzar la tendencia a la baja. Comparar con Fondo; Fondo Doble. Véase Tope Blow-off; Corrección; Cabeza y Hombros; Triple Superior.

**Escote:** la línea de tendencia inferior sobre el patrón de la cabeza y los dos hombros. El escote toca ambos hombros y los fondos de las barras más bajas que comprenden la formación de la cabeza. Por una inversión de cabeza y hombros, el escote se dibuja a lo largo de los hombros y la parte superior de las barras más altas comprendiendo la formación de la cabeza. Una ruptura de la línea de tendencia confirma una inversión.

**Estudios De Línea:** una herramienta de análisis técnico en el que las líneas son trazadas a lo largo o en relación a los puntos de datos en el gráfico. MACD, Fibonacci, y la Fuerza Relativa emplean los estudios de línea.

## FIGURA 6 BRECHA CON APOYO

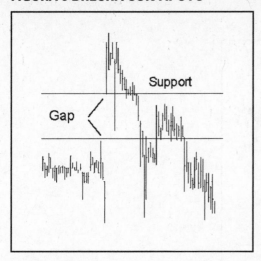

**Fondo Doble:** un patrón gráfico de tendencia inversa formado cuando el precio de un solo valor o índice disminuye dos veces (ya sea gradualmente o de repente) a aproximadamente el mismo nivel de precios antes de invertir la dirección. Comparar con Taza con Mango; Inversión de Cabeza y Hombros; Cabeza y Hombros Invertidos; Fondo Redondeado; Fondo Triple; Fondo V. Véase Tendencia.

**Fondo En Aumento:** un patrón gráfico caracterizado por un período comercial en el que el fondo de las barras de los precios aumentan gradualmente con el tiempo. Los técnicos ven a este aumento como una señal de fuerza en el mercado.

**Fondo Redondeado:** un patrón gráfico de tendencia invertida formado cuando los precios disminuyen gradualmente, operan por un período de tiempo cerca de sus niveles más bajos, y luego aumentan a casi la misma velocidad a la que fueron disminuidos. Comparar con Taza con Mango; Fondo DOBLE; Cabeza y Hombros Inverso; Fondo Triple; Fondo V; Tendencia.

**Fondo Triple:** un patrón gráfico de tendencia inversa formado al final de la tendencia bajista cuando el precio de un único valor o de un índice disminuye tres veces (ya sea gradualmente o de golpe) a aproximadamente el mismo nivel de precios antes de la inversión de la dirección y el inicio de una tendencia alcista. Comparar con Taza con Mango; Fondo Doble; Cabeza y Hombros; Cabeza y Hombros Invertidos; Fondo Redondeado; Fondo V. Véase Tendencia.

Comparar con Tope Doble; Fondo Doble. Véase Fondo.

**FIGURA 13 FONDO TRIPLE**

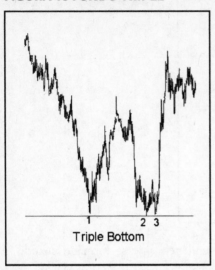

Triple Bottom

**Fondo V:** un patrón gráfico asociado con el final de una baja. Este fondo es una brusca caída de precios seguida por una inversión igualmente fuerte, por lo que las barras que se asemejan a la letra V. Comparar con Taza con Mango; Fondo Doble; Cabeza y Hombros; cabeza y Hombros Invertidos; Fondo Redondeado; Fondo Triple.

**FIGURA 15 FONDO V**

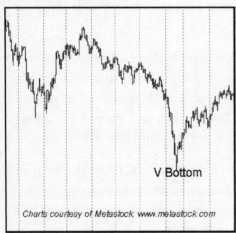

V Bottom

Charts courtesy of Metastock: www.metastock.com

**Fondo W:** una caída abajo del mercado creada cuando un valor o el mercado en su totalidad declina dos veces a casi el mimo precio e invierte la dirección.

**Gráfico Candelabro:** un tipo de material gráfico que muestra la apertura, el alto, el bajo, y el cierre de un determinado período con amplia barras verticales, llamadas el cuerpo del candelabro, del que las líneas delgadas, llamadas la sombra, se extienden por encima y/o por debajo. Los técnicos utilizan la altura, el ancho y el color del cuerpo, junto con la duración y la dirección de la sombra para detectar señales alcistas y bajistas para las acciones.

**Gráfico De Punto Y Figura:** un tipo de material gráfico que muestra el movimiento de precios sin un eje temporal. Un gráfico de punto y figura es a veces llamado un gráfico "X O" gráfico porque utiliza una X para indicar un aumento en el precio y una O para indicar una caída del precio. El cuadro se construye agregando una X arriba de la siguiente, ya que el precio aumenta por un intervalo de precio especificado por el usuario (tamaño de una caja). Cuando el precio de las acciones cambia de dirección por un importe determinado (cantidad de reversión), se comienza una columna de Os a la derecha de la columna X, con sucesivas Os añadidas debajo de cada una anterior hasta que el precio se invierte de nuevo, y se empieza otra columna de Xs. Los gráficos de punto y figura son utilizados para filtrar las menores fluctuaciones de los precios y determinar las tendencias más amplias. Comparar con Gráfico de Barras; Gráfico Candelabro.

## FIGURA 9 GRÁFICO DE PUNTO Y FIGURA.

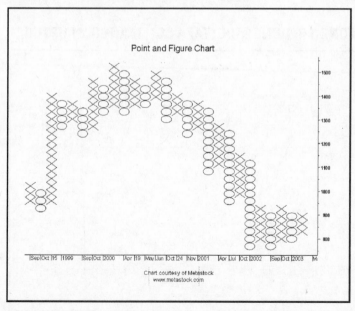

Point and Figure Chart

Chart courtesy of Metastock
www.metastock.com

**Gráfico Xo:** Véase Gráfico de Punto y Figura.

**Índice De Fuerza Relativa (RSI):** una línea de estudio comparando el desempeño de una acción en relación con el mercado más amplio. La Fuerza Relativa se mide en una escala de 1 a 100. Una acción con un índice de fuerza de 70, por ejemplo, ha obtenido mejores resultados que 70 por ciento de las acciones en el S & P 500. Los técnicos a menudo observan una divergencia entre el precio de un valor y su índice de fuerza relativa.

## FIGURA 11 ÍNDICE DE FUERZA RELATIVA

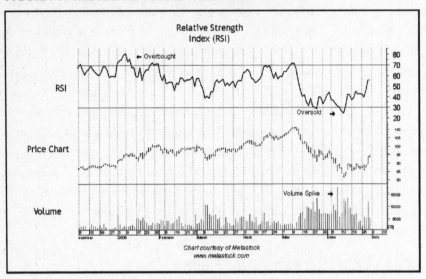

## FIGURA 12 FONDO REDONDEADO, TAZA CON MANGO Y RUPTURA

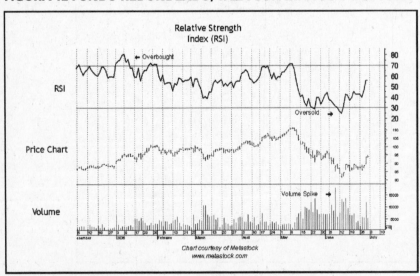

**Línea De Avance O Disminución (A/D o AD):** un indicador técnico ampliamente utilizado que muestra la diferencia entre el número de las cuestiones que disminuyen y de aquellas que avanzan durante un período determinado de tiempo (intradía, diaria, o semanal). Se calcula restando las cuestiones que disminuyen de aquella que avanzan y sumando al resultado al número del día anterior. Los técnicos utilizan estas líneas de avance/disminución línea como un indicador de la solidez de los movimientos del mercado para detectar los primeros indicios de un cambio en la tendencia del mercado. Véase Ratio de Avance/Disminución.

## UNA MIRADA MÁS CERCANA A LAS LÍNEAS DE AVANCE/ DISMINUCIÓN

La línea de avance/descenso es un indicador de la solidez de los movimientos del mercado y es útil para establecer si la tendencia del mercado es ascendente o descendente, por cuánto tiempo la tendencia se ha mantenido, y si se está debilitando, fortaleciendo, o si se ha invertido. Los técnicos también utilizan esta línea para detectar los primeros indicios de un debilitamiento en una tendencia que se indica mediante una divergencia entre la línea AD y un índice de mercado más amplio, como el Promedio Industrial de Dow Jones o el S&P 500. Una línea AD compuesta por puntos de datos diarios es útil para la siguiente tendencia a corto plazo. Para el seguimiento de tendencias a largo plazo que se extiendan por meses o años, se necesitan los puntos de datos semanales.

**Línea De Tendencia:** una línea trazada a lo largo de las barras de precios en un gráfico. Los técnicos utilizan estas líneas de tendencia para identificar tendencias, marcar los límites de los patrones del cuadro, para medir el grado y el ritmo de cambio de los movimientos de precios, y para formular hipótesis sobre futuros movimientos de precios.

**Líneas De Resistencia De Velocidad (SRL):** las líneas horizontales en un gráfico que dividen el movimiento de un precio en tres partes iguales. Los técnicos que utilizan estas líneas creen que cada línea refleja una resistencia o nivel de apoyo.

**MACD (Promedio de Movimiento de Convergencia / Divergencia):** un indicador de una técnica popular que se utiliza para señalar las oportunidades comerciales y detectar las condiciones de sobrecompra y sobreventa, así como los primeros indicios de un fin a una tendencia del mercado. Para utilizar el MACD para identificar oportunidades de compra y venta los técnicos la superponen con una línea de señal del movimiento promedio exponencial

(EMA) de nueve días y observan que una se cruce por encima de la otra. Una diferencia importante entre el MACD y la señal de línea puede indicar una condición de sobrecompra y sobreventa y una divergencia del precio de un valor puede señalar el final de la tendencia actual.

**Oscilador Estolástico:** un modelo de análisis técnico que sugiere que el precio de cierre de un valor aumentará relativamente su rango de precios en un período determinado. Este oscilador está compuesto de una sólida línea (denominada %K, que mide la relación entre el precio de cierre de un valor y de rango de fluctuación para un determinado período) y una línea de puntos (denominada %D, un promedio móvil simple de %K). Las oscilaciones de las dos líneas generan las señales de compra y venta, ya que fluctúan en una escala de cero a 100. Un resultado por debajo de 30 indica una condición de sobreventa y un resultado por encima de 70 indica una condición de sobrecompra.

**Oscilador Mcclellan:** una herramienta de análisis técnico que mide la fuerza en el mercado global marcando la diferencia entre el movimiento promedio exponencial (EMA) de 39 y 19 días de la línea de avance/disminución para las acciones negociadas en la Bolsa de Nueva York.

**Patrón Cabeza Y Hombros:** un patrón gráfico de una tendencia común de inversión asociado con un mercado superior. El nombre por su parecido a dos hombros con una cabeza que se eleva por encima de ellos en el medio. Los técnicos creen que una ruptura de una cabeza y hombros es uno de los primeros indicios más confiables de una tendencia alcista. VéaseEscote.

## UNA MIRADA CERCANA A LA ANATOMÍA DE UN PATRÓN CABEZA Y HOMBROS

El inicio de un hombro izquierdo empieza cuando la compra de un valor empuja a una nueva alta reciente. Una vez que la mayoría de los compradores están disponibles en el mercado, el impulso hacia arriba disminuye, comienzan las ganancias, y los vendedores cortos entran en juego, causando al precio a retroceder un poco. En caso de que no haga una nueva baja reciente, los compradores detectarán fuerza en el mercado y volverán a entrar a sus largas posiciones, empujando el precio de nuevo. Una cabeza se forma cuando la segunda recuperación empuja el precio más alto que el establecido con el hombro izquierdo y se reúne con la venta que empuja hacia abajo por segunda vez. Siempre que la formación de la baja de la cabeza no descienda por debajo del punto más bajo en el hombro derecho, un tercer y último intento de impulsar al precio a un nuevo alto seguirá. Si la tercera manifestación no coincide o rompe la nueva alta reciente, los técnicos estarán observando la disminución de otro precio. Una caída por debajo del "escote" del hombro

**Patrón De Taza Con Mango:** un patrón gráfico en el que la barras de precios en un gráfico constituye una parte inferior redondeada parecida a una taza, seguida de un retroceso de precios de corta vida. Cuando el impulso descendente se hace más lento y el precio comienza a subir de nuevo, se forma el mango en la parte derecha de la taza. Los técnicos creen que un movimiento de precios que rompe encima de la "llanta" de la taza y del mango desencadenará un aumento en el volumen y el impulso al alza. Comparar con Fondo Doble; Cabeza y Hombros; Cabeza y Hombros; Fondo Redondeado; Fondo Triple; V Inferior. Véase Fondo; Tendencia; Análisis Técnico.

**Patrón Gráfico:** una forma identificable, que se compone de barras o de otras marcas que representan el precio comercial de un cuadro. Los técnicos consideran que la colocación de un patrón gráfico y la forma que toma puede utilizarse como un indicador de movimientos futuros del mercado. Véase Cuadro de barra; Gráfico Candelabro; Gráfico de Punto y Figura.

**Patrón Inverso De Cabeza Y Hombros:** un patrón gráfico de tendencia inversa asociado con un mercado inferior. Los técnicos creen que una ruptura de una inversión de cabeza y hombros es una de los primeros indicios más confiables del fin a una paridad. También se hace referencia como Cabeza y Hombros Dados Vuelta. Comparar con Patrón Cabeza y Hombros. Véase Escote.

**Periodicidad:** el intervalo de tiempo en el eje de una tabla de acciones. Los técnicos utilizan una combinación de periodicidades de una semana o menos. Una periodicidad más larga filtra gran parte del ruido creado por las fluctuaciones de precio a corto plazo.

**Promedio Móvil Simple:** el precio medio de un valor o de un índice por un período de tiempo determinado, normalmente 50 o 200 días (20 días para las Bandas de Bollinger). El promedio de movimiento simple se calcula sumando juntos al precio de cierre sobre períodos "n" y dividiendo por "n." Cada vez que el período avance, el cálculo se actualiza para incluir datos de los más recientes períodos "n". También se denomina Movimiento Medio (MA). Comparar con Promedio Móvil Exponencial (EMA).

**Rango Comercial:** los límites de precios superiores e inferiores para operar durante un período específico de tiempo. Algunos técnicos interpretan una ruptura de un rango comercial como una señal de compra o venta. Después de una ruptura, este rango se convierte ya sea en apoyo o en resistencia para un movimiento de precio futuro. Véase Congestión.

**Resistencia:** un precio o rango de precios en la que los técnicos esperan que el precio de un valor rebote una o más veces antes de romper a través de la parte alta. La resistencia es por lo general causada por una abundancia de vendedores y por una escasez de compradores en ese nivel de precios. Los técnicos consideran que la fuerza de un punto de resistencia se determina por la importancia comercial que la crearon. Por ejemplo, un rango comercial que abarca muchos meses presentará más resistencia a la penetración del precio que el rango de comercialización del día anterior.

**Retroceso:** un retroceso temporal. Un retroceso típicamente sigue una recuperación empinada o una disminución de los precios, después del comercio se resume en la dirección de la tendencia general. Véase Corrección.

**Retroceso Fibonacci:** un modelo de análisis técnico que calcula los niveles de retroceso esperados al 23,6 por ciento, 38,2 por ciento, 50 por ciento y 61,8 por ciento de la distancia entre el bajo y el alto de los últimos precios de ganancias o pérdidas.

**Ruptura:** una situación en la que un valor o índice opera y cierra por encima de un nivel de resistencia o por debajo de un nivel de apoyo. Un técnico a menudo interpreta a la ruptura como una confirmación de una tendencia del mercado y generalmente espera al volumen, a la volatilidad, y al impulso desencadenado por la ruptura a ser equivalente a la importancia de la resistencia o al apoyo que ésta penetró.

**Ruptura Falsa:** una situación en la que una acción o un índice cierra por encima o por debajo de un rango definido por una línea de tendencia de corto o largo plazo u otro tipo de soporte o nivel de resistencia, y después se retrae dentro del campo de nuevo. Estas rupturas pueden llevarse a cabo por muchas razones, incluida una respuesta a las noticias o por profesionales comerciantes que se encuentran investigando zonas en las que creen que una serie de órdenes de parada pueden haberse colocado. Véase Stop-Running.

**Tope:** un rango de comercialización en o cerca del precio más alto dentro de un ciclo de mercado antes de la inversión y el inicio de una tendencia bajista. Comparar con Fondo. Véase Tope Blow-off; Corrección; Tope Doble; Cabeza y Hombros; Triple Tope.

**Tope Triple:** un patrón gráfico formado al final de una tendencia alcista cuando el alto se eleva a aproximadamente el mismo nivel tres veces antes de invertirse. Comparar con Taza con Mango; Tope Doble; Patrón Cabeza y Hombros; Fondo Triple. Véase Tope.

**Tope Redondeado:** un patrón gráfico formado cuando los precios aumentan gradualmente, comercian por un período de tiempo cerca de sus niveles más altos, y luego disminuyen aproximadamente al mismo ritmo en que aumentaron. Comparar con Tope Doble; Cabeza y Hombros; Fondo Redondeado; Tope Triple. Véase Tope; Tendencia.

**Triángulo Ascendente:** un gráfico patrón de la continuación de una tendencia en el que los picos de las barras de precios siguen siendo relativamente planos y los fondos aumentan gradualmente. Las líneas trazadas a lo largo de los picos y los fondos de las barras de precios convergen a menos que una ruptura interrumpa la gama cada vez más restrictiva de comercio. Los triángulos ascendentes son considerados como un patrón alcista, pero la dirección del mercado a corto plazo será confirmada por la dirección en que la acción se comercialice una vez que la ruptura ocurra.

**Triángulo Simétrico:** un patrón gráfico caracterizado por cada vez altos más bajos y mínimos más altos. Un triángulo simétrico se asemeja a un banderín, pero normalmente es de mayor duración y de pendiente más suave. Los técnicos ven a un triángulo simétrico como indicador neutral, y por lo general realizan los pedidos a ambos lados de la formación y juega aquel que se llena.

# Mecánica de las Inversiones

# Herramientas que Combinan con su Estilo: Empezando con el Corredor de Bolsa Adecuado

**REGLAS DE LA CASA:** políticas de una empresa de corretaje y los procedimientos que establecen la manera en que se manejan las cuentas de los clientes.

**Apuestas:** apuestas relacionadas a obtener dinero de las inversiones por la continua emisión de pedidos de compra y venta intervalos establecidos, a menudo menos de 15 segundos. Véase: Detención IPO.

**Arbitraje:** estrategia de inversión que implica comprar un valor, moneda o mercadería en un mercado para su venta inmediata en un mercado diferente para sacar provecho de las diferencias de precio entre los dos.

## UNA MIRADA MÁS CERCANA DEL ARBITRAJE

Las diferencias de precio temporarias pueden ocurrir en valores, monedas, y mercadería entre los distintos mercados en los que se comercializan. Por ejemplo, el precio del aluminio en NYMEX podría caer por debajo del precio en que se comercializa en el Mercado de Metales de Londres. Una persona involucrada en el arbitraje podría comprar uno o más contratos de aluminio en NYMEX y venderlos inmediatamente en el Mercado de Metales de Londres (LME). La diferencia entre el precio de compra y el de venta, menos las comisiones, es la ganancia (o pérdida si el precio del aluminio en la LME cae antes de que se ejecute la venta).

**Barrida de Saldos:** cuenta con una empresa de corretaje en la que el dinero no utilizado se trasfiere automáticamente a un fondo de mercado de dinero u otra inversión que tenga interés a corto plazo.

**Beneficio No Realizado:** ganancia de inversión en una posición abierta y que se mantiene sujeta al riesgo de pérdida.

**Capital:** cantidad de dinero utilizado para adquirir una inversión.

**Cartera de Valores:** valores de inversión de una persona, fondo, u otra institución.

**Comercialización de Acceso Directo (DAT):** ingresos de pedidos a través de Internet y sistema de ejecución ofrecido por algunas empresas de corretaje que le permite a un inversor ubicar los negocios con creadores de mercados y especialistas, utilizando una red electrónica de telecomunicaciones (ECN). La comercialización de Acceso Directo puede brindar la realización más rápida de un pedido pero también acarrea algún riesgo extra ya que el pedido no es revisado por un representante registrado antes de la inscripción.

**Comercialización Simulada:** programa de Internet ofrecido por ciertas empresas de corretaje que le permite al inversor practicar ubicar pedidos de compra y venta utilizando cotizaciones verdaderas, pero sin la ejecución real de los negocios. La comercialización simulada puede ser beneficiosa como herramienta de comercialización, pero las ganancias y las pérdidas pueden ser confusas porque el sistema no puede incorporar con precisión el efecto simulado que las operaciones hubiesen tenido en un comercio real.

**Comercio de Caja Negra:** sistema de comercialización computarizado para inversores individuales que utiliza una serie de reglas de propiedad establecidas para generar señales de compra y venta. Los sistemas de la caja negra reciben ese nombre debido a la privacidad que rodea la metodología empleada en el análisis.

**Comisión Doble:** término que se refiere a los costos totales de comisión para ambas partes del negocio: el pedido de compra y el de venta.

**Comisión:** arancel que cobra una empresa de corretaje por ejecutar un pedido de compra o venta de una inversión. Las comisiones se basan en el valor del comercio o en una tasa de arancel fija.

**Compra a Largo Plazo:** compra de un valor o contrato de derivado con la intención de venderlo y obtener ganancia cuando aumente el precio. Comparar con Compra para Cobertura; Venta a Corto Plazo.

**Compre los Rumores, venda las Noticias:** refrán del mercado basado en la creencia de que los precios de las acciones se mueven con anticipación a las noticias y rebotan cuando ocurren ganancias luego de que se publican las noticias.

**Costo Financiero:** costo por poseer una inversión, como por ejemplo el interés de la plata prestada para financiar la compra. En el caso de la mercadería, el costo financiero también incluye el costo de almacenamiento y el seguro. Véase: Costo Negativo; Costo Positivo.

**Costo Negativo:** costo por tomar dinero prestado para financiar una inversión que excede las ganancias obtenidas. Comparar con Costo Positivo.

**Costo Positivo:** costo por tomar dinero prestado para financiar una inversión que no excede las ganancias obtenidas. Comparar con Costo Negativo. Véase Margen.

**Cuenta de Custodia:** cuenta abierta por un padre en nombre de un menor. Los depósitos en la cuenta de custodia son irrevocables y junto con las ganancias de la cuenta se convierten en propiedad privada del menor. Cuando el chico llega a la mayoría de edad (de 18 a 21 años dependiendo del estado) el o ella sume el control absoluto sobre la cuenta y todos los bienes en ella.

**Cuenta de Margen:** cuenta de una empresa de corretaje establecida con el propósito de tomar dinero prestado para financiar negociaciones de inversiones o para el uso como bono de desempeño cuando se comercializan derivados. Véase: Préstamo de Compra; Margen de Mantenimiento; Reposición de Margen.

**Cuenta Discrecional:** cuenta con una empresa de corretaje que autoriza al corredor de bolsa u otro individuo asignado para tomar una decisión sobre cómo se invierten los fondos de una cuenta sin requerir la consulta al propietario de la cuenta antes de la ejecución. Véase: Compra y Venta de Acciones Exagerada; Fiduciario; Cuentas Gestionadas por un Profesional; Normas de Conducta.

**Cuenta Gestionada por un Profesional:** cuenta de inversión establecida con una empresa de corretaje en la que el propietario de la cuenta hace un contrato con el accionista y le paga un arancel por los servicios de la gestión de la cuenta que incluyen la elección de la inversión y la ejecución del negocio.

**Cuenta Restringida:** cuenta de margen en la que el margen/porcentaje de activos ha caído por debajo de los requerimientos mínimos de margen. Véase Margen; Reposición de Margen.

**Cuenta Segregada:** cuenta en la que los fondos de un cliente se mantienen separados de los fondos de la empresa de corretaje.

**Distribución de Activos:** estrategia de inversión en la cual un inversor o gerente de un fondo ajusta la cartera de valores para mantener un balance predeterminado entre las clase o los sectores de activos, por ejemplo. La estrategia de distribución de activos de un fondo se publica en los prospectos. Véase: Manejo de Inversiones Activas.

**Diversificación:** distribución de las inversiones en una variedad de sectores o clases de activos con el propósito de manejar el riesgo de mercado. Véase: Distribución de Bienes Activos.

**Elección de Acciones:** véase: Pantalla de Acciones.

**Especular:** realizar una inversión arriesgada en anticipación a un cambio en el precio futuro de un activo.

**Estrategia de Acumulación:** estrategia pasiva de inversión en la cual una cartera de valores compuesta por acciones de calidad se guarda a largo plazo. Comparar con Comercialización del Día; Comercialización a Corto Plazo; Ritmo de Mercado.

**Estrategia de Inversión Equilibrada:** estrategia de distribución de activos que busca moderar el riesgo al incluir ambos la producción de ingresos y las inversiones en crecimiento en una cartera de valores.

**Estrategia de Salida:** plan para salir de una inversión de manera tal que optimizará las ganancias y minimizará las pérdidas.

**Fecha de Cierre:** fecha en la que el dinero y a propiedad de un activo debe ser comercializada para finalizar una transacción ejecutada. Para los valores, la fecha de cierre es a menudo tres días después de la fecha de transacción. Comparar con Fecha de Transacción.

**Fijo:** condición en la cual un inversor no tiene posiciones abiertas.

**Fórmula de Inversión:** estrategia de inversión designada para reemplazar las emociones en el proceso de toma de decisiones con una serie de reglas predeterminadas. Véase: Comercialización de la Caja Negra; Estrategia de Acumulación; Promedio de Costo del dólar.

**Ganancia No Realizada:** véase Ganancia de capital no realizada Ganancia o Pérdida en Posiciones Abiertas No Realizadas: véase Beneficio No Realizado.

**Ganancias Adicionales:** diferencia entre el precio actual de comercialización de un valor y el nivel al que probablemente aumente en el corto plazo.

**Ganancias de la Inversión (ROI):** medida de rentabilidad de la inversión, expresada como porcentaje. La ROI se calcula al dividir las ganancias netas de la inversión por el capital. Véase: Activo Disponible.

**Inversor Adverso al Riesgo:** persona con un nivel de tolerancia al riesgo bajo.

**Levantar Parte de una Opción Combinada:** un paso en la ejecución de una estrategia de margen en la que el inversor cierra una de las dos posiciones simultaneas que tenía.

**Liquidación:** proceso por el cual una propiedad se trasforma en inversiones en efectivo.

**Liquidación:** proceso por el cual se finaliza un comercio por el intercambio de dinero, la entrega de certificados dando fe de la transferencia de propiedad, y en el caso de las transacciones de futuros a veces la entrega de la mercadería real física.

**Liquidez:** facilidad de un activo para transformarse en dinero en efectivo. Para las inversiones, esto se refiere al grado en el que la oferta iguala a la demanda. Una escasez de compradores o vendedores en cualquier mercado puede causar movimientos de precios substanciales perjudicando un pedido de mercado o la habilidad para obtener una ejecución de un pedido límite. Por el contrario, un alto volumen a menudo asegura la abundancia de compradores y vendedores y una mayor liquidez.

**Lote Incompleto:** pedido para comprar o vender un valor o bono en una cantidad que no es múltiplo de la unidad de pedido estándar (100 acciones o 5 bonos). Comparar con Lote Completo.

**Manejo de Inversión Pasiva:** estrategia de inversión que implica comprar y mantener una cartera de valores que registra el mercado más amplio. Los fondos de índice son un ejemplo de manejo de inversión pasivo, pero los inversores individuales que emplean una estrategia de acumulación también la utilizan. Comparar con Manejo de Inversión Activa.

**Manejo de Inversiones Activas:** estrategia de inversión que implica compara y vender una cartera de valores para re ubicar los activos y obtener ganancias.

El manejo de inversiones activas requiere un análisis de mercado extensivo para examinar y seleccionar valores de acuerdo con el criterio de selección predeterminado y para tomar decisiones acerca del ritmo del mercado. Comparar con Manejo de Inversiones Pasivas; Fondo Indicador.

**Margen Alcista:** estrategia de opciones, en la cual un inversor intenta obtener ganancia del precio en alza de un valor simultáneamente comprando opciones de compra y de venta en la misma inversión. Si el precio aumenta como se esperaba, el comerciante cerrará la opción de venta y dejará correr la opción de compra, probablemente obteniendo una ganancia que excede la pequeña pérdida de la opción de venta. Por el contrario, si el precio baja, la ganancia de la opción de venta compensará la opción de compra. Comparar con Margen Bajista; Venta en un Mercado para Comprar en Otro ("Straddle"). Véase: Margen de Caja.

**Margen Bajista:** estrategia de opciones en la cual un inversor intenta obtener ganancias de el precio en declive de un valor. Comparar con Margen Alcista.

**Margen de Caja:** estrategia de arbitraje en la cual las ganancias en una posición se encierran con una posición opuesta en otro valor. Este encierro de caja puede realizarse son cualquier tipo de activos, pero a menudo se emplea mucho con los derivados.

**Margen de Calendario:** estrategia de opciones en la cual un inversor compra una opción de venta y una de compra por el mismo activo subyacente y precio de ejercicio pero con dos meses de vencimientos diferentes. Véase: Margen Bajista; Margen Alcista.

**Margen de Compra:** demanda para el depósito de fondos adicionales en una cuenta de margen para mantener los requerimientos mínimos de margen. Si el titular de la cuenta no cumple con el margen de compra, el accionista tiene el derecho y la obligación legal de liquidar los valores de la cuenta para que esta vuelva a estar en orden. También Margen de Mantenimiento; Reposición de Margen.

**Margen:** dinero que se toma prestado de una empresa de corretaje para financiar las negociaciones de una inversión.

## UNA MIRADA MÁS CERCANA DEL MARGEN

Mas allá del vehículo de la inversión, el margen siempre constituye un préstamo hacia el costo de la negociación, el cual está garantizado por los activos de la cuenta. Si la inversión obtiene ganancias, el préstamos se paga junto con el interés cunado se liquida la posición y el inversor se dirige a la próxima inversión. Considere lo que sucede, por otro lado, si las acciones o la posición de los futuros se transforman en una pérdida para la inversión. Una vez que la pérdida alcanza un cierto nivel, el inversor recibirá un margen de compra, para dicha fecha tendrá alrededor de tres días para depositar dinero suficiente en la cuenta para trae el balance a los requerimientos mínimos de margen. Si el inversor no cumple con el margen de compra, el accionista se ve obligado legalmente a liquidar los activos de la cuenta para cumplir con la compra. Un punto que no toman en cuenta algunos inversores, sin embargo, es que si el balance de la cuenta aún no es suficiente, está obligado legalmente a compensar la diferenta- incluso si esto significa vender la casa para lograrlo. En la mayoría de las circunstancias, la posición seria liquidada mucho antes de que las pérdidas lleguen a ese punto, pero a veces no funciona de esa forma. Tomemos como ejemplo la quiebra de una sociedad, en la que el precio de las acciones baja abruptamente, produciendo una abertura al día siguiente, o una situación en la que un contrato de futuros encierra el límite hacia arriba o abajo por varios días seguidos. Si un inversor está estancado en el mercado en el camino equivocado, las pérdidas pueden ser muy preocupantes.

**Marginado:** acción que cumple con los requerimientos establecidos por la Reserva Federal por ser comprados en margen.

**Momento de Inversión:** estrategia de comercialización que se focaliza en las acciones con alto volumen y que con precios que aumentan o disminuyen rápidamente.

## UNA MIRADA MÁS CERCANA EN EL MOMENTO DE INVERSIÓN

Algunos técnicos creen que un impulso en el volumen que acompaña un rápido aumento de precios (o disminución) indica una abundancia de compradores (o vendedores a corto plazo) de un valor. Por el contrario, ellos creen que cuando el momento comienza a estancarse, refleja un interés más débil y prevé un cambio. Los inversores del momento entran al mercado en un alto momento y tratan de salir en o cerca del pico del ciclo del momento con una ganancia.

**Movimiento Repentino de Precios:** perdida que ocurre cuando un valor realiza un cambio repentino inmediatamente después de que se inicia una posición. Véase: Trampa de Oso; Opresión de Toro; Trampa de Toro; opresión Corta; Detención de Corrida.

**"No Deje Caer el Cuchillo":** proverbio de mercado que advierte del peligro de comprar en un mercado que baja rápidamente.

**Pantalla:** estrategia de selección de acciones en la que un inversor evalúa una empresa basado en una serie de análisis fundamentales o técnicos. El creen de las acciones puede hacerse manualmente, con herramientas de Internet o con un programa especializado disponible para este propósito.

**Parte de una opción Combinada ("leg"):** comercio en una estrategia de compra en un mercado para vender en otro o en una estrategia de margen, en donde el inversor tiene posiciones simultáneas en el mismo activo o en uno relacionado. Véase: Margen Bajista; Margen de Caja; Margen Alcista; Margen de opción.

**Pequeña Ganancia de un Especulador:** estilo de comercialización que intenta acumular grandes ganancias al realizar una serie de negocios pequeños de ganancias, a menudo capturando solo unos centavos de ganancia de cada operación. Véase: Comerciante del Día; Comerciante que Entra y Sale.

**Plan de Re Inversión de Dividendos (DRIP):** plan ofrecido por algunas empresas que le permite a los accionistas utilizar la distribución de sus dividendos para comprar acciones adicionales de las acciones de la empresa.

**Posición Cerrada:** inversión finalizada en la cual ambos un pedido de compra y uno de venta han sido ejecutados, asegurando la ganancia o la pérdida. El opuesto a una posición abierta.

**Posición:** referencia general a los valores de inversión. Una posición puede será largo o corto plazo, y puede ser in cualquier clase de activo, como acciones, bonos, futuros, u opciones. Una posición puede ser abierta (actual) o cerrada (del pasado), pero en general, a menos que se refiera a una posición como cerrada, se asume que se hace referencia a una abierta.

**Precio Promedio por Acción:** método para calcular la base de los costos. En la cual el costo total de todas las acciones del mismo valor se divide por el número de acciones que se tiene. Véase: Promedio Bajo; Promedio Alto.

**Promedio Bajo:** comprar acciones adicionales en una posición a largo a medida que bajan con el propósito de reducir el precio promedio por acción. La astucia de la estrategia de promedio bajo es discutible. Mientras que muchos inversores la emplean como medio para reducir el punto de equilibrio del precio, algunos concejeros sobre inversiones son precavidos a la hora de poner dinero extra en una posición a largo. Comparar con Promedio Alto; Promedio de Costo del Dólar.

**Promedio de Costo del Dólar:** estrategias de inversión en la cual una cantidad de dólar establecida se utiliza para comprar acciones adicionales de un valor o clase de activos en intervalos predeterminados. Los defensores del promedio de costo del dólar creen que con el paso del tiempo el mercado aumentará más que el costo promedio por acción de las compras y así intentar usar el ritmo de mercado para decidir cuando entrar o salir del riesgo de aumento de mercado. Véase: Promedio Alto.

**Proporción de Recompensa de Riesgo:** medida del grado de riesgo inherente en una inversión dada en relación a la ganancia potencial asociada con el.

**Prueba Retrospectiva:** sistema utilizado para chequear una estrategia de comercialización en la cual un programa de computación especialmente diseñado se utiliza para examinar el éxito de una serie de negociaciones hipotéticas luego del hecho. Los programas de retrospectiva aplican una forma de ingreso definida por el usuario y un criterio de salida a la información histórica y ejecutan simulacros de negaciones de los cuales se generan estadísticas de las ganancias y las pérdidas.

**Recapitalización:** utilización de las disposiciones por una empresa en la Oferta Pública Inicial (IPO) para pagar una deuda.

**Regla 72:** fórmula para calcular el tiempo que lleva para que el valor de una inversión se duplique en una tasa anual especifica de rentabilidad. Se calcula al dividir el número 72 por la tasa anual de rentabilidad. Por ejemplo, la fórmula 72 dividido 9 = 8 muestra que llevará ocho años para que una inversión se duplique si gana una tasa de 9 por ciento anual de rentabilidad.

**Reglas de la Casa:** políticas de una empresa de corretaje y los procedimientos que establecen la manera en que se manejan las cuentas de los clientes.

**Rendimiento Bruto:** ganancias sobre las inversiones (ROI) antes de restarle el costo de comercialización para protegerlas contra movimientos de precios negativos en otro valor. Véase: Margen Bajista; Margen Alcista; Margen de Calendario; Cobertura Comercial.

## UNA MIRADA MÁS CERCANA EN LA COBERTURA COMERCIAL

El precio en efectivo de una mercadería puede hacer la diferencia entre obtener o perder dinero para una sociedad o empresario que utiliza ese producto para ganarse la vida. Un problema en el precio del combustible de aviones, por ejemplo, puede en gran riesgo a toda la industria aérea, como lo hace el precio del acero para los fabricantes de autos. La cobertura comercial ofrece una forma de fijar un precio favorable, ya sea si son consumidores o productores de materia prima que mantienen a la economía agitada con precios relativamente estables. Para comprender como funciona la cobertura comercial, piense en un productor de soja que prevé una cosecha abundante. A simple vista un gran rendimiento puede parecer buenas noticias para el granjero. Para protegerse contra una posible pérdida, el granjero puede comprar una opción de venta en un número suficiente de contratos de futuros de soja para asegurarse las ganancias que pueda perder en el producto en efectivo. Si el precio de la soja está en baja, como espera que lo esté, puede ejecutar la opción de venta a un precio más bajo, guardándose la ganancia. Si este sube, las ganancias sobre el producto en efectivo que entregará mercado se reduce solo por el costo de la venta, el cual apuntará a un seguro económico contra una mala estación.

**Rendimiento:** medida de los ingresos anuales de la inversión, expresada como un porcentaje del capital invertido. Se calcula al dividir las ganancias netas anuales por el capital. Véase: Tasa de Ingresos.

**Reposición de Margen:** proceso en el cual se deposita efectivo adicional en una cuenta de margen con el propósito de cumplir con los requerimientos mínimos de margen. Véase: Margen de Compra.

**Riesgo de Margen:** grado de riesgo que se le puede atribuir a un segmento o a todo el mercado. Por ejemplo, una alta tasa de inflación puede disminuir el crecimiento económico, desequilibrar el gasto de consumo y perjudicar las ganancias de las empresas, causando que el mercado más amplio decline. El riesgo de mercado asociado con una industria o sector puede reducirse a través de la diversificación de sectores. El riesgo de mercado asociado con el mercado como un todo, puede mitigarse hasta cierto punto a través de la distribución de activos que incluyen múltiples clases de activos, como los bonos, las acciones, el efectivo, y la propiedad de mercadería real como el oro y la plata.

**Riesgo Eventual:** riesgo al capital y a las ganancias creado por circunstancias no previstas. Los cambios geopolíticos, las bajas económicas, y las noticias negativas de una empresa son ejemplos de riesgos eventuales. Véase: Mercado de Riesgo.

LA JERGA DE WALL STREET

**Ritmo del Mercado:** estrategia de inversión que emplea el análisis de las condiciones actuales del mercado para decidir cuando emitir un pedido de compra o venta. Comparar con estrategia de Acumulación; Promedio del Costo del Dólar; Manejo de Inversiones Pasivas. Véase: Manejos de Inversiones activas.

**Rotación de Sector:** proceso de venta de inversiones en un tipo de negocios para comprar valores en uno más tipo diferentes en la que el inversor ve una mayor ganancia potencial. La rotación de sector puede originarse por cambios fundamentales en la economía o dentro de industrias especificas, o puede ser parte de una estrategia de inversión sistemática que sigue las características cíclicas o estacionales de los precios. Véase: Distribución de Activos.

**Tasa de Interés:** retribución por el dinero prestado, que se expresa como un porcentaje del capital. Las empresas que emiten bonos, certificados de depósitos, y otros instrumentos de deuda pagan una tasa de interés fijo o variable a cambio del beneficio de utilizar el dinero de un inversor. De la misma forma, un inversor paga una tasa de interés fija o variable para utilizar el dinero prestado cuando se utiliza el margen u otra estrategia para financiar o asegurar una inversión. La tasa de interés se calcula al dividir el interés pago por el capital.

**Tasa de Rendimiento:** medida del desempeño de inversión expresada como un porcentaje del capital invertido. Se calcula al dividir las ganancias netas anuales por el capital. También conocido como Rendimiento.

**Teoría de Mercado Eficiente:** teoría de mercado que sostiene que es imposible predecir los precios de las acciones en el futuro observando el desempeño histórico ya que los movimientos del mercado son puramente al azar. Los defensores de esta teoría creen que intentar sobrepasar al mercado utilizando análisis técnicos o fundamentales fracasará con el tiempo y que la única forma de obtener ganancias en el mercado es comprar y tener acciones que sean representativas del mercado más amplio. Véase: Ritmo de Mercado.

**Título Realizable:** valor que tiene demanda suficiente como para convertirse fácilmente en efectivo. Véase: Liquidez.

**Tolerancia del Riesgo:** pérdida que un inversor está dispuesto a afrontar en busca de obtener ganancias.

## UNA MIRADA MÁS CERCANA DE LOS FACTORES QUE AFECTAN LA TOLERANCIA DEL RIESGO

Temperamento: ¿Le gustan los riesgos o prefiere ir a lo seguro?

Tiempo: ¿Cuando se va a necesitar el dinero invertido para otros propósitos? ¿Menos de un año? ¿Más de cinco años? ¿No durante 30 años?

Situación financiera: ¿Está invirtiendo todo su dinero o parte del mismo? ¿Posee otros bienes?

Seguridad Laboral: ¿Existe la posibilidad de perder la fuente laboral? ¿Está usted en un área de gran demanda?

Experiencia/Conocimiento sobre Inversión: ¿Alguna vez invirtió en acciones? ¿Bonos? ¿Futuros y opciones? ¿Cuan bien comprende los aspectos psicológicos y técnicos de inversión? ¿Puede realizar su propio análisis o depende de las recomendaciones de un accionista?

Familia/ Obligaciones Personales: ¿Es soltero o mantiene a otras personas, como esposa, hijos, o padres adultos?

**Tomar una Posición:** entra al mercado ya sea comprando a largo plazo o vendiendo a corto.

**Transacción por Ordenador:** sistema de comercialización computarizado que utiliza una serie de reglas programables para ubicar pedidos de inversiones de compra o venta basados en la conducta del mercado. Las instituciones utilizan la transacción por ordenador para administrar el gran volumen de activos que manejan. Existe un programa de comercialización menos complejo para inversores individuales pero a menudo es utilizado por comerciantes sofisticados o con mucha experiencia. Comparar con Comercialización de Caja Negra.

**Valor Tiempo del Dinero:** principio financiero que sostiene que un dólar que se ganan hoy vale más que un dólar que se gana en una fecha futura. Se basa en la creencia de que el dólar de hoy puede comenzar a obtener ganancias inmediatamente, mientras que las ganancias en el dola futuro están diferidas.

**Venta en un Mercado para Comprar en Otro ("Straddle"):** estrategia de comercialización en la que un inversor tiene posiciones simultaneas a largo y corto plazo en el mismo activo o en uno relacionado. Véase: Margen Bajista: Margen de Caja; Margen Alcista.

# Capítulo 24

# Ordenes, Cotizaciones, y Ejecuciones: Obteniendo el Precio que Desea

**GASTO NO MEDIDO:** diferencia entre el precio en el que el inversor espera que se complete un pedido de mercado y el precio real de la ejecución.

---

**A Corto:** tener o iniciar una venta a corto. Véase Interés a Corto.

**A Largo:** comercio en el cual el inversor compra un valor o un contrato de futuros con la intención de venderlo luego. Comparar con A Corto.

**Aceptación del Precio más Alto:** acuerdo por un comerciante para vender un valor a la demanda ofrecida más alta por otro comerciante. Por ejemplo, cuando un comerciante está ofreciendo vender un valor a $ 23.54 acuerda aceptar la demanda más elevada de $23.22, se dice que el vendedor acepta el precio más alto. Comparar con Aceptación de la Oferta.

**Boleto de Orden:** formulario que ejecuta una cuenta representativa estableciendo las instrucciones para la negociación.

## UNA MIRADA MÁS CERCANA DE LAS ÓRDENES Y DE LOS BOLETOS DE ORDEN

Una orden de mercado tiene una estructura muy simple: "Compre 100 acciones de MSFT en el mercado." Las ordenes limitadas y a precio determinados, por otro lado, pueden ser estructuradas para establecer una gran variedad de instrucciones al agregar estipulaciones a la orden básica, como esta orden limitada con una instrucción de contingencia de a todo o nada demuestra: "Compre 100 acciones de MSFT a 24.23, Todo o Nada"

| UNA MIRADA MAS CERCANA DE LAS ORDENES Y DE LOS BOLETOS DE ORDEN | | |
|---|---|---|
| Bases de una orden | Tipos de Ordenes y Disparadores (Elige una) | Contingencias y tiempo en fuerza (Elige una) |
| Valor | Mercado / Limite (Precio) | Caja Valida Cancelada |
| Símbolo | Mercado si es Tocado (Precio) / Limite si es Tocado (Precio) | Valido para el día |
| Numero de Acciones | | Ejecución o Cancelación |
| Comprar o Vender | | Todo o nada |
| Vender a corto | Detención (Precio) | Ejecución Inmediata o Cancelación |
| | Limite de Detención (Precio Disparador & Precio Limitado) | No Reducir |
| | Detención Rezagada (Porcentaje o Cantidad) | Mercado en Apertura |
| | | Mercado en Cierre |
| | | Limite en la Apertura (Precio) |

**Cancelar:** instrucción para anular una orden previamente solicitada que todavía no se ha completado. Una orden de mercado no puede cancelarse. En el caso de una orden que ha sido completada parcialmente, se aplicará una orden de cancelación para la parte no completada de la orden original.

**Cantidad de Oferta:** número total de acciones ofrecidas a la venta en la cotización actual. El tamaño de la oferta a menudo se cotiza en unidades de 100, donde un la cantidad de acciones de oferta de tres equivale a 300 acciones ofrecidas. Una cantidad de oferta de 300 equivale a 30.000 acciones ofrecidas. Véase: Precio de Oferta, Mejor Oferta. Comparar con Cantidad de Demanda.

**Cantidad de Demanda:** número total de acciones que están ofreciendo actualmente todos los compradores para comprar un valor en la mejor demanda. La cantidad de demanda a menudo se cotiza en unidades de 100, donde una cantidad de demanda de tres equivale a 300 acciones ofrecidas. Una cantidad de demanda de 300 equivale a 30.000 acciones ofrecidas.

**Cantidad:** Véase Cantidad de Demanda; Cantidad de Oferta; Boleto de Orden.

**Centro de Mercado:** punto de cumplimiento de una orden. Para la industria de los valores, los centros de mercado están compuestos por el piso de la bolsa de valores (a través de un especialista), hacedores de mercado y redes electrónicas de comunicaciones (ESNs).

**Comercio en Bloque:** gran cantidad de acciones o bonos comercializadas en una sola negociación. Una transacción de valores de al menos 10.000 acciones o una transacción de bonos de al menos $500.000 se considera un comercio en bloque.

**Completada:** orden que ha sido ejecutada.

**Completar:** véase: ejecutar.

**Compra:** orden de compra de un valor o contrato de derivado. Comparar con Compra para Cubrir; Venta. Véase Orden de Mercado; Orden Limitada; Orden a Precio Determinado.

**Cotización Retrasada:** acción u otra cotización que se informa un rato después de que se lleva a cabo la negociación, a menudo 20 minutos. Las cotizaciones retrasadas se ofrecen unos varios sitios Web gratuitos. Comparar con Cotizaciones en Tiempo Real; Cotizaciones Sucesivas.

**Cotización:** 1) la mejor demanda o la mejor oferta de acuerdo a como figura en el sistema de Mejor Oferta y Demanda Nacional. También conocido como Valor de Cotización. Véase Retrasado; Cotización en Tiempo Real; Cotización Sucesiva.

**Cubrir:** véase: Comprar para Cubrir.

**Demanda:** precio en el que un comprador está dispuesto a comprar un valor, mercadería o contrato de opción. Comparar con Precio de Oferta; Mejor Demanda. Véase también Mejor Oferta y Demanda Nacional (NBBO)

**Desequilibrio de Órdenes:** condición en la que el número de órdenes de compra y venta está muy desequilibrado, causando una gran diferencia entre la oferta y la demanda. Un desequilibrio de órdenes puede ser causado por cualquier fuente de los nervios de los inversores pero con más frecuencia se debe a las noticias o rumores que afectan a un valor. Debido a que los desequilibrios de órdenes afectan la liquidez del mercado, estos pueden ocasionar una detención comercial para prevenir el pánico de compra o venta.

**Detención:** Véase Orden a Precio Determinado.

**Determinación Rezagada:** tipo de orden determinada en la cual el precio determinado (disparador) se mueve de acuerdo al precio de comercialización de un valor. Por ejemplo, una determinación rezagada del 10% generara que una orden de mercado salga de una posición a largo si el precio del valor baja 10%. Alternativamente una determinación rezagada se puede establecer para disparar una orden de mercado automáticamente si el precio mueve una cierta cantidad fija. Por ejemplo, una determinación rezagada puede estructurarse para generar que una orden de mercado salga de una posición a largo si el precio del valor declina $2. Véase Determinación Limitada.

**Ejecución Inmediata o Cancelación (IOC):** instrucción que establece que la orden debería cancelarse si no se puede ejecutar inmediatamente por completo o en parte. Comparar con Orden de Ejecución Inmediata.

**Ejecución Parcial:** orden que no esta ejecutada por completo. Con una ejecución parcial, una cierta parte de la orden será completada y otra parte permanece en el sistema como una orden abierta.

**Ejecutar:** completar una orden para comprar, vender o acortan un instrumento de inversión.

**En el Mercado:** orden para comprar un valor en la mejor oferta o para venderlo en la mejor demanda. También conocido como orden de mercado. Comparar con Orden Limitada. Véase: Mejor Demanda y Oferta Nacional (NBBO).

**Fuera del Mercado:** término que se refiere a la orden limitada que no puede ser completada de inmediato porque su precio es más elevado (para una orden de venta) o más bajo (para una orden de compra) que cuando el valor se está comercializando actualmente. Fuera del mercado, las órdenes se retienen hasta que se completan o se cancelan. Comparar con Orden de Mercado. Véase: Mejor Oferta; Mejor Demanda; Mejor Demanda y Oferta Nacional.

**Gasto No Medido:** diferencia entre el precio en el que el inversor espera que se complete un pedido de mercado y el precio real de la ejecución.

## UNA MIRADA MÁS CERCANA DEL GASTO NO MEDIDO

El gasto no medido a menudo se ve atado al volumen de acciones comercializadas en un valor. El volumen equivale a la liquidez. La inversa también es verdad, lo que significa que una orden de mercado grande en un mercado de bajo volumen puede ejecutarse en un precio mas alto (para una orden de compra) o mas bajo (para una orden de venta) que cuando el valor fue cotizado cuando se ubico la orden.

**Gestión de Ordenes:** proceso por el cual pasa de una instrucción dada por un inversor al hacedor de mercado o especialista que la ejecuta. Los sistemas de ejecución de órdenes hoy en día son en su mayoría electrónicos.

**Información Nivel I:** servicio de cotización en tiempo real que brinda precios de oferta y demanda actualizados para los valores que se comercializan en NASDAQ y en otros mercados extra bursátiles.

**Información Nivel II:** servicio de cotización en tiempo real que brinda precios actualizados de la oferta y la demanda por hacedores de mercado para los valores comercializados en NASDAQ y esotros mercados extra bursátiles.

**Información Nivel III:** servicio de cotizaciones en tiempo real que ofrece precios actuales de oferta y demanda por hacedores de mercado e incluyen la habilidad para ubicar órdenes con los hacedores de mercado individuales a través de una plataforma de comercialización de acceso directo comercializada en NASDAQ y en otros mercados extra bursátiles.

**Internalización:** proceso por el cual un accionista minorista elije ejecutar una orden de un cliente de su propio inventario antes que vendérsela al hacedor del mercado para que la ejecute. Cuando una empresa de corretaje internaliza la ejecución, produce dinero de la comisión que cobra por la negociación y del margen.

**Limitada Si Es Tocada (LIT):** instrucción para generar una orden limitada automáticamente para comprar o vender un valor si ocurre un negocio a un precio de mercado específico.

**Límite al Cierre (LOC):** orden para comprar o vender un valor a un precio especificado solo si la acción se comercializa al precio limitado o mejor al cierre y para cancelar la orden automáticamente si esta no puede ejecutarse. Comparar con Limite de Apertura (LOO); Orden Limitada

**Límite de Apertura (LOO):** orden para comprar o vender un valor a un precio especificado solo si la acción se comercializa al precio limitado o mejor cuando el mercado abre y para cancelar la orden automáticamente si esta no puede ser ejecutada. Comparar con Orden Limitada.

**Límite Determinado:** orden que actúa como disparador para generar una orden limitada cuando se comercializa un valor a un precio especificado, llamado precio determinado. Para ubicar una orden de límite determinado, un comerciante ingresa dos precios: el determinado, que dispara la orden automática y el precio limitado, que especifica el precio en el cual se debería comprar o vender el valor. Comparar con Orden a Precio determinado.

**Lote Completo:** unidad de una orden estándar para valore o bonos. Los valores que se comprar o venden en un lote de 100 o múltiplos de 100 se consideran lotes completos, como lo son las negociaciones de bonos ubicadas en múltiplos de 5. Comparar con Lote Incompleto. Véase Comerciante de Lote Incompleto.

**Lote Desigual:** Véase Lote Incompleto.

**Lote Quebrado:** véase: Lote Desparejo.

**Margen:** diferencia de precio entre lo que un comprador esta dispuesto a pagar por un valor y lo que el vendedor esta dispuesto a aceptar. Los especialistas y hacedores de mercado obtienen sus ganancias del margen a comprar acciones a un precio mas bajo y vendiéndolas a uno mas alto. Véase Demanda; Precio de Oferta.

**Mejor Demanda:** precio más alto en el que los hacedores de mercados competentes están ofreciendo actualmente comprar un valor. Una orden de mercado para vender se completa en la mejor demanda, la cual aumenta y disminuye continuamente en respuesta a los cambios de la oferta y la demanda a medida que los compradores y vendedores entran y salen del mercado. Comparar con Precio de Oferta; Mejor Oferta; Demanda. Véase: Mejor Oferta y Demanda Nacional (NBBO)

**Mejor Oferta y Demanda Nacional (NBBO):** la demanda más alta y la oferta más baja para un valor en un cierto momento para los valores comercializados por NASDAQ.

**Mejor Oferta:** precio más bajo en el que los hacedores de mercados competentes están ofreciendo actualmente vender un valor. Una orden de mercado para comprar se completa en la mejor oferta, la cual aumenta y disminuye continuamente en respuesta a los cambios de la oferta y la demanda a medida que los compradores y vendedores entran y salen del mercado. Comparar con Precio de Oferta; Mejor Demanda; Demanda. Véase: Mejor Demanda y Oferta Nacional (NBBO)

**Mejora de Precio:** situación en la cual un hacedor de mercado ejecuta una orden a un mejor precio que La Mejor Oferta y Demanda Nacional (NBBO). Para una orden de compra una mejora de precio significaría ejecutar la orden a un precio mas bajo que el de la NBBO y para una orden de venta significaría ejecutar la orden a un precio más alto que el de la NBBO. La mejora de precio se puede aplicar en las órdenes limitadas y las ordenes de mercado pero no todos los hacedores de mercado la ofrecen.

**Mercado Cerrado:** condición temporaria en la cual la mejor oferta iguala a la mejor demanda, lo cual resulta un margen cero.

**Mercado si es Tocada (MIT):** orden para vender o comprar un valor en la mejor demanda u oferta si se lleva a cabo un comercia a un cierto nivel de precio. Una orden de compra de mercado si es tocado se ubica por debajo del precio de comercialización actual y una orden de venta de mercado si es tocado se ubica por encima del precio comercial actual. Comparar con Orden a Precio Determinado.

**Nivel Mínimo de Margen:** para salir de una posición a través del uso de una orden determinada. Véase: Actividad Comercial Detenida.

**No Reducir (DNR):** instrucción utilizada para decirle al accionista que maneje una orden limitada para comprar o detener la venta en el día de registro para un valor que emite un dividendo de dinero. El precio de un valor a menudo se reduce de la cantidad del dividendo cuando la acción va ex dividendo. Los inversores tienen la elección de reducir el precio en un límite de órdenes de compra y venta por una cantidad conmensurada o emitiendo una orden de No Reducir, en tal caso la orden permanecerá como estaba originalmente.

**"O Mejor":** instrucción adjunta a una orden requiriendo una mejora de precio si es posible. Por ejemplo, una orden para comprar 100 acciones de MSFT en $24.23 o mejor implica una instrucción para comprar las acciones en $24.23 o un precio menor de ser posible. Una orden de venta con la instrucción de mejora de precio significa venderla a un precio más alto si es posible.

**Oferta:** Véase Precio de Oferta.

**Operaciones entre Agentes Bursátiles:** precios de oferta y demanda a los que se comercializan los valores entre hacedores de mercados. Esta operación a menudo se negocia en una demanda más alta o en una oferta más baja que cuando el hacedor de mercado está dispuesto a vender los mismos valores a un cliente minorista.

**Orden a Precio Determinado:** orden que actúa como disparador para generar una orden de mercado cuando se comercializa un valor en un precio especificado. También llamado Detención. Comparar con Limite Determinado. Véase Precio Determinado.

**Orden Abierta:** orden que no ha sido ejecutada y permanece disponible en el sistema para ejecutarse hasta que se reciba una orden para cancelarla.

**Orden de Canasta:** orden que establece instrucciones para la compra simultánea o la venta de valores múltiples. Los inversores profesionales a menudo utilizan los pedidos canasta para el arbitraje y la comercialización programada, pero algunos accionistas minoristas ofrecen procesamiento de pedidos canasta a los clientes minoristas a través de una plataforma comercial de acceso directo.

**Orden de Ejecución Inmediata (FOK):** instrucción que establece que la orden debería ser cancelada si no se puede ejecutar en su totalidad de inmediato. Una orden de ejecución inmediata no permite una ejecución parcial. Comparar con Ejecución Inmediata o Cancelación o Cancelado (IOC).

**Orden de Mercado:** instrucción para comprar o vender un valor en la mejor oferta o demanda. La ejecución de una orden de mercado puede variar dramáticamente del precio en el cual el valor se esta comercializando cuando ingresa y el precio en el cual se ejecuta la orden, dependiendo del numero de acciones disponibles en el momento que es recibida por un especialista o hacedor de mercado. Una orden de mercado por lo general no puede cancelarse. Véase Gasto No Medido.

**Orden de Tiempo:** orden que incluye una instrucción que limita el tiempo en que debería ser emitida y/o la duración que debería permanecer en funcionamiento antes de que se cancele automáticamente. También conocido como Tiempo en Funcionamiento. Véase Valido para el día, Caja Valida Cancelada; Mercado en Apertura; Mercado en Cierre; Limite si es Tocado; Mercado si es Tocado.

**Orden del Día:** orden que es válida sólo para la sesión de comercialización en la que es emitida. Las órdenes del día se cancelan automáticamente con la campana de cierre. Comparar con Válida hasta su Revocación (GTC).

**Orden:** instrucción para comprar, vender, o acortar una inversión, que establece el símbolo, la cantidad, tipo de orden, y las instrucciones para la ejecución. Dependiendo del accionista una orden se puede presentar a través de una cuenta representativa o electrónicamente, a menudo por Internet. Véase Cancelar; Boleto de Orden.

**Posición Abierta:** cualquier inversión que ha ingresado pero que no ha sido cerrada. Por ejemplo, un inversor a largo de 100 acciones de YNTC tiene una posición abierta hasta que surja y se ejecute una orden para vender esas 100 acciones.

**Precio de Oferta:** precio que un vendedor está dispuesto a aceptar por un valor u otro instrumento financiero. También conocido como Oferta. Comparar con Demanda, Mejor Oferta.

**Precio Determinado:** precio en el que una orden determinada genera una orden de mercado y una orden de límite determinado genera una orden limitada.

**Símbolo:** combinación de letras que representa un valor, derivado, u otro instrumento financiero comercializado en una bolsa o en un mercado extra bursátil. Véase: CUSID.

| UNA MIRADA MAS CERCANA DE LOS FORMATOS DE SÍMBOLOS PARA EMISIONES DE ACCIONES COMUNES | | | |
|---|---|---|---|
| | Mercado | Ejemplos | |
| | | Símbolo | Empresa |
| Cuatro Letras | NASDAQ | MFST | Microsoft |
| | | INTC | Intel Corp. |

| UNA MIRADA MAS CERCANA DE LOS FORMATOS DE SÍMBOLOS PARA EMISIONES DE ACCIONES COMUNES | | | |
|---|---|---|---|
| Una, Dos o Tres Letras | Bolsa de Comercio de Nueva York & Bolsa de Comercio Norteamericana | C<br><br>AA<br><br>MER | Citigroup INC.)<br><br>Alcoa INC.)<br><br>Merrill Lynch & Co., INC.) |
| Cinco Letras terminando en OB | Extra bursátiles (OTC) | ONEV-OB | One Voice Technologies, INC. |

**Tic Abajo:** negociación que se lleva a cabo a un precio más bajo que la comercialización anterior. Comparar con Tick Arriba.

**Tic Arriba:** Negociación que se lleva a cabo en un precio mas alto que el de la comercialización anterior. Comparar con Tick Abajo. Véase Regla de Venta a Corto; Regla de Tick Arriba.

**Tic:** cambio en el precio de un valor, índice o mercadería. Véase Tick Abajo. Fluctuación Máxima de Precio; Movimiento Mínimo de Precio; Tick Arriba.

**Tiempo en Funcionamiento:** Véase Orden de Tiempo.

**Todo o Nada (AON):** orden con una instrucción adjunta que estipula que la orden debería ser ejecutada solo si se puede completar la orden completa.

**Tomar la Oferta:** acuerdo de un comerciante para comprar un valor en la mejor oferta cotizada por otro comerciante. Por ejemplo, un comerciante que demanda $23.22 acuerda comprarlo en la mejor oferta de $23.54, se dice que toma la oferta. Comparar con Afectar la Demanda.

**Último:** precio en el que se llevó a cabo la negociación más reciente de un valor dado.

**Válida hasta su Revocación (GTC):** orden que permanece abierta i disponible para su ejecución hasta que se emita una orden especifica para cancelarla. Comparar con Orden del Día.

**Válida para el Día:** véase Orden del Día.

**Valor de Cotización:** Véase Cotización.

**Vender a Corto:** estrategia de comercio en la cual un inversor toma prestada acciones de un valor o contrato de futuros (a menudo del inventario de una empresa de corretaje) y las ofrece a la venta a otros inversores. Si el precio baja, como el inversor cree que sucederá, el o ella compraran de nuevo la posición al precio mas bajo y se devuelven al prestamista. Si el precio aumento, el inversor se ver obligado a comprar las acciones o el contrato a un precio mas alto para devolvérselas al prestamista, lo que provoca una perdida. En cualquiera de los casos, la ganancia bruta (o perdida) de la negociación será la diferencia entre el precio de compra y venta.

**Vender:** orden que ofrece vender un valor o mercadería. Véase Orden de Mercado; Orden Limitada; Orden a Precio Determinado.

**Venta Corta:** Véase Vender a Corto.

# Registros e Impuestos: Hora de Pagar las Cuentas

COSTO: cálculo del costo de compra, de propiedad y de venta de bienes de activo fijo. El costo se utiliza para determinar las ganancias o pérdidas de la venta subsiguiente de un activo.

---

**Acuerdo de Compra y Venta:** declaración otorgada a un titular de cuenta por la Comisión Comercial de Futuros (CFM) brindando detalles de la negociación cuando se cierra una posición.

**Arreglo de Retiro Individual (IRA):** cuenta de ahorros para individuales que ofrece tratamiento especial de impuestos en los ahorros separados para la jubilación. Los tipos más comunes de IRAs son los Roth IRA y el IRA Tradicional. Véase: Cuenta Calificada; Roth IRA; Cuenta Calificada de Impuestos.

**Base de Costo:** método para estableces el costo de un activo fijo recibido como regalo o herencia. La base de costo se utiliza para calcular las ganancias de capital o las pérdidas de la venta del activo subsiguiente. Se calcula al sumar el valor de mercado del activo en el momento en que fue regalado o heredado y cualquier gasto de negociación asociado con la propiedad o la venta. Comparar con Costo. Véase Costo de Traslado; Traslado Positivo; Traslado Negativo.

**Bases:** véase: Base de Costo.

**Calificado:** véase Calificado a Impuesto.

**Confirmación:** declaración impresa o electrónica otorgado por un accionista a un titular de cuenta confirmándole los detalles de una ejecución comercial.

También conocido como Confirmación Comercial o Declaración de Confirmación. Comparar con Acuerdo de Compra y Venta.

**Costo:** cálculo del costo de compra, de propiedad y de venta de bienes de activo fijo. El costo se utiliza para determinar las ganancias o pérdidas de la venta subsiguiente de un activo.

**Cuenta con Moratoria Fiscal:** cuenta de ahorros con ventaja fiscales la cual la obligación fiscal asociada con las contribuciones y/o las ganancias de inversión dentro de la cuenta se posponen a una fecha más tarde. Véase: Plan 401 (k): Cuenta Calificada; Roth IRA; IRA Tradicional.

**Cuenta de Ahorro para la Educación Coverdell (ESA):** cuenta de ahorro deducible fiscalmente diseñada para acumular ahorros para pagar los gastos de educación. Véase Plan 401 (k); Cuenta de Ahorro para la Educación Coverdell (ESA); Cuenta de Retiro Individual (IRA); Plan Keogh.

**Cuenta de Impuestos Diferidos:** véase: Cuenta con Moratoria Fiscal.

**De Mercado a Mercado:** método contable que asigna (marca) el valor de una posición abierta igual que equivale al precio de mercado (cierre) de la sesión comercial.

**Deducible Fiscalmente:** cuenta que califica para el tratamiento favorable de la IRS, a menudo en forma de obligación fiscal diferida o reducida. También conocida como cuenta calificada. Véase: Plan 401 (k); Cuenta de Ahorro para la Educación Coverdell (ESA); Cuenta de Retiro Individual (IRA); Plan Keogh.

**Dividendo Calificado:** distribución de dividendo pagada por una sociedad de los estrados Unidos o ciertas sociedades extranjeras que califican para el tratamiento especial de impuestos.

**Exención por Doble Imposición:** beneficio tributario ofrecido por ciertos bonos que califican para la exención de la imposición fiscal federal y estatal. Los bonos municipales, o munis como se los denomina a menudo, están comúnmente exentos de los impuestos federales y, dependiendo del estado de emisión, puede también estar exento de impuestos estatales.

**Fecha de Negociación:** fecha de ejecución de un negocio. Comparar con Fecha de Liquidación.

**Formulario 1099:** serie de formularios en los que se publican varias formas de inversión para el inversor y el Servicio de Ingresos Interno.

| UNA MIRADA MÁS CERCANA DEL FORMULARIO 1099 | |
|---|---|
| Formulario | Tipo de Ingresos Publicados |
| Formulario 1099-DIV | Dividendos y Distribuciones |
| Formulario 1099-INT | Ingresos de Interés |
| Formulario 1099-OID | Descuentos de emisión Originales |
| Formulario 1099_B | Documentos de Transacciones de Corretaje |
| Formulario 1099-MISC | Regalías y Distribuciones de Dividendos en Lieu |

**Ganancias de Capital a Corto Plazo:** ingresos derivados del la venta de un activo fijo que se tuvo por menos de un año. Las ganancias de capital a corto plazo tienen impuestos como los ingresos regulares. Comparar con Ganancias de Capital a Largo Plazo; pérdida de Capital.

**Ganancias de Capital a Largo Plazo:** ganancias derivadas de la venta de un activo fijo que se tuvo por más de un año. Las ganancias de capital a largo plazo a menudo tienen un impuesto de una tasa menor que las ganancias regulares. Comparar con Ganancias de Capital a Corto Plazo; pérdida de Capital.

**Ganancias de Capital:** ingresos que derivan de la venta de un activo fijo, como bienes raíces, valores, o un valor de fondo mutual. Las ganancias de capital se calculan al restar el precio neto de venta del activo del costo o la base de costo. Véase: Ganancias de Capital a Largo Plazo; Ganancias de Capital a Corto Plazo. Comprar con Pérdida de Capital.

**Impuesto a las Ganancias de Capital:** injusto sobre las ganancias netas que derivan de la venta de un activo fijo como bienes raíces, valores, o valores de un fondo mutual.

**Impuesto Progresivo:** Situación en la que la obligación tributaria de una persona aumenta con el tiempo debido al movimiento gradual de progresión de un impuesto más bajo a uno más alto.

**Ingresos de Negocios:** Clasificación utilizada por la IRS para los ingresos generados de la operación de un negocio. Los ingresos de negocios se publican en IRS Programa C o C-EZ. Comparar con Ingresos Regulares; Ganancias de Capital.

**Ingresos Regulares:** clasificación utilizada por la IRS para ganancias que no califican par tratamiento especial de impuestos, como ganancias de capital alargo plazo e ingresos de negocios. Las ganancias regulares se publican en IRS formulario 1040 o 1040-EZ.

**IRA Tradicional:** cuenta de ahorros calificada de impuesto para individuos que le permite al titular de cuenta guardar dinero para su jubilación. Una IRA Tradicional difiere de una Roth IRA ya que las contribuciones a un IRA Tradicional son deducibles a efectos fiscales cuando se depositan y ambas los ingresos de capital y de ganancias en la cuenta recibes impuestos como los ingresos regulares cuando se retiran como distribuciones. Véase: Arreglo de Retiro Individual (IRA).

**Minusvalías Fiscales:** práctica de vender inversiones en pérdida a fin de año con el, propósito de declarar la pérdida en los impuestos de ese año. Las minusvalías fiscales pueden ocasionar una caída temporaria en los precios de las acciones.

**Pérdida de Capital Trasladable a Periodos Posteriores:** pérdida de capital que no puede deducirse en el año en que se obtienen porque exceden la deducción máxima anual de $3.000. Las pérdidas en exceso se trasladan y se deducen en los años subsiguientes hasta que se realice la deducción completa. Véase: Pérdida de Capital.

**Pérdida de Capital:** pérdida que deriva de la venta de un activo fijo, como los bienes raíces, valores, o valores de un fondo mutual. La pérdida de capital se calcula al restar el precio de venta neto del activo de la base de costo. Comparar con Ganancias de Capital. Véase: Pérdida de Capital Trasladable a Periodos Posteriores.

**Plan 401 (k):** plan de compensación de retiro diferido, calificado, auspiciado por el empleador. Bajo las reglas que rigen estas cuentas, los participantes del plan pueden depositar ganancias diferidas en una cuenta administrada por el empleador. El administrador del plan determina que latitud tiene el titular de cuenta al tomar sus propias decisiones de inversión, las cuales en algunos casos están limitadas a los fondos aprobados del empleador.

**Plan Keogh:** plan de jubilación calificado de impuesto para las personas auto empleadas. Las cuentas Keogh operan en forma similar a una IRA Tradicional, ya que los impuestos sobre las contribuciones anuales y las ganancias dentro de la cuenta no se pagan hasta que se toman como distribuciones.

**Planificación Impositiva:** decisiones de inversión tomadas para reducir una obligación fiscal. Capturar una pérdida a fin de año para que pueda ser declarada en el ingreso de impuestos actual es un ejemplo de una estrategia de planificación impositiva, como lo es invertir en una cuenta de impuestos diferidos como una IRA o 401 (k).

**Programa D:** formulario de IRS utilizado para publicar las ganancias de capital (pérdidas).

**Programa D-1:** continuación del formulario del Programa D de la IRS, utilizado para publicar las ganancias de capital. (pérdida).

**Regla a las Ventas Simuladas:** referencia a una regulación de la IRA que rige como se reconoce una pérdida de capital de la negociación de una inversión. La regla de ventas simuladas requiere que una pérdida puede ser declarada solo si el inversor espera 31 días antes de comprar el mismo valor de nuevo. También conocido como Regla de Simulación.

**Retención Adicional de Impuestos:** fondos que deben retenerse de las ganancias de inversión para cubrir la obligación tributaria asociada con la negociación cuando el inversor no posee un número válido de seguridad social en la cuenta y en el archivo con el IRS.

**Roth IRA:** cuenta de ahorros calificada de impuestos para individuos que le permiten al titular de cuenta guardar dinero para la jubilación. Un Roth IRA difiere de un IRA Tradicional ya que las contribuciones a una cuenta Roth IRA están completamente sujetas a impuestos cuando se depositan y ambas las ganancias de capital y de ingresos en la cuenta están libres de impuestos cuando se retiran como distribuciones. Véase: Arreglo de Retiro Individual.

**Sub Capítulo M:** referencia al código de Servicio de Ingresos Internos que permite que una empresa de inversión regulada o entidad de inversión de bienes raíces (REIT) pueda evitar la carga fiscal doble al pasar los gastos (impuestos sobre ganancias de capital) y las ganancias (dividendos e interese) a sus titulares de cuenta.

**Valor Libre de Impuestos:** inversión en la cual el inversor no recibe una obligación fiscal sobre las ganancias obtenidas. Los valores del gobierno de los Estados Unidos son un ejemplo de valore libre de impuestos. Véase: Doble Exención.

# Recursos Adicionales

# Capítulo 26

# Recursos del Inversor: Obteniendo Ayuda Cuando es Necesario

**DEPOSITARIO DE REGISTRO DE ASESORES DE INVERSIONES:** sistema desarrollado y operado por NASD y mantiene el registro y la publicación de información de asesores registrados de inversiones.

---

**Asesor de Inversiones:** profesional contratado por un individuo para que le brinde concejos financieros y sobre inversiones. Véase: Asesor Registrado sobre Inversiones (RIA); Arancel de Sinopsis.

**Asesor sobre Comercio de Mercadería:** persona registrada en la Comisión de Comercio de Futuros (CFTC) para brindar, asesorar, y administrar la actividad comercial de futuros y opciones para otra persona.

**Asociación del Mercado de Bonos (BMA):** asociación comercial compuesta por bancos, comerciantes, corredores de bolsa, y suscriptores de instrumentos de deuda. La BMA también otorga servios educacionales a inversores individuales. En el sitio Web en **www.bondmarkets.com**.

**Asociación Nacional de Sociedades de Inversores (NAIC):** organización de transmisión y educación para inversores individuales.

**Asociación Norteamericana de Inversores Individuales (AAII):** organización de transmisión y educación para inversores individuales. En la página Web en **www.aaii.com**.

**Barron's:** revista financiera semanal publicada por Dow Jones, Inc. Está disponible en formato impreso y por suscripción conectada a Internet. Está disponible en **www.barrons.com**.

**Boletín Informativo Asesor:** publicación que brinda comentarios sobre el mercado y recomendaciones sobre inversiones. Véase "Hulbert Financial Digest."

**Compustat:** servicio de suscripción de Stándard & Poor's que ofrece información del mercado e información relevante.

**Depositario de Registro de Asesores de Inversiones:** sistema desarrollado y operado por NASD y mantiene el registro y la publicación de información de asesores registrados de inversiones. En la página Web en **www.iard.com**.

**Dun & Brad street (D&B):** empresa de investigación financiera y de negocios que emite crédito de clasificaciones de sociedades y mantiene una base de datos con información financiera sobre sociedades anónimas de todo el mundo. En el sitio Web en **www.dnb.com.**

**Edgar Online:** empresa que cotiza en bolsa que ofrece servicios de información de valor agregado basados la base de datos EDGAR de archivos de sociedades en la Comisión Nacional de Valores. Edgar Online comercializa bajo el símbolo EDGR en NASDAQ y está en el sitio Web en **www.edgar-online.com.**

**El Comprador de Bonos:** publicación diaria para el mercado de bonos que contiene una lista comprensible de información sobre bonos municipales. El Comprador de Bonos fue establecida en 1891 i también se conoce como El Comprador de Bonos Diario. En el sitio Web en **www.bondbuyer.com.**

**Entidad de Protección para el Inversor:** organización sin fines de lucro que ofrece recursos para ayudar a inversores individuales para estos tomen decisiones sobre inversiones luego de informarse. En la Web en **www.investorprotection. org**.

**Especialista Certificado de Fondos:** profesional financiero un certificado que verifica su capacidad para asesorar a los clientes con respecto a la elección de inversiones de fondos mutuales.

**Hulbert Financial Digest:** servicio de suscripción de MarketWatch/Dow Jones que califica los boletines informativos de asesoramiento examinando y midiendo las recomendaciones de acuerdo con el desempeño real. Está disponible por correo electrónico o Entrega Postal del Servicio de Estados Unidos. En la página Web en **www.marketwatch.com.**

**Investors Business Daily (IBD):** periódico financiero diario y recurso en Internet sobre inversiones y noticias financieras. En la Web en **www.investors. com**.

**Moody's Investors Service:** empresa de investigación financiera que opina a cerca del valor de crédito de los emisores de bonos. Véase Calificación de Bonos. En la Web en **www.moodys.com.**

**Morningstar,Inc:** investigación sobre inversiones y servicio de calificación para fondos mutuales, acciones, fondos cerrados, Fondos Comercializados en el Mercado, fondos de cobertura, y otras inversiones. En la Web en **www. morningstar.com**.

**Registro Federal:** publicación gubernamental que ofrece novedades públicas de nuevas regulaciones de la Oficina de Supervisión de las Instituciones de Ahorro, noticias legales, proclamaciones presidenciales, ordenes ejecutivas, documentos requeridos por un Acta de Congreso, y otros documentos financieros de interés público. El Registro Federal se publica diariamente, de lunes a viernes y está disponible en la Web en **www.gpoaccsess.gov/fr/index.html**.

**Reuters:** servicio global de noticias financieras y de negocios. Además de contenidos de noticias para organizaciones de medios de comunicación, Reuters ofrece productos de información financiera para negocios, profesionales financieros, e inversores. En la Web en **www.standardandpoors.com**.

**Servicio de Inversores Fitch:** empresa que emite las calificaciones Fitch para el mercado de bonos, Euro bonos, y fondos. Comparar con Moody's Investors Service y Standard & Poor's. Véase Calificaciones de Bonos.

**The Wall Street Journal:** publicación de noticias financieras de Dow Jones & Compañía. Está disponible diariamente en formato impreso y en Internet. La ediciones semanales y de los domingos se entregan cada mañana de domingo o sábado, respectivamente. En la Web en **www.wsj.com**.

**Value Line, Inc.:** empresa de investigación sobre inversiones con ofertas de productos para individuos, profesionales, e inversores institucionales. Value Line es reconocida por la Encuesta de Inversión de Value Line por el análisis de las acciones, pero la empresa tiene productos similares para los fondos mutuales y opciones también. En la Web en **www.valueline.com**.

 Capítulo 27

# Siglas

| | |
|---|---|
| A/D | Avance/Proporción de Decline |
| AAII | Asociación Norteamericana de Inversores Individuales |
| ABS | Sistema de Bonos Automático |
| ACE | Bolsa de Comercio Norteamericana |
| ACH | Casa de Compensación Automática |
| ADR | Recibo de Depósito Norteamericano |
| ADS | Acción Depositaria Norteamericana |
| AMBAC | Sociedad Norteamericana de Seguro de Bono Municipal |
| AMEX | Bolsa de Comercio Norteamericana |
| AON | Todo o Nada |
| APB | Junta de Principios Contables |
| ASAM | Búsqueda Automatizada |
| AUD | Dólar Australiano |
| BBA | Asociación Bancaria Británica |
| BDK | Libro de Muestra |
| BEA | Oficina de Análisis Económico |
| BEX | Mercado de opciones de Boston |
| BIF | Fondo de Seguro Bancario |

| | |
|---|---|
| BMA | Asociación de Mercado de Bonos |
| BOD | Junta de Directores |
| BOX | Mercado de Opciones de Boston |
| BOP | Balance de Pagos |
| BSE | Bolsa de Comercio de Boston |
| CAPEX | Inversiones en Bienes de Capital |
| CBO | Obligación de Bono Garantizado |
| CBOE | Junta de Mercado de Opciones de Chicago |
| CBOT | Junta de Comercio de Chicago |
| CD | Certificado de Depósito |
| CDSL | Préstamo para Ventas Contingentes, Diferidas |
| CEA | Consejo de Asesores Económicos |
| CEO | Flujo de Capitales |
| CFAT | Flujo de Capitales luego de los Impuestos |
| CFE | Mercado de Futuros CBOE |
| CFO | Gerente Financiero |
| CFPS | Flujos de Capitales por Acción. |
| CFRI | Ingresos de Flujos de Capitales de Inversiones |
| CFTC | Comisión Comercial de Futuros |
| CH | Franco Suizo |
| CHX | Bolsa de Comercio de Chicago |
| CND | Dólar Australiano |
| CNY | Yuan Chino |
| COGS | Costo de Mercaderías Vendidas |
| COMEX | Sociedad de Mercado de Futuros |

| COO | Gerente de Producción |
| COT | Informe de Compromiso de los Comerciantes |
| CPA | Contador Público Certificado |
| CPI | Índice de Precio del Consumidor |
| CPS | Encuesta de Población Actual |
| CQS | Sistema de Cotización Consolidado |
| CRD | Depositario de Registros Central |
| CSCE | Mercado de Café, Azúcar, y Cacao |
| CTA | Asociación de Medición Consolidada |
| CTP | Plan de Medición Consolidado |
| CTS | Sistema de Medición Consolidado |
| CUSIP | Comité de Procedimientos de Identificación de Valores Uniformes |
| DAT | Comercio de Acceso Directo |
| DCF | Flujo de Capitales Descontado |
| DD | Auditoria de Compra |
| DJIA | Promedio Industrial de Dow Jones |
| DNR | No Reducir |
| DPO | Oferta Pública Directa |
| DTD | Día a Día |
| ECN | Redes de Comunicación Electrónica |
| ECU | Unidad Monetaria Europea |
| EDGAR | Análisis y Recuperación de Información Electrónica |
| EMA | Promedio Móvil Exponencial |
| EPS | Ganancias por Acción |

| ESA | Cuenta de Ahorros para la Educación |
| ETF | fondo Comercializado de Mercado |
| EV | Valor de Empresa |
| EV/EBITDA | Valor de Empresa para la Proporción EBITDA |
| FASB | Junta de Estándares Contables Financieros |
| FBE | Federación Bancaria Europea |
| FCF | Flujos de Capitales Libre |
| FCM | Comerciante de Comisión de Futuros |
| FCPA | Practicas Corruptas Extranjeras ACT (FCPA) |
| FDIC | Sociedad de Seguro de Deposito Federal |
| FHA | Administración de Viviendas Federales |
| FHLBS | Sistema Bancario Federal de Préstamos para la Vivienda |
| FIBV | Federación Internacional de Bolsas de Comercio |
| FIRREA | Reforma de Instituciones Financieras, Recuperación, y Ejecución del acta de 1989 |
| FOCUS | Informe Único del Uniforme Combinado Financiero y Operacional |
| FOK | Ejecución Inmediata |
| FOMC | Comité de Mercado Abierto Federal |
| FOREX | Mercado de Bolsa Extranjera |
| FTC | Comisión de Comercio Federal |
| FWB | Frankfurter Werpapierborse Frankfurt (Bolsa de Comercio) |
| FY | Año Fiscal |
| G10 | Grupo de los 10 |
| G24 | Grupo de los 24 |

| | |
|---|---|
| G5 | Grupo de los 5 |
| G7 | Grupo de los 7 |
| G8 | Grupo de los 8 |
| GBP | Libra Esterlina Británica |
| GDP | Producto Bruto Nacional |
| GTC | Valida Hasta su Cancelación |
| HKD | Dólar de Hong Kong |
| HOLDRs | Recibos Depositarios de Empresas Privadas. |
| IASB | Junta Internacional de Estándares Contables |
| IB | Corredor de Bolsa Introductor |
| IMF | Fondo Monetario Internacional |
| INR | Rupee Indio |
| IOC | Inmediato o Cancelación |
| IPO | Oferta Pública Inicial |
| IRA | Arreglo de Retiro Individual |
| IRS | Servicio de Ganancias Internos |
| ISE | Mercado de Valores Internacional |
| ISM | Instituto de Administración de Suministros |
| ISO | Organización Internacional de Estándares |
| ITS | Sistema Comercial de Intermercado |
| JPY | Yen Japonés |
| KCBT | Junta de Comercio de la Ciudad de Kansas |
| LEI | Indicadores Económicos Principales |
| LIBID | Tasa de Demanda Interbancaria de Londres |
| LIBOR | Tasa Ofrecida Interbancaria de Londres |

| | |
|---|---|
| LIFFE | Mercado Internacional Financiero de Futuros y Acciones de Londres |
| LIT | Limitada si es Tocada |
| LOC | Limitada en el Cierre |
| LOO | Limitada en la Apertura |
| LSE | Bolsa de Comercio de Londres |
| MA | Promedio Móvil |
| MACD | Convergencia / Divergencia de Promedio Móvil |
| MBS | Valor Respaldado por Hipoteca |
| MID | Índice de Deposito de Mercado |
| MIG | Grado de Inversión de Moody's |
| MIT | Al Mercado , Si Toca |
| MRQ | Trimestre Más Reciente |
| MSRB | Junta de Reglamentación de Valores Municipales |
| MX | Bolsa de Comercio de Montreal |
| NAIC | Asociación Nacional de la Sociedad de Inversores |
| NASAA | Asociación Norteamericana de Administradores de Valores |
| NASD | Asociación de Comerciantes de Valores |
| NBBO | Mejor Demanda y Oferta Nacional |
| NEV | Valor Activo Neto |
| NEVPS | Valor Activo Neto por Acción |
| NFA | Asociación Nacional de Futuros |
| NIC | Costo de Interés Neto |
| NMS | Sistema de Mercado Nacional |
| NSTS | Sistema Nacional de Comercialización de Valores |

| | |
|---|---|
| NSX | Bolsa de Valores de Cincinnati |
| NYBOT | Junta de Comercio de Nueva York |
| NYCE | Mercado de Algodón de Nueva York |
| NYMEX | Mercado Mercantil de Nueva York |
| NYSE | Bolsa de Comercio de Nueva York |
| OARS | Sistema de Informe Automático de Apertura |
| OCIE | Oficina de Cumplimiento de Inspecciones y Examinacion |
| OID | Descuento de Emisión Original |
| OPRA | Autoridad Informante del Precio de Opciones |
| OTC | Mercado Extrabursatil |
| OTCBB | Boletín de la Junta Extrabursatil |
| P&L | Declaración de Ganancias y Perdidas |
| P/B | Proporción de Precio para el Libro |
| PCOAB | Junta de Inspección Contable de Empresas Públicas |
| PBGC | Sociedad de Beneficio de Garantía de Pensión |
| PCE | Gastos de Consumo Personal |
| PCX | Bolsa de Comercio del Pacifico |
| PE | Precio a la Proporción de Ganancias |
| PERS | Sistema de Informe Post Ejecución |
| PHLX | Bolsa de Comercio de Philadelphia |
| PIABA | Asociación de Arbitraje de Inversores Públicos |
| PPI | Índice de Precio del Productor |
| REIT | Entidad de Inversión en Bienes Raíces |
| ROA | Derechos de Acumulación |
| ROE | Ingresos de Capital |

| | |
|---|---|
| ROI | Ingresos de Inversión |
| RSI | Índice de Fortaleza Relativa |
| S&P | Standard & Poor's |
| SAIF | Asociación de Fondos de Seguros de Ahorros |
| SEC | Comisión Nacional de Valores |
| SG&A | Ventas, General y Administración |
| SIPC | Sociedad de Protección para el Inversor de Valores |
| SOES | Sistema de Ejecución de Orden Pequeña |
| SOX | Acta Sarbanes-Oxley de 2002 |
| SPDR | Recibo Depositario de Standard & Poor's |
| SRL | Línea de Resistencia de Velocidad |
| SRO | Organización Autorreguladora |
| SSF | Futuros de Acciones Únicas |
| STA | Asociación de Comerciantes de Valores (STA) |
| SWX | Mercado Suizo |
| TRIN | Índice de Comercio |
| TSE | Bolsa de Valores de Toronto |
| TSX | Bolsa de Valores de Toronto |
| TTM | 12 Meses Rezagados |
| UCC | Código Comercial Uniforme |
| UIT | Entidad de Unidad de Inversión |
| UPC | Código de Practica Uniforme |
| USE | Dólar Estadounidense |
| YOY | Año a Año |

# Conclusión

Algunos inversores intentan aprender el vocabulario financiero durante toda su vida, lo cual no va más allá de comprar, vender, orden de mercado e impuesto a las ganancias de capital. Algunos de ellos incluso pretenden obtener dinero. Estos serían los afortunados. Para el resto de nosotros, lograr que nuestro dinero funcione significa invertir algo más que nuestro dinero. Significa invertir tiempo y esfuerzo para aprender.

Con más de 1.000 de los términos sobre inversiones financieras utilizados con más frecuencia definidos en Wall Street Lingo, esta referencia puede ser un compañero confiable a medida que explore en profundidad las oportunidades de inversión de acuerdo con sus objetivos y tolerancia de riesgo. Esta es, sin embargo, una herramienta entre las muchas que necesitará.

Personalmente, he descubierto que las herramientas de investigación disponibles en Internet y las de un buen corredor de bolsa tienen un valor incalculable. Las bibliotecas y las librerías también tienen una alta calificación. Las respuestas están al alcance y no son difíciles de encontrar. Familiarizarse con el vocabulario básico es el primer paso y ya lo ha dado. Felicitaciones. Invierta con astucia, prospere siempre, y nunca deje de aprender.

# Tabla de Figuras

Access, Clearport eAccess, and COMEX son marcas de NYMEX.

American Association of Individual Investors es una marca de la Asociación Americana de Inversores Individuales.

American Association of Individual Investors y la AAII son marcas de

ARCA, ARCAEX, ABS, Automated Bond System, SuperDot, Display Book, NYSE Group, The Big Board, NYSE, NewYork Stock Exchange, y NYSEArca son marcas de la Bolsa de Valores de Nueva York.

Archipelago es una marca registrada de Archipelago Holdings, Inc.

Barron's, The Dow, DJIA, Dow Jones Industrial Average Display Book, DIAMONDS DJEuro, Stoxx, Stoxx50, y The Wall Street Journal son marcas registradas de

BBA Libor y BBA son marcas registradas de BBA.

BEL 20, CAC40, Euronext, y Liffe Connect son marcas registradas de Euronext.

BeX, BoX, y Boston Stock Exchange son marcas de la Bolsa de Valores de Boston,Inc.

Bond Market Association es un derecho de reproducción de la Asociación del Mercado de Bonos.

CBOE, Chicago Board Options Exchange, Gas at The Pump, y LEAP son marcas del Mercado de Opciones de la Junta de Chicago.

CBOT is una marca registrada de la Junta de Comercio de Chicago.

Chart Pattern Recognition es una marca de John Murphy.

Chicago Business Barometer es una marca de la Asociación Nacional de

Gestión de Compras de Chicago, Inc.

Chicago Stock Exchange es una marca de servicio de la Bolsa de Valores de Chicago, Inc.

CME, Chicago Mercantile Exchange, y Globex son marcas registradas de la Bolsa de Comercio de Chicago.

CNDX es una marca de servicio de Canadian Venture Exchange.

Compustat, Standard & Poor's, S&P, S&P 500, Standard & Poor's Depositary

CUSIP es una marca registrada de la Asociación Americana de Banqueros.

D&B es una marca registrada de Dun & Bradstreet.

DAX, Deutsche Börse, Eurex US, y Xetra son marcas registradas de Deutsche Böerse AG.

Dow Jones y Companía.

Edgar es una marca registrada de la Comisión Nacional de Valores (SEC).

Equis y MetaStock son marcas registradas de Equis Internacional, una Empresa

Fitch Investor Service y Fitch Ratings son marcas de Fitch, Inc.

Fortune 500 es una marca registrada de Time, Inc.

Freddie Mac es una marca de Freddie Mac.

FTSE y FTSE 100 son marcas registradas de la Bolsa de Valores de Londres Plc. y The Financial Times LTD.

Ginnie Mae es una marca de servicio del Asociación de Hipotecas del Gobierno Nacional.

Hang Seng es una marca registrada de la Corporación Limitada de Servicios de Datos Hang Seng.

HOLDRS y Holding Company Depository Receipts son marcas registradas de Merrill Lynch & Co., Inc.

IARD es una marca de servicio de Regulación NASD, Inc.

IASB es una marca de la Fundación del Comité de Normas Internacionales de Contabilidad.

Instinet es una marca de servicio de Instinet LLC.

Investor's Business Daily y IBD son marcas de Data Analysis, Inc.

ISE e International Securities Exchange es una marca de servicio del Mercado Internacional de Valores, Inc.

ISM, Report on Business, y the Institute for Supply Management son marcas registradas del Instituto de Gestión de la Oferta.

ISO es una marca de la Organización Internacional para la Estandardización.

KCBT y Kansas City Board of Trade son marcas de la Junta de Comercio de la ciudad de Kansas, Missouri, Inc.

La Asociación Americana de Inversores Individuales.

La Bolsa de Valores Americana y Amex son marcas registradas de la Bolsa de Valores Americana LLC.

London Stock Exchange es una marca de la Bolsa de Valores de Londres.

Max Pain es una marca de BCA Software.

Moody's, Moody's Investors Service, y MIG son marcas de propiedad de Moody's.

Morningstar, Inc., y Morningstar son marcas registradas de Morningstar, Inc.

MSRB es una marca de Junta Municipal de Reglamentación de Valores.

NASD es una marca registrada de la asociación Nacional de los Comerciantes de Valores.

NASDAQ 100, NASDAQ Canada, NASDAQ Composite, Nasdaq National Market, NASDAQ, SOES, Supermontage, y the Nasdaq Stock Market son marcas del Mercado de Acciones de Nasdaq, Inc.

National Association of Investors Corporation y NAIC son marcas registradas de la Corporación de la Asociación Nacional de Inversores.

New York Board of Trade y NYCE son marcas registradas de NYBOT.

Nikkei y Nikkei 225 es una marca de la Corporación Kabushiki Kaisha Nihon Keizai Shimbun Sha.

NSX y National Stock Exchange son marcas de la Bolsa de Valores Nacional.

PHLX y Philadelphia Stock Exchange son marcas de la Bolsa de Valores de Filadelfia, Inc.

Pink Sheets es una marca registrada de Pink Sheets LLC y la Oficina Nacional de Cotización.

POSIT es una marca registrada del Grupo Tecnológico de Inversión, Inc.

Receipts, y SPDRs son marcas de las Empresas McGraw-Hill, Inc.

Reuters es unamarca registrada del grupo de empresas Reuters.

Reuters.

Russell 2000 y Russell 3000 son marcas registradas de la Empresa Frank

Russell.

Sallie Mae es una marca de servicio de la Asociación de Comercialización de Préstamos Estudiantiles.

# Recursos en el Internet

Table 5

| | |
|---|---|
| Asociación americana de Inversores Individuales | http://www.aaii.com |
| Bolsa de Valores Americana | http://amex.com |
| Austin Coins | http://www.austincoins.com |
| Banco de Inglaterra | http://www.bankofengland.co.uk |
| Barron's | http://www.barronsmag.com |
| BMA | http://www.bondmarkets.com |
| Bolsa de Valores de Boston | http://www.bostonstock.com |
| Briefing.com | http://www.briefing.com |
| Asociación Bancaria Británica | http://www.bba.org.uk |
| Bureau of Economic Analysis | http://www.bea.gov |
| Departamento de Estadísticas Laborales | http://stats.bls.gov |
| BusinessWeek | http://www.businessweek.com |
| Departamento de Censos | http://www.census.gov |
| Junta de Comercio de Chicago | http://www.cbot.com |
| Mercado de Opciones de la Junta de Chicago | http://www.cboe.com |
| Bolsa de Comercio de Chicago | http://www.cme.com |
| Bolsa de Valores de Chicago | http://www.chx.com |
| Comisión de Comercio de Futuros de Mercaderías | http://www.cftc.gov |
| Universidad Cornell | http://www.law.cornell.edu |

| Consejo de Asesores Económicos | http://www.whitehouse.gov/cea/ |
| Consejo de Inversores Institucionales | http://www.cii.org/about/ |
| Daily Reckoning | http://www.dailyreckoning.com |
| Deutsche Bundesbank | http://www.bundesbank.de |
| Dictionary.com | http://www.dictionary.com |
| Empresa Dow Jones | http://dowjones.com |
| Dun & Bradstreet | http://www.dnb.com |
| Agencia de Información de Energía | http://www.eia.doe.gov |
| Eurexchange | http://www.eurexchange.com |
| Euroclear | http://www.euroclear.com |
| Euronext | http://www.euronext.com |
| Banco de Exportaciones e Importaciones de EE.UU | http://www.exim.gov/ |
| Facts on File | http://www.factsonfile.com |
| Fannie Mae | http://www.fanniemae.com |
| Reserva Federal | http://www.federalreserve.gov |
| Comisión Federal de Comercio | http://ftc.gov |
| Find Law | http://library.findlaw.com |
| Inversiones Fitch | http://www.fitchinv.com |
| Freddie Mac | http://www.freddiemac.com |
| G10 | http://g10.org/ |
| G24 | http://www.g24.org/ |
| Ginnie Mae | http://www.ginniemae.gov/ |
| GrowCo.com | http://www.growco.com |
| Hyperhistory.com | http://www.hyperhistory.com |
| Instituto de Administración de Suministros | http://www.ism.ws/ |
| Fondo Monetario Internacional | http://www.imf.org |
| Organización Internacional de Estándares | http://www.iso.org |
| Investionary.com | http://www.investionary.com |

| | |
|---|---|
| Investors.com | http://www.investors.com |
| Investorwords.com | http://www.investorwords.com |
| Junta de Comercio de la ciudad de Kansas | http://www.kcbt.com |
| Biblioteca del Congreso | http://thomas.loc.gov/cgi-bin /bdquery/z?d098:HR00559: |
| Mercado de Meta de Londres | http://www.lme.co.uk |
| London Online | http://www.londononline.co.uk |
| MaxPain | http://65.108.12.28/cgi-bin/maxpain .cgi |
| Servicio de Inversores Moody's | http://moodys.com |
| Morningstar.com | http://morningstar.com/ |
| Junta Municipal de Regalmentación de Valores | http://www.msrb.org/msrb1/ |
| NASD | http://www.nasd.com |
| NASDAQ | https://www.nasdaq.com |
| Corporación Nacional de la Asociación de Inversores | http://www.betterinvesting.org |
| Banco Nacional Cooperativo | http://www.ncb.coop/ |
| Asociación Nacional de Futuros | http://www.nfa.futures.org |
| Bolsa de Valores Nacional | http://www.nsx.com |
| Bolsa de Comercio de Nueva York | http://www.nybot.com/ |
| Bolsa de Valores de Nueva York | http://www.nyse.com |
| Universidad de Nueva York | http://www.nyu.edu |
| Asociación Norte Americana de Administradores de Valores | http://www.nasaa.org |
| NYMEX | http://www.nymex.com |
| Oficina de Supervisión de Entidades de Ahorro | http://www.ots.treas.gov |
| Opra Data | http://www.opradata.com |
| PBGC | http://www.pbgc.gov/ |
| Bolsa de Valores de Filadelfia | http://www.phlx.com/ |
| Pink Sheets | http://www.pinksheets.com |

| | |
|---|---|
| Princeton University | http://www.wws.princeton.edu |
| Cadena Estadounidense de Televisión Pública | http://www.pbs.org |
| Junta de Empresas Públicas Contables | http://www.pcaobus.org/ |
| Asociación de Inversores Públicos de arbitraje de Disputas | http://www.piaba.org |
| Reuters | http://www.reuters.com |
| Comisión nacional de Valores | http://www.sec.gov |
| Asociación Industrial de Valores | http://www.sia.com |
| Industria de Automatización de Seguros de la Industria | http://siac.com |
| SIPC | http://www.sipc.org/ |
| Standard & Poor's | http://www.standardandpoors.com |
| Stock Charts.com | http://stockcharts.com |
| Teach me Finance.com | http://teachmefinance.com |
| The Black Vault | http://www.blackvault.com |
| The Bond Buyer | http://www.bondbuyer.com |
| Toronto Post | http://www.torontopost.biz |
| Trading-glossary.com | http://www.trading-glossary.com |
| Departamento del Tesoro | http://www.publicdebt.treas.gov |
| TSX | http://www.tsx.com |
| Corte de Quiebra de Estados Unidos | http://www.uscourts.gov/ |
| Departamento de Justicia de Estados Unidos | http://www.usdoj.gov |
| Departamento de Estado de Estados Unidos | http://www.state.gov |
| U.S. History.com | http://www.u-s-history.com/ |
| U.S. House of Representatives | http://uscode.house.gov/ |
| Productos del Tesoro de Estados Unidos | http://www.treasurydirect.gov |

| | |
|---|---|
| Oficina de Marcas de Estados Unidos | http://www.uspto.gov |
| Universidad de British Columbia | http://fx.sauder.ubc.ca/ECU.html |
| Universidad de California | http://www.law.uc.edu |
| Universidad de Pennsylvania | http://www.law.upenn.edu |
| Universidad de Toronto | http://www.g7.utoronto.ca |
| USA Today | http://www.usatoday.com |
| Value Line | http://valueline.com |
| Value Line | http://www.valueline.com/ |
| Wall Street Journal Classroom | http://wsjclassroom.com |
| Washington Post | http://www.washingtonpost.com |
| Wikipedia | http://en.wikipedia.org |
| Federación de Mercados del Mundo | http://www.world-exchanges.org/ |
| Yahoo Finance | http://finance.yahoo.com |

# Index

## D

## G

## H

## I